Has venido a vivir

DRA. NOELIA SAMARTIN VEIGA

Has venido a vivir

DEJA DE HACER PARA SER.
SIN PRESIÓN, SIN PERFECCIÓN.
SOLO TÚ

Papel certificado por el Forest Stewardship Council®

Primera edición: enero de 2026

Printed in Spain – Impreso en España

ISBN: 978-84-02-43065-6
Depósito legal: B-19.670-2025

Compuesto en Fotoletra, S. L.
Impreso en Black Print CPI Ibérica
Sant Andreu de la Barca (Barcelona)

BG30656

A mi abuelo,
por vivir enseñándome
qué es lo que de verdad importa

ÍNDICE

PRIMERA PARTE

Si todos nos sentimos un desastre, realmente, ¿alguien lo es?

SEGUNDA PARTE

Los árboles que no te dejan ver el bosque

TERCERA PARTE

Vivir de manera sencilla, conectada, coherente y placentera

ANTES DE CONTINUAR...

CUARTA PARTE

La no-meta

PRÓLOGO

Cuando subí al taxi, las palabras: «Noelia, eres un desastre» aparecieron inmediatamente en mi mente. No como un reproche vestido de enfado, sino como un traje a medida que me sienta como un guante, aunque para nada me guste el color. Es una etiqueta que me define y contra la que no pongo resistencia, puesto que funciona como un escudo. **Lo malo es que se me suele olvidar valorar lo que pesa.**

Hoy es un día tipo en mi vida. Concretamente, he perdido el tren, no por llegar tarde; me he confundido de estación.

Suspiro.

Me digo que debí leer el billete con calma, pero recuerdo haberlo comprado mientras desayunaba adormilada con la sensación de que llegaba tarde al trabajo. Otro día más se me habían pegado las sábanas. Me echo en cara que siempre me levanto con el tiempo justo. Intento justificarme argumentando que, aunque me voy temprano a la cama, me cuesta mucho conciliar el sueño. Mi cuerpo parece ser inmune a las gominolas de melatonina, a la infusión de valeriana, a la tila y al magnesio. Incluso, mi casa parece Mordor por la noche por culpa de la luz rojiza de la mesilla, en un intento inútil de llamar a Morfeo. Así que, como ya asumo que tardaré en dormirme, en vez de perder el tiempo, aprovecho para leer el libro del club de lectura (a ver si este año cumplo mi propósito). Antes no era así, me dormía sin ninguna dificultad... ¿cuándo empecé a dormir tan mal?

Suspiro.

Dormir menos de lo que necesito para estar de buen humor facilita que me enfade conmigo misma por haber pulsado, otra vez, «posponer alarma». Porque eso implica que, para no llegar tarde al trabajo, tendré que «ahorrar tiempo» saltándome (otro día más) mi rutina de 15 minutos de *journaling* recomendada por aquel libro de autoayuda que leí hace unos meses; y cambiar el té matcha (para el que incluso me compré un set japonés) por el café con leche para llevar de camino al trabajo. Mientras cogía el abrigo para salir por la puerta recuerdo que pensé: «al menos las tazas y el batidor de bambú quedan preciosos decorando la cocina».

Otro suspiro.

Me cuesta llenar los pulmones de aire y me doy cuenta de que llevo con esta sensación todo el día... o quizá toda la semana, ¿o ya hace un mes? Ya no me acuerdo. No entiendo por qué me siento así, a pesar de estar tranquila. Además, hoy ha sido un buen día en el trabajo. He llegado a mi hora y he hecho todo lo que me había pedido mi supervisora. Es verdad que, durante la jornada, he convivido con la sensación de que no me daba la vida, corriendo de una tarea a la siguiente y apagando los fuegos de los problemas inesperados. Pero eso es lo normal.

Y, bueno, ahora que lo pienso, hoy no me sentó muy bien la comida. Supongo que fue el gluten del triste sándwich que comí sin hambre, en esos treinta minutos que me pertenecen entre incendio e incendio. Me pasé la comida con mi lavadora mental centrifugando la culpa por seguir posponiendo el propósito de hacer *batch cooking* los domingos y la anticipación de la hinchazón por mi nuevo enemigo integral.

A pesar de haber ido a tope todo el día y de la resaca de acidez estomacal que me acompaña ahora mismo, podría decirse que el balance de esta jornada es positivo: ha sido un buen día. Es más, ha sido un día normal que terminó mejor de lo esperado. Cuando estábamos a punto de irnos de la oficina, la supervisora reconoció mi esfuerzo, y eso no siempre sucede. Así que debo estar orgullosa de mí misma (aunque me sienta incómoda con esa palabra).

Suspiro.

No le quiero dar más vueltas. No quiero pensar en el trabajo fuera del horario (leí en un post que no es bueno). Intento distraerme mirando por la ventana del coche. Veo las terrazas llenas de grupos de personas que disfrutan de las últimas horas de luz, y siento cierta envidia. No es que no tenga amigas, es que cuadrar agendas para tomar algo es más complicado que la rutina de *skincare* que nunca cumplo. Al pensar en ellas y en lo que echo de menos esos cafés sin mirar el reloj, me acuerdo de mi amiga María. No le respondí a aquel mensaje que me envió hace un día. **Desastre y culpable, sí soy.** Cojo el móvil para responderle y, sin darme cuenta, entro en mi red social de confianza. ¿Soy la única a la que su dedo le da un golpe de estado cada vez que desbloquea el móvil pulsando ese logo?

Suspiro.

Me digo «Solo un ratito. Lo que tarde el taxi en llevarme a la estación correcta». Deslizo publicaciones de personas que no conozco realmente. De entre todas las publicaciones, me detengo un poco más en una. Es una publicación de una compañera de trabajo que comparte su rutina de ejercicio. Mi cerebro hace clic y recuerda la reserva de la clase de *spinning*.

Suspiro un poco más fuerte, casi enfadada (aunque no mucho, ya que no debería enfadarme por esto). Solamente me permito reprocharme un poco más severamente mi despiste ferroviario, ya que implica que no llegaré a tiempo para ir al gimnasio. Ese hábito (o tortura diaria, depende del día que me preguntes) que introduje en mi rutina hace cuatro semanas con la promesa de ser una nueva versión de mí misma, más saludable y feliz, como si fuesen un pack.

Sin embargo, aunque intento encajar el ejercicio en mi día a día, no soy capaz de mantenerlo. A menudo acabo saliendo más tarde de lo que me gustaría del trabajo y llego tarde a las clases de yoga, pilates o inserte aquí cualquier otra actividad física que reservo el día anterior. O simplemente, llego a casa agotada, con ganas de tirarme en el sofá y disociar. Por si fuera poco, me doy cuenta de que me pongo de mal humor los días que debo ir y me confieso (en bajito por la noche) que me ahoga cada vez que fallo.

Suspiro.

Bloqueo el móvil. En ese instante recuerdo que todavía no le he contestado a María. «Madre mía, qué desastre soy». El taxi se detiene. Hemos llegado. Anoto mentalmente responderle cuando suba al tren (spoiler: sé que me voy a olvidar, pero procrastinar esto en este momento, parece ser la única manera de resolverlo).

Suspiro y vuelvo a pensar «qué desastre».

Me cuesta tomar aire. No entiendo por qué. Me siento muy incómoda y con ganas de salir de aquí. Sacudo la cabeza, no tengo tiempo para darle vueltas a esto. Sonrío al conductor y me oigo decir: «¿Cuánto le debo?».

PRIMERA PARTE

Si todos nos sentimos un desastre, realmente, ¿alguien lo es?

INTRODUCCIÓN

> No tengo tiempo para llorar. Estoy demasiado ocupada siendo funcional.
>
> EMILY PINE, *Todo lo que no puedo decir*, Random House, 2020

No, no eres la única persona que siente que es un desastre

Lo confieso, sí, yo también vivo con esa sensación. Convivo con este ruido de fondo, como si fuese el motor de un avión que perturba todos los sonidos que me rodean. Estoy tan habituada a este ruido de la turbina del bucle insatisfacción-autoexigencia que casi ni lo oigo. Estoy tan habituada a él que me visto con el traje de «soy un desastre» como etiqueta, me escudo con el «soy un desastre» por no hacer las cosas como «debería» y me disculpo con el «soy un desastre» por no conseguir ser lo esperado.

¿Te suena? ¿Te ocurre lo mismo?

Decidí escribir este libro porque somos muchas las personas que estamos cansadas de oír este ruido de fondo y, en el intento de acallarlo, subimos el volumen.

Para salir de esta sensación de insatisfacción, nos inscribimos a **la carrera del bienestar** donde debemos superar ciertos obstáculos —no pocos—) con el objetivo último de llegar a la meta de sentirnos bien, ser felices, ser más productivos, hacer más y mejor. Para ello, seguimos las recetas de múltiples expertos con hábitos que prometen funcionar: levántate a las 6:00 de la mañana, destaca en tu trabajo, haz ejercicio todos los días mínimo una hora, toma vitaminas y suplementos diversos para estar sano, duerme al menos ocho horas y medita una, haz ayuno intermitente, no te olvides de viajar, leer y estudiar para tener conversaciones productivas, mantén una gran vida social ya que nadie llega a la felicidad solo... **La lista sigue hasta el infinito.**

Por eso, cuando nos sentamos a analizar la lista de hábitos saludables, algo nos empieza oler a chamusquina. ¿Cómo pueden ser tan saludables si me estresa no cumplirlos? ¿Por qué si implemento todo lo recomendable en mi día a día siento esta ansiedad? Aunque sea paradójico, cuando intentamos seguir una rutina de hábitos saludables para vivir mejor, lo más habitual es percibir que no nos da tiempo y acabar deseando un día de 30 horas para ser lo suficientemente productivos en nuestro autocuidado.

Aun así, **nos fiamos de los expertos e introducimos estos hábitos como podemos**. Algunas recetas las aplicamos mejor que otras, pero nos esforzamos en mantener el ritmo e ir avanzando en la carrera. Sin embargo, pasa el tiempo y, a pesar del esfuerzo, lo más probable (y te hablo desde dentro del porcentaje de fracasados en el que me incluyo) es que esta carrera se nos alargue en el tiempo, **como si nunca fuéramos a llegar a esa meta, a esa tierra prometida donde todo iba a fluir y, por fin, encontraríamos el bienestar**.

Y así, nos vemos forzados a convivir con la sensación de «no llego» abrazada a la sensación de fracaso, al sentir que, a pesar de todo nuestro esfuerzo, no somos capaces de finalizar la carrera. Cuando llegamos a este punto, empezamos a plantearnos si debemos dejar de correr hacia un objetivo que ya ni siquiera lo visualizamos como alcanzable.

**Empezamos a pensar que, quizá,
hay algo malo en nosotros;
que es posible que sí que seamos un desastre.**

Durante años, yo también he llevado esta etiqueta en solitario. Sin embargo, hace poco me di cuenta de que convivimos en comunidad con la sensación de falta de satisfacción vital y de culpa por no conseguirla. Como profesional de la salud, he acompañado en consulta a mujeres y hombres que sufren por la tiranía de las listas interminables y **la autoimposición de hábitos «saludables» y «productivos»** claramente **inalcanzables e incongruentes con su contexto actual** que les genera mucha presión y angustia. Además, yo también me he quejado con mi grupo de amigas cada vez que pierdo la rutina de salir a correr, que me acabo comiendo una hamburguesa para llevar en lugar de cocinarme algo saludable o que dejo de lado el *journaling* que tan bien me estaba sentando.

Entonces, **si todos nos sentimos un desastre, realmente, ¿alguien lo es?** ¿Dónde está el límite que separa el ser un desastre de no serlo? Y lo más importante, ¿con qué vara de medir estamos fijando ese límite?

Al tomar conciencia de la pandemia de culpabilidad por no estar haciendo lo suficiente para tener una vida placentera, saludable y productiva (por no ser nuestra mejor versión, si es que eso existe), inicié una búsqueda bibliográfica para informarme sobre este sentimiento generalizado. Sin embargo, mi sorpresa y frustración fueron palpables cuando comprobé que había muy pocos artículos divulgativos sobre esta temática y la existencia de artículos científicos era, si cabe, aún más anecdótica. En el laboratorio, hay múltiples estudios que evalúan el efecto de los hábitos saludables, pero hay pocos ejemplos de investigaciones longitudinales donde se estudie cómo se mantiene el hábito a largo plazo, evaluando la influencia de los factores individuales y socioeconómicos, y la prevalencia de esa sensación de ahogo y culpa con la que convivimos gran parte de la población.

De esta forma, nació la idea del libro que tienes entre las manos. Este libro que escribo siendo Noelia Samartin, doctora en neurociencia y psicología clínica, pero también siendo Noe, mujer que, paradójicamente, llega tarde y estresada a sus clases de yoga.

Antes de entrar en materia, quiero contarte que en estas páginas encontrarás entrelazadas la teoría de **psicología y neurociencia**, las ventanas a mi historia, contadas tal y como las he vivido, sentido y pensado, y también los **relatos basados en experiencias reales** de personas a las que he acompañado en terapia. Estos últimos los he modificado lo suficiente para proteger su intimidad, por lo que, si algo de lo que lees te suena cercano, es fruto de la casualidad.

También creo que es importante decirte que **escribo desde mi propia perspectiva**: la de una mujer cis, de raza blanca y europea. Esto, inevitablemente, condiciona mi mirada sobre el mundo y aunque intento cuestionar mis propios sesgos, sé que están ahí. Además, en relación con el lenguaje, a lo largo del libro uso el masculino genérico. Lo hago para facilitar la lectura, pero quiero que sepas que este libro está pensado para quien necesite leerlo, sin importar cómo se identifique o cómo elija expresarse.

Ahora sí, empezamos.

1

EL TRABAJO DESPUÉS DEL TRABAJO, ¿CUÁNDO HEMOS FIRMADO ESTE CONTRATO?

> Hoy cada uno se explota a sí mismo y cree que está realizándose.
>
> BYUNG-CHUL HAN,
> *La sociedad del cansancio*, Herder, 2012

Laura empezó en consulta conmigo con el fin de recuperarse de unas migrañas terribles. Para el abordaje de esta afección, son comunes las recomendaciones sobre el control de los estímulos para evitar las crisis: «¡Cuidado con las luces!» o «El chocolate ni lo huelas». Pero, hoy sabemos que ni la luz ni el chocolate (entre otros chivos expiatorios migrañosos) tienen la culpa del dolor, ya que es nociplástico, es decir, que aparece sin que se produzca un daño a nivel fisiológico y probablemente sea consecuencia de cambios en el sistema nervioso. Por suerte para las personas que sufren migrañas, estos cambios pueden deshacerse, al menos en parte. Y, para ello, debemos «relajar» el sistema nervioso (que nuestro cuerpo aprenda a no ver peligro en la luz). Paradójicamente, para conseguir esta relajación, el control de estímulos (evitar la luz) es contraproducente.

Antes de empezar conmigo, Laura llevaba meses trabajando este nuevo enfoque con profesionales actualizados y sus migrañas estaban mejorando, siendo cada vez menos intensas y frecuentes. Pese a ello, estaba estancada. En una de nuestras primeras sesiones, me comentó que estaba bastante cansada. Le pregunté si atribuía a algo esta sensación de cansancio y me dijo que sentía que los hábitos de vida que «debía» tener para estar mejor, la estaban agobiando. Literalmente me dijo: **«No quiero vivir teniendo un trabajo después del trabajo»**. Supe que Laura era una rehén del control y padecía lo que he bautizado como el «síndrome de Estocolmo de los hábitos» (me tomo la licencia de llamarlo así, pero quiero aclarar que no existe dicho síndrome).

La expresión «No quiero vivir teniendo un trabajo después del trabajo» refleja de manera clara y real cómo nos sentimos muchos en nuestro día a día; con una rutina cargada de hábitos saludables que se han introducido sin filtro ni consciencia. Me atrevo a decir que Laura no es la única que siente que después de sus ocho horas de trabajo y antes de las (ideales) ocho horas de sueño, tiene una rutina que se ha convertido en un trabajo con sus propias obligaciones: el gimnasio, preparar el táper, tener tiempo de calidad con la pareja, familiares o amigos, la meditación, el ocio sin pantallas (leer, dibujar, macramé...), ir al súper a comprar los limones para el chupito matutino de agua tibia con cítricos, caminar mínimo diez mil pasos y hacer 35 minutos de Duolingo para desoxidar el inglés o para aprender portugués o chino, porque ¿por qué no?

Sin darse cuenta, Laura firmó un contrato laboral cuyo sueldo era una buena salud, bienestar vital y, en su caso, un plus con la reducción de migrañas. Durante un tiempo, este contrato pudo cumplirse y hubo mejora. Pero pasados unos meses, le estaba suponiendo mucho esfuerzo. ¿Por qué le costaba mantenerlo si se encontraba mejor?

- **Respuesta corta.** Aunque el sueldo era bueno, el contrato era abusivo.
- **Respuesta larga.** Aunque el sueldo era bueno, el contrato no incluía tiempos de descanso sin culpa, las tareas (hábitos) debían hacerse sin adaptaciones individualizadas y los objetivos del trabajo eran tan a largo plazo que dificultaban disfrutar del proceso.

Laura, como cualquiera de nosotros, no es experta en esta temática, así que no se dio cuenta de que este contrato le daba control, pero también responsabilidad sobre lo que estaba firmando y que por eso ahora se sentía culpable por estar agotada. Al no entender este agotamiento, lo ignoraba, obligándose a seguir con la rutina que la hizo sentirse bien hasta ahora, pero incrementando, a la vez y sin saberlo, poco a poco el malestar.

Para salir de este bucle, es importante entender qué es lo que firmamos cuando queremos cambiar. Es decir, tenemos que saber si nos están dando gato por liebre. Y, como el conocimiento te da poder de elección, lo primero es saber cómo funcionan los hábitos. Así, para su adquisición debemos tener en cuenta que hay tres etapas: **la etapa inicial**, donde implementamos el cambio en nuestra rutina, **la de mantenimiento** y **la de consolidación**.

La promesa de salvación que te convierte en rehén: el síndrome de Estocolmo de los hábitos

Dentro de la psicología, existen dos grandes enfoques que buscan explicar las dos primeras etapas del proceso de adquisición de un hábito: **el cambio de la conducta** y **su mantenimiento**.

El **primer enfoque** cobró especial fuerza durante la segunda mitad del siglo XX, cuando distintas corrientes se centraron en la conducta individual como núcleo del cambio. Estas propuestas nacieron en un contexto sociopolítico cada vez más neoliberal, donde la responsabilidad colectiva se estaba trasladando al individuo, reforzando la idea de que cada persona **es la única responsable de sus logros y fracasos**. Esta narrativa encontró terreno fértil en modelos psicológicos centrados en el control del comportamiento y en el poder de la actitud: el conductismo, por ejemplo, proponía que el refuerzo podía modificar la conducta; la psicología positiva, alentaba a cultivar la gratitud y el optimismo; y la psicología humanista, añadía la autorrealización como máxima aspiración.

Sin embargo, aunque influyentes, estas corrientes parecían no explicar del todo por qué nos cuesta tanto cambiar y mantener nuevos hábitos. El conductismo, pese a su sólida base empírica, simplificaba el cambio al reducirlo a una cuestión de repetición y refuerzo. La psicología positiva, si bien reconocía el valor de las emociones agradables, era contraproducente cuando se alejaba de la realidad. Y la famosa pirámide de Maslow reforzaba una idea de progreso hacia un ideal de autorrealización más alineado con los valores del éxito que con el bienestar. Como guinda del pastel, a finales del siglo XX, Roy Baumeister añadió la idea de que el autocontrol (condición necesaria para sostener un hábito) era un recurso limitado, y que, por lo tanto, para mantenerlo en el tiempo **dependíamos exclusivamente de nuestra fuerza de voluntad**.

De esta forma, todas estas corrientes han contribuido (de forma más o menos consciente) a otorgar al individuo la responsabilidad absoluta —disfrazada de libertad— sobre sus decisiones y actos. Para que nos entendamos, este enfoque se resume en el famoso: «Si quieres, puedes». Y, poco a poco, la psicología que abanderaba la disciplina se convirtió en el caldo de cultivo de innumerables libros de autoayuda, programas de gurús del bienestar, dietas milagro, consejos de productividad y contenido en redes sobre salud que ignora las variables socioeconómicas y culturales.

Pero debemos saber que **este marco teórico del cambio está desactualizado**. Lo que sus defensores acérrimos no nos cuentan es que, siguiendo este modelo, **es poco probable que se mantenga un nuevo hábito en el tiempo**. En este sentido, en un famoso estudio, Norcross y Vangarelli encontraron que, con una probabilidad del 45 %, acabarás abandonando los hábitos saludables que iniciaste en enero antes de que termine el mes, y que a final de año esta probabilidad aumentará al 81 %. Si eres del 19 % que resiste y mantienes los hábitos saludables con disciplina, lo más probable es que la motivación se vaya difuminando y pasen a ser entendidos como un trabajo, aumentando así los niveles de desgaste y ahogo.

Pero ¿por qué mantenemos este modelo si no funciona?

Esta es una pregunta compleja, por lo que intentaré plasmar de manera general las variables que creo que están influyendo en mayor medida.

El primer factor que mantiene el enganche a este modelo somos **nosotros mismos**. Nos calma saber que hay un plan, una receta que nos dice los pasos a seguir ya que **nuestro cerebro es predictivo**, lo que implica que, cuando predice y acierta, está tranquilo. Además, nos gusta pensar que tenemos el control del éxito de esta receta (al menos, al principio). **Si solo depende de ti, es más fácil que pongas en marcha acciones para conseguir cambiar.** En el punto de pasar a la acción no solemos tener problemas (muchos de nosotros nos apuntamos el 2 de enero al gimnasio pagando la cuota de un año entero).

El problema es el mantenimiento de este hábito porque ¿realmente tenemos el control?

Con lo comentado hasta ahora seguro que empiezas a pensar que realmente no lo tenemos del todo y, por lo tanto, a veces fallamos. Cuando la disciplina falla, **nuestro cerebro «se estresa»**. Si esto ocurre, se pone en marcha un proceso fundamental para el aprendizaje, conocido como **error de predicción**: se activan áreas en nuestro cerebro encargadas de supervisar los errores o las diferencias entre la realidad y lo previsto, y se liberan sustancias como la dopamina que nos impulsa a aprender y a adaptarnos. El problema aparece cuando este error de predicción se interpreta como una amenaza, ya que se genera un estado de hiperalerta para poder responder más rápido a la situación inesperada. Es decir, **en nuestro cuerpo se activa la respuesta de estrés**.

En el terreno de los hábitos, hay dos variables que influyen en esta interpretación amenazante:

- **La culpa por no hacer lo que «deberías».** Esta emoción compleja indica que éramos responsables de algo (teníamos el control) y no hemos cumplido las expectativas. Así, el error de predicción no se ve como una oportunidad de aprendizaje, sino como un fracaso personal, lo que activa la respuesta de estrés. La culpa no es mala, es incómoda. Cumple una función de **adecuación social**. Sin embargo, si es desmedida, nos ancla en un ciclo de autocrítica que en vez de movilizarnos nos bloquea, al hacernos sentir que no tenemos las herramientas para salir.
- **El miedo a no ser lo que no haces.** Es común que, en las creencias sobre quiénes somos, ser y hacer estén entrelazados. Por ejemplo, a menudo la sociedad e incluso nuestras familias, de manera directa o indirecta, nos hacen pensar que soy listo si apruebo los exámenes, pero empiezo a dudar si realmente lo soy si empiezo a suspender.

Cuando abandonamos un hábito que nos ayudaba a constituir una característica de nuestra personalidad de la que estábamos orgullosos, muchas veces esa característica se vuelve dependiente del hábito y no intrínseca a nosotros por el mero hecho de ser. Por ejemplo, de niña era muy creativa, inventaba historias todo el tiempo e incluso llegué a hacer un libro encuadernado con ellas. Sin embargo, de adulta creo que ya no lo soy, ya que no hago ninguna actividad que me confirme esta cualidad.

Así, cuando un hábito que permite que nos consideremos algo que valoramos positivamente empieza a tambalearse, entra en juego nuestra **autoexigencia**, para mantenerlo por encima de todo y que sigamos siendo esa cualidad.

Así, en el preciso momento en el que fallamos en la predicción sobre la ejecución de un hábito, y la autocrítica y la autoexigencia dominan nuestro discurso interno, empezamos a ser **rehenes de los hábitos**. Pese a ello, como seguimos pensando que tenemos el control, no vemos que podemos estar padeciendo el síndrome de Estocolmo de estas conductas.

El segundo factor que nos mantiene en este modelo explicativo del cambio es **la industria**. Más allá de lo económico, el capitalismo ha llegado al estilo de vida y opera con la siguiente fórmula: conoce la insatisfacción vital generalizada junto con la necesidad de comprar una solución rápida, donde el individuo tenga el poder (spoiler: no lo tiene, pero es importante que crea que sí); predice el fallo (con las consecuencias para el individuo comentadas arriba) y cubre la nueva necesidad para evitar la insatisfacción. ¡Que siga girando la rueda!

Modelo neoliberal de adquisición de hábitos

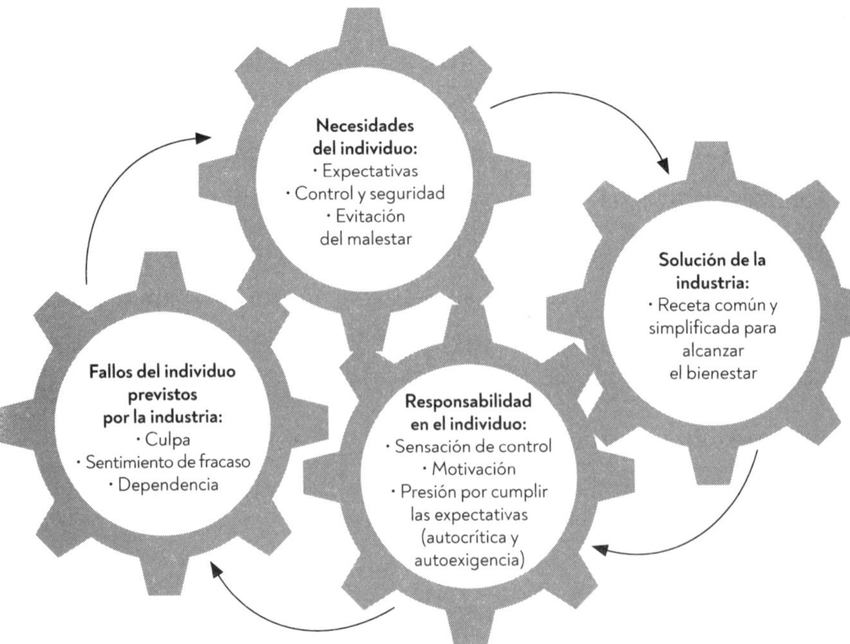

Este engranaje se mantiene en constante movimiento al verse impulsado por la **infantilización del adulto**, una herramienta clave para mantener la dependencia.

La industria nos vende que el bienestar solo se alcanza si seguimos instrucciones claras y predefinidas. En este proceso, se nos arrebata la capacidad y la responsabilidad de explorar qué funciona para nosotros, limitándonos a consumir soluciones preprocesadas que nos dicen cómo debemos vivir para «hacerlo bien» y reforzando nuestra dependencia de sistemas de validación externos: la rutina perfecta, la alimentación óptima o el entrenamiento ideal.

Así, **vivimos atrapados en una paradoja**: por un lado, se nos exige responsabilidad total sobre nuestro bienestar, y por otro, se nos considera incapaces de tomar decisiones propias sin la guía de expertos. En este contexto, es fácil caer en la trampa de creer que, si no seguimos al pie de la letra las indicaciones sobre qué hábitos adoptar, **estamos fracasando como adultos funcionales**.

Pero ¿realmente estamos eligiendo o simplemente obedeciendo?

El resultado de esta dinámica son adultos que dudan de su capacidad para tomar decisiones y necesitan siempre una guía. Es decir, el resultado es el consumidor perfecto.

La genialidad del engranaje es que asumimos el papel de guiados porque la industria se disfraza de autoridad fiable. Y lo consigue porque no miente del todo, **se mueve en medias verdades que resultan convincentes**. Todos sabemos que, de manera general, los hábitos saludables promueven nuestra calidad de vida, pero en la industria:

- **Los hábitos se presentan como el *sine qua non* de la plenitud.** El negocio del bienestar o *wellness* ha crecido exponencialmente desde 2020, cuando la pandemia paró el mundo y tuvimos tiempo de evaluar cómo estábamos, pero cómo estábamos «de verdad». Este negocio parte de una premisa que, para mí y para muchos profesionales de la salud, es errónea. La promesa de plenitud se sustenta en la perversión del hedonismo al demonizar el malestar. Pero el malestar es necesario, cumple una función imprescindible para la supervivencia: la movilización. Cuando algo (una situación, una relación, etc.) es lo suficientemente molesto, nos motiva al cambio. Pero, si no tienes tolerancia al malestar, porque crees que no tienes por qué sentirlo, nunca vas a estar satisfecho, independientemente de las circunstancias. Esto deriva en que siempre tengas una necesidad que posiblemente puedas cubrir con un libro de autoayuda, un retiro o un curso.

  De esta manera, si pasamos por una ruptura, en lugar de permitirnos sentir el duelo, buscamos cómo salir rápidamente de él: nos apuntamos a actividades, llenamos la agenda o intentamos convencernos de que ya lo hemos superado. Si en el trabajo sentimos desmotivación, corremos a leer libros sobre propósito vital, sin intentar entender qué nos está diciendo esa sensación desagradable. Esta evitación constante del sufrimiento nos lleva a una búsqueda incesante y ciega de soluciones que, lejos de calmarnos, perpetúan la sensación de que algo en nosotros no encaja y que fuera está la solución.
- **Los hábitos son inamovibles e iguales para todos.** Por una parte, no todos los hábitos que se divulgan y co-

mercializan tienen una base científica de eficacia. En este sentido, muchos best sellers de autoayuda se han escrito desde una perspectiva individualista y privilegiada. Asumen que el lector tiene tiempo libre, estabilidad económica y un entorno propicio para incluir cambios. Pero ¿qué pasa con quienes tienen, aparte de un trabajo de ocho horas, un rol de cuidador informal cuando llegan a casa?, ¿o quienes no tienen acceso a alimentos saludables?, ¿y los que viven en un entorno sin zonas verdes donde dar paseos?, ¿se tienen en cuenta los problemas de salud mental que hacen que levantarse por la mañana sea un desafío?

Además, en ocasiones muchos de estos libros basan su discurso en casos anecdóticos y sesgos de supervivencia: los libros los escriben personas que lograron cambios de manera exitosa y asumen que sus métodos funcionan de forma universal, y se nos olvida que las personas que no lo consiguieron, probablemente no hayan escrito un libro.

Por otra parte, hay divulgación de desarrollo personal responsable que sí que se sustenta en la literatura científica. Y, aun siendo así, **hay que interpretar los efectos de los hábitos dentro de las limitaciones del propio contexto**. Indudablemente, se deben estudiar los efectos en la salud y en el bienestar de los diferentes hábitos: dieta, deporte, sueño, etc. Ahora bien, cuando interpretamos estos resultados y los generalizamos a la población, se deben tener en cuenta los posibles sesgos de estas investigaciones: el de género y sexo, el social, el económico, el de edad, etc.

Porque muchos estudios se enfocan en la voluntad individual para mantener el hábito y en sus efectos en la salud, pero no incluyen como variable el acceso a recursos (tiempo, dinero o apoyo social) para hacer una interpretación de los resultados más acorde con la realidad. Además, mientras que la investigación suele evaluar el impacto de un hábito específico de forma aislada (o como mucho dos), en la vida cotidiana tendemos a intentar cambiarlo todo a la vez. Y no siempre todo es mejor que algo.

Así, retomando la metáfora de la introducción, podríamos decir que cada uno de nosotros, **con nuestro traje hecho a medida, corremos una carrera de obstáculos única**. Ignorar cómo se ajusta el traje, cuantos obstáculos pretendemos saltar o cómo es el terreno que pisamos, nos lleva a conclusiones sesgadas, injustas e incorrectas.

El tercer factor que mantiene el modelo es **el contexto social**. Vivimos rodeados de información sobre hábitos saludables, productividad y bienestar. Desde libros de autoayuda hasta charlas motivacionales, pasando por vídeos de TikTok con vidas idílicas a las que algo dentro de nosotros quiere aspirar. Y, aunque intentemos racionalizarlo y sepamos que a las redes les falta un filtro de realidad, nos vamos a la cama con el mensaje de que parece que hay una fórmula mágica para todo: cómo madrugar, cómo meditar, cómo leer más, etc. En definitiva, cómo ser tu mejor versión.

Paradójicamente, esta avalancha de consejos sin filtro ni descanso, lejos de ayudar, nos paraliza, ya que genera un sentimiento de culpa constante: «debería estar entrenando», «debería preparar el táper para mañana y no ver esta serie» o, incluso, «debería leer el libro de Noelia para aprender a vivir bien». Como consecuencia, en lugar de motivarnos, esta sobreexposición a la información nos carga con una presión invisible que **convierte la búsqueda del bienestar en otra obligación más**.

La nueva era donde el individuo y el contexto sí que importan

Ha llegado la hora de hablar del **segundo enfoque** de corrientes psicológicas que buscan entender cómo adoptamos y mantenemos un hábito. En él hay nuevas voces disidentes de la percepción neoliberal de los hábitos que dan espacio a la influencia de más variables aparte de la disciplina en su adquisición y que cuestionan hasta qué punto el control consciente de la conducta es real o está maximizado por los intereses que hemos visto.

Así, hablan del **temperamento** (la parte de la personalidad que está determinada por la genética), del **contexto** y del **ambiente**, como factores que se deben tener en cuenta. En esta línea, destaca el modelo de costes de oportunidad de Kurzban actualizado por Inzlicht y Schmeichel y renombrado como el **modelo de procesos de autocontrol**. En él se propone que, cuando decidimos si adoptamos una conducta u otra, hacemos un cálculo sobre si vale la pena seguir controlándonos (disciplina) o darnos una gratificación. Para entendernos, sostiene que **tomamos microdecisiones todo el tiempo**: ¿merece la pena merendar comiendo el hummus con los palitos de zanahoria o el cruasán? En este cálculo entra la **consciencia** (la razón), pero también, de manera inconsciente, **el contexto** y **el estado emocional**. Si hoy has tenido un buen día en tu rutina entre semana y estás en calma, probablemente termines el día comiendo el hummus. Sin embargo, si has tenido una jornada terrible y te sientes frustrado, o si es un día festivo y estás disfrutando de la familia, aumentan las probabilidades de que el cruasán sea el elegido.

Con esto no quiero que se entienda que hay una opción buena y una mala. **Hay tres contextos y tres necesidades.** Y debemos comprender que, a veces, elegir el cruasán es una forma de escucharnos y reconocer que, en ese instante, priorizar el placer es la mejor opción.

Entender y aceptar la flexibilidad es clave para construir hábitos sostenibles y sanos.

Este enfoque no es tan conocido y, sin duda, no aparece tanto en los discursos de autoayuda. Quizá porque, desde esta óptica, **la ayuda deja de ser tan auto y pasa a ser más colectiva**, o porque es un mensaje que no nos gusta, ni a nosotros, ni a la industria, porque con este modelo asumimos que cuando hablamos de hábitos hay parte de autocontrol, pero también hay variables que están fuera de nuestra burbuja.

Volviendo al caso de Laura, su experiencia es un reflejo de cómo la disciplina no es el único factor en la construcción de hábitos que promueven el bienestar. Durante meses, Laura siguió con rigor su rutina de ejercicio en un gimnasio con un ambiente que le generaba rechazo, convencida de que era lo que debía hacer. Sin embargo, lo que trabajamos juntas es que su personalidad, sus gustos, sus sensaciones corporales y su contexto también influían en el mantenimiento y beneficio de esta rutina. Realmente no necesitaba más fuerza de voluntad, sino cambiar su relación de dependencia: es decir, dejar de mantener el hábito a toda costa y **comprender que podemos ejercitarnos sin sentirlo como una penitencia**.

Al incorporar el placer y la flexibilidad en su rutina, tras unas semanas, su sensación de ahogo disminuyó. El ejercicio dejó de ser un castigo disfrazado de autocuidado y pasó a convertirse en un espacio real de bienestar. Y así, de forma progresiva, su rutina dejó de ser un trabajo después del trabajo y pasó a responder a sus necesidades, gustos y ambiente.

Todo esto implica que la introducción de hábitos en tu rutina es más compleja de lo que nos venden.

Ya no podemos tener fe en una receta mágica que nos vaya a servir a todos para ganar la carrera hacia una vida plena. Y, entendiendo la implementación de los hábitos desde esta mirada, deberíamos poner el foco en la necesidad de **hacer consciente lo inconsciente** y en la **evaluación de nuestro ambiente como herramientas imprescindibles**. La idea es no empezar por la receta, por el final, sino por saber qué sabores te gustan, qué nutrientes necesitas y cuáles son los alimentos de temporada.

Nuestros recursos son limitados

Por supuesto, más allá de la introducción y del mantenimiento, no nos podemos olvidar de la fase final: la consolidación de los hábitos.

Si revisamos la definición de hábito en el diccionario de la RAE, encontraremos que es un: «Modo especial de proceder o conducirse adquirido por repetición de actos iguales o semejantes, u originado por tendencias instintivas».

Es decir, para que un hábito se considere como **tal debe ser adquirido por repetición** y, por lo tanto, no conllevar una toma de decisiones consciente de hacerlo o no. Por ejemplo, lavarte los dientes es un hábito consolidado ya que no es algo que negocies;

lo haces tras cada comida sin plantearte la opción de no lavarlos. Esta parte es importante ya que la mitad de nuestros comportamientos cotidianos son automáticos, sin apenas premeditación. Y muchos de ellos son hábitos, donde las señales situacionales (como la sensación de tener los dientes sucios), desencadenan automáticamente la acción (la limpieza de dientes). Entonces... **¿cómo surge la automatización?**

Aquí es donde entra en juego **la neuroplasticidad** (hablaremos de ella más adelante, pero ahora vamos a definirla en relación con la consolidación de los hábitos). Nuestro cerebro es plástico y cambia durante toda la vida: se crean nuevas neuronas en algunas zonas y nuevas conexiones entre ellas. Estas conexiones son aprendizajes (por ejemplo, una asociación entre una señal y una conducta), y para que estas conexiones se mantengan en el tiempo, debemos repetir la asociación. Traducido al terreno de los hábitos: para que se genere el aprendizaje **debemos repetir la combinación entre señal** (por ejemplo, salir del trabajo) **y el hábito deseado** (por ejemplo, hacer yoga) **para fortalecer esa asociación a nivel neuronal**.

Y ahora viene la pregunta más relevante:
¿cuánto tiempo debo repetir una conducta
para que se vuelva automática y se considere hábito?

Aquí, desgraciadamente, os tengo que responder a la gallega: depende. Lo que sí os puedo asegurar es que **los 21 días son una falacia** que nos hemos tragado. En realidad, un estudio de 2010 donde participaron 96 personas, encontró que para crear nuevas conexiones entre neuronas con el fin de consolidar un hábito se necesitan entre 18 y 254 días (siempre y cuando seamos constantes). Este rango temporal tan amplio depende del tipo de hábito, pero también del contexto, de la personalidad, del estado emocional, etc.

Por lo tanto, para Laura no es lo mismo consolidar el hábito de ir al gimnasio, que le generaba rechazo, que el de asistir a clases de yoga, que disfruta y que además le queda cerca de casa. Cuantas más barreras tiene un hábito (lejanía, poca afinidad, etc.), más costoso será consolidarlo.

Así que sí, elegir de forma consciente e individual los hábitos, priorizando el placer y la facilidad, no solo nos ahorra esfuerzo, sino también tiempo.

A medida que vamos repitiendo y generamos la asociación neuronal (después del trabajo, hago yoga), esta conducta se vuelve progresivamente más automática, es decir, ya no requiere de una decisión consciente cada vez que la llevemos a cabo. Y aquí está la clave: **cuando un hábito se consolida, depende menos del contexto inmediato**, lo que reduce el peso de la motivación o del estado de ánimo. Esto significa que, aunque llueva o esté de mal humor, si Laura tiene consolidado ir a yoga, ni siquiera se planteará no ir. **La conducta se habrá convertido en un «no negociable».**

¿Y ahora qué?

Al inicio, te dije que lo primero es el conocimiento para tomar decisiones. Por eso, en estas primeras páginas hemos desmenuzado el contexto del que venimos y explicado la teoría, **para que a partir de ahora puedas leer los contratos de los hábitos** y entender la letra pequeña. Conocer las reglas que rigen su inicio, mantenimiento y consolidación, no solo te da herramientas para detectar cuándo algo huele a chamusquina, sino que también te permite detener la carrera de obstáculos infinita en la que nos han metido y, por fin, observar. **Observarte.** ¿En qué punto estás ahora? ¿Tú también llevas puesto un traje de «ser un desastre» hecho a medida? ¿Te identificas con la culpa de no ser capaz de mantener un hábito que, si somos sinceros, sabías que no encajaba contigo?

Es incómodo observarse de verdad: hace que las creencias se tambaleen y nos enfrenta a perspectivas nuevas. Pero, quizá, lo más incómodo de todo es no tener una receta que seguir y sentirnos incapaces de ni siquiera saber los ingredientes. Así que entiendo perfectamente que te estés preguntando: **«Vale, Noelia, si nada es tan sencillo, ¿por dónde empiezo?»**.

Creo que puedo decir sin equivocarme que, si has llegado hasta aquí, sabrás que entre estas páginas no encontrarás una respuesta simple a esa pregunta en forma de receta de hábitos que, si sigues al pie de la letra, serán la llave de tu bienestar; pero que, si por el contrario, no abren esa puerta, no será culpa mía, sino que será porque no habrás aplicado bien la receta o no te habrás esforzado lo suficiente. Realmente, con **este libro quiero proponerte algo diferente**: que aprendas a cocinar en vez de seguir una receta de hábitos que funcione para ti; no porque los hábitos incluidos en las recetas sean malos, sino porque a cada uno nos gustan cocinados de una manera diferente.

A través de los últimos hallazgos en neurociencia y psicología, vamos a reconocer, nombrar y validar las sensaciones corporales, y a entender las necesidades que estas nos comunican para actuar con coherencia. También **hablaremos de tu brújula interior**, la que te indica hacia dónde está tu bienestar: aprenderemos de qué está hecha, por qué se mueve y hacia dónde apunta. Juntos vamos a dejar de ver el «ser un desastre» por no llegar a la meta como una etiqueta; para empezar a entenderlo como una alarma de que el traje que intentamos vestir quizá no está tan hecho a nuestra medida.

Porque ya es hora de sentirnos cómodos simplemente siendo, y darnos cuenta de que, muchas veces, **el bienestar** no está en lo que nos falta, sino **en las pequeñas cosas que probablemente ya hacemos**.

SEGUNDA PARTE

Los árboles que no te dejan ver el bosque

2

LOS SUSURROS DEL BOSQUE OLVIDADO

> Las neuronas son células de formas delicadas y elegantes, las misteriosas mariposas del alma, cuyo batir de alas quién sabe si esclarecerá algún día el secreto de la vida mental.
>
> SANTIAGO RAMÓN Y CAJAL, Nobel de Medicina, 1906

«Y de esta manera, podemos concluir que las técnicas mente-cuerpo son un abordaje prometedor para la gestión del dolor crónico en pacientes con fibromialgia». Esa fue la última frase que pronuncié, satisfecha, en mi defensa del trabajo de fin de máster. Sabía que había sido un buen trabajo y estaba preparada para cualquier pregunta sobre la temática, desde los análisis estadísticos a los cambios neurales relacionados con la práctica meditativa. Así que mi sorpresa fue mayúscula cuando el presidente de mi tribunal evaluador me preguntó por qué usaba el concepto «terapias mente-cuerpo», incidiendo en la separación cartesiana de estos dos conceptos, si lo que estaba defendiendo era una unidad.

Oí mi clic mental.

En ese momento fui consciente de lo arraigado de esta **dicotomía en nuestra cotidianeidad y lenguaje**. Estamos tan sumergidos en este paradigma que incluso los que intentamos remar en contra acabamos perpetuándolo sin darnos cuenta. Las palabras influyen directamente en la interpretación de una situación: pueden abrir realidades a través de nuevos conceptos o, por el contrario, pueden ser una capa invisibilizadora. Basta con sustituir la palabra «derecho» por «privilegio» o recordar que, hasta hace no tanto, ni siquiera existía el término «violencia de género».

Aquella simple pregunta hizo que, en cuestión de segundos, pasara de la satisfacción a la incomodidad. Fui consciente de que estando tan arraigado el modelo biomédico, que entiende la salud como ausencia de enfermedad, es imposible evitar su influencia en el lenguaje después de casi quinientos años de historia.

Aunque el padre de la medicina occidental, Hipócrates, defendía un tratamiento integral del ser humano, tanto en su esfera física y psíquica, como en los elementos de su entorno, en el Renacimiento este abordaje se cuestionó. **La medicina de una sociedad, así como el concepto de bienestar, es un reflejo del pensamiento de esta**, por lo que el materialismo del Renacimiento, evidenciado en el dualismo cartesiano (que separaba la mente del cuerpo), provocó que el foco se desplazara del sufrimiento del enfermo hacia la enfermedad como entidad aislada.

Si llevamos estos conceptos a la actualidad, esta separación mente-cuerpo se mantiene en cómo nos entendemos a nosotros o, al menos, en cómo lo hacíamos hasta hace diez años. La medicina occidental tiene un enfoque tradicionalmente biologicista, es decir, ignora el efecto de las variables intangibles en favor de la fisiología; por lo que, los **pensamientos**, las **emociones**, los **vínculos** o el **contexto**, quedan **fuera de la ecuación de la**

salud. Esta preferencia por la «objetividad» se lleva a tal extremo, que, paradójicamente, afecta al estudio, diagnóstico y abordaje de la salud mental, reduciendo muchas veces la presencia de trastornos mentales a desajustes fisiológicos de neurotransmisores (las moléculas que utilizan las neuronas para comunicarse) o a alteraciones en la actividad de ciertas áreas cerebrales.

Pero Descartes cometió un error. En los últimos diez años, son muchas las voces que reclaman una **nueva forma de entender nuestra salud**. El enfoque biologicista es reduccionista, está claramente orientado al tratamiento del síntoma y se queda corto. Según la Organización Mundial de la Salud, nuestra salud es un «estado de completo bienestar físico, mental y social, y no solamente la ausencia de afecciones o enfermedades».

Así que, en la nueva medicina, llamada **integrativa**, debemos tener en cuenta múltiples variables en juego:

- **Genética.** Nuestra herencia biológica nos reparte las cartas con las que jugamos. Hay algunas cartas que vamos a tener que utilizar por defecto, pero, hay otras que son optativas, y que su uso depende de factores como el contexto, lo que abre un marco de posibilidades que influirá en el desarrollo de la partida.
- **Entorno.** El contexto en el que vivimos es como la mesa de juego: a veces nos favorece y nos da margen de maniobra; otras, nos limita o nos impone reglas más estrictas. No siempre podemos cambiar la mesa en la que jugamos, pero entender sus dinámicas nos permite prever su impacto y ajustar la estrategia.
- **Autocuidado.** Las decisiones que tomamos sobre nuestras conductas, pensamientos, emociones y sensaciones, son las

jugadas que hacemos con las cartas que tenemos. No podemos cambiar nuestra mano inicial y, a veces, tampoco el entorno de juego, pero sí podemos aprender y ejecutar estrategias que nos ayuden jugar la mejor partida posible.

Así, para iniciar el camino hacia el bienestar, debemos tener en cuenta estos tres factores, y ser conscientes del poder de actuación real que tenemos en cada uno de ellos.

Para mí, el primer paso es el conocimiento; porque, aunque no siempre podamos elegir las cartas ni la mesa, sí podemos aprender a jugar mejor la partida. En este sentido, es necesario saber cómo funciona nuestro cuerpo como un todo, cómo interactúan los diferentes factores que influyen en nuestro bienestar y qué margen de acción tenemos dentro de nuestras circunstancias. Desde ahí, podremos tomar decisiones fundamentadas, responsables y coherentes con nosotros y nuestro contexto, que mejoren nuestra calidad de vida, sin tener que seguir una receta ultraprocesada.

¿Cómo podemos vivir con el cuerpo a nuestro favor?

Primero, entendiendo su idioma.

Eran principios de octubre y, en Galicia, el clima estival parecía resistirse a desaparecer. Acostumbrados a los días grises, los gallegos tenemos en el ADN la necesidad de aprovechar cada rayo de sol, así que, en esta ocasión, íbamos a hacer una etapa del Camino de Santiago en dirección al fin del mundo romano, a Finisterre. El punto de partida era a Praza do Obradoiro, donde se puede disfrutar del entusiasmo de cientos de peregrinos que alcanzan su meta después de días, semanas o meses caminando.

A las ocho de la mañana, formábamos un grupo variopinto en el centro de la plaza: algunos eran senderistas experimentados y otros, simples aficionados que nos habíamos animado a dedicar una mañana de sábado a una actividad diferente. Estábamos esperando a Eloy, un senderista veterano que venía caminando desde su casa, de la que había salido hacía ya tres horas. Transcurridos unos minutos, lo vimos aparecer con su mochila técnica y su equipo profesional. De entre todo su material, hubo algo que me llamó especialmente la atención: del cordón de una de sus botas colgaba un pequeño dispositivo con forma de huevo. No pude evitar preguntarle qué era. Me explicó que, aunque el senderismo era para él un placer en sí mismo, le gustaba revisar sus datos después de cada ruta. Aquel aparato era un podómetro de alta precisión que registraba su velocidad y el número de pasos, entre otras variables.

Durante la ruta, aquella conversación siguió rondando mi cabeza. **¿Cómo está cambiando la tecnología nuestra forma de percibir la experiencia?** Antes, caminar era simplemente caminar: una experiencia sensorial, emocional, quizá incluso hasta meditativa. Uno evaluaba su satisfacción a través del cansancio y los recuerdos. Ahora, en cambio, un dispositivo introducía un nuevo criterio externo y medible.

Aunque convivimos con estos aparatos aparentemente inocuos… ¿Enriquecen o empobrecen la experiencia? ¿Acaban provocando que nos fiemos más de un número en una pantalla que de la sensación corporal? Y lo más me inquieta: ¿nos estamos acostumbrando a depender de estos dispositivos para decidir cómo nos sentimos?

En ese momento comprendí que la separación mente-cuerpo no solo vive en los libros de medicina, sino que **estructura nuestra vida cotidiana**: nos fiamos más de relojes inteligentes que nos dicen si dormimos bien o de aplicaciones que nos indican cuánta agua beber, que de nuestras propias sensaciones corporales. Así, nos desligamos de ellas, como si sentir necesitara ser traducido a datos, asumiendo que la consciencia corporal es más eficiente si la hacemos a través de estos aparatos que nos la muestran en gráficos de colores.

En apariencia, esto parece un buen trato: **ahorramos tiempo y esfuerzo** (no necesitamos detenernos a reflexionar sobre cómo nos sentimos) y, además, **ganamos en precisión** (dejamos de lado la interpretación subjetiva y accedemos a números y rangos de normalidad). Todo esto nos da una sensación de control sobre nuestro estado fisiológico, que interpretamos, peligrosamente, como una medida directa de nuestra salud.

Sin embargo, no reparamos en que este trato **conlleva una deuda**: poco a poco vamos desconfiando, o **directamente invalidamos, la información sensorial** que percibimos a través de nuestros propios sensores, el sistema nervioso. Y aunque no estoy diciendo que, en ocasiones, no sea útil recurrir a estos aparatos, sí cuestiono su uso automático y cotidiano.

Así, cuando le pregunté en las primeras sesiones a Miriam qué tal dormía, me comentó que creía que bien hasta que se compró un reloj inteligente. Como este le indicaba cada mañana que su descanso no era óptimo, empezó a preocuparse. Poco a poco, ir a dormir le fue generando más y más ansiedad, dificultando la conciliación del sueño, y finalmente terminó tomando una «inofensiva» gominola de melatonina para poder dormir. También recuerdo a

Borja, un paciente que convivía con unos ataques de ansiedad muy incapacitantes. En su evaluación observamos que muchos de sus ataques tenían relación con su reloj inteligente: inconscientemente hipervigilaba sus pulsaciones y, cuando subían, el pitido del reloj era el detonante de la crisis.

Estos casos son ejemplos de cómo, con el uso de esta tecnología, **podemos estar comprando un informe corporal externo**, priorizándolo a la información que recoge el sistema nervioso y, con ello, reduciendo la capacidad de entender nuestras propias señales corporales.

Es decir, dejamos de usar el lenguaje del cuerpo, y, como pasa con el francés que no practicas desde el bachillerato, vas perdiendo oído y vocabulario para comunicarte eficientemente contigo mismo.

Y es que esta **información sensorial** es imprescindible para nuestro bienestar: nos permite notar cuando tenemos sed, detectar cuando necesitamos descansar o distinguir si ese malestar es vergüenza, culpa o enfado, y poder actuar en consecuencia. **Conocer el lenguaje del cuerpo es**, por lo tanto, **el primer paso para entendernos**. Pero antes de hablar de sus susurros internos, necesitamos saber quién los emite. Y no es otro que el sistema nervioso: ese entramado que supervisa, coordina e informa del estado de cada parte del cuerpo, y que nos hace conscientes de lo que requiere atención.

Aunque sé que conoces lo que es el sistema nervioso, quiero presentártelo de nuevo. Porque las primeras veces no siempre son las mejores, y espero que, tras este reencuentro, podáis reconoceros desde otro lugar. Quizá uno más cercano.

Imagina que tu consciencia es como Truman Burbank (sí, el mismo que interpretó Jim Carrey en 1998, en la película dirigida por Peter Weir), y que tu sistema nervioso es ese plató invisible del show: está ahí, controlándolo todo en segundo plano, organizando la información, generando respuestas y almacenando recuerdos.

Tú has vivido dentro de una realidad, como Truman en su show, sin cuestionarla demasiado, mientras percibías pequeñas grietas en la escenografía: esas sensaciones corporales que te susurraban que algo no encajaba del todo (aunque no supieras qué querían decirte ni qué hacer con ellas, ahí estaban).

Si estas sensaciones de incomodidad fueron lo suficientemente ignoradas a lo largo de los años, es probable que hayan ido creciendo. Y, por eso, ha llegado el momento de conocer tu plató. En este caso, no para huir como en la famosa película, sino para entender mejor el escenario y sus bambalinas, y responder, de esta forma, a sus susurros de forma coherente. ¡Que empiece el show!

El bosque que somos

Cuando hablamos de **sistema nervioso**, nos viene a la mente, de manera casi inmediata, una imagen del cerebro. Ese órgano protagonista en el entendimiento de la mente humana que, cuanto más nos adentramos en él, más conscientes somos de su profundidad. Siempre sentí fascinación por la mente humana y la biología, pero la primera vez que vi un cerebro, en las prácticas de la carrera, tengo que reconocer que me decepcionó. Ante nosotros, en tarros de vidrio, flotaban masas grises rosáceas suspendidas en un líquido amarillento. Recuerdo que pensé, ¿y eso es todo lo que somos?

No fue hasta cursar el máster de neurociencia cuando toqué un cerebro por primera vez. Pasamos meses estudiando la neuroanatomía humana, con diferentes modelos anatómicos, diferentes docentes... Pero siempre las mismas personas en la misma sala. Siempre en los fríos sótanos de la vieja facultad de Medicina. Y siempre el olor a alcoholes mezclado con el del café de los descansos.

En ese periodo fueron naciendo simultáneamente mis vínculos con compañeros que ahora son familia y mi fascinación por la anatomía del sistema nervioso. Sin esperarlo, aprendí dos cosas que trascendieron la neuroanatomía:

1. Que la perspectiva con la que observas algo afecta terriblemente a la interpretación.
2. Que todas las interpretaciones pueden ser científicamente correctas.

Esto fue posible gracias a la **naturaleza interdisciplinar de la neurociencia**. No todos veníamos del mismo enfoque y, si te permitías cuestionarte lo que creías saber y hacer espacio, el aprendizaje iba mucho más allá de los libros.

Así, entre mis compañeros había médicos, que conocían mejor que nadie cómo la falta de oxígeno podía devastar una región cerebral en cuestión de minutos; biólogos, que explicaban de una manera precisa las cascadas bioquímicas de los procesos cerebrales; ingenieros, que te fascinaban hablando durante horas sobre la física de los canales iónicos; y, finalmente, estábamos nosotros, los psicólogos, que, como buenos discípulos de Descartes, habíamos conocido la mente ignorando el cuerpo, pero que, en aquellos sótanos, nos adentrábamos en el mundo de la materia, y en el entendimiento, casi mágico, de que nuestros pensamientos, emociones y decisiones emergían de esa intrincada red de conexiones neuronales que teníamos frente a nosotros.

Día tras día, interioricé que el sistema nervioso es complejo y diferente en función de la lupa (o disciplina) con la que lo observes; que todas las lupas nos dan una parte de la realidad; y que, además, sin tenerlas todas no podemos comprenderlo al 100 %.

Así que quiero invitarte a observar a través de **mi lupa**, una construida con mi formación como psicóloga y neurocientífica y **calibrada por los aprendizajes** que me regalaron las personas que caminaron conmigo.

Los árboles y arbustos

Para adentrarnos en la complejidad del sistema nervioso vamos a hacer zoom y empezar por **las neuronas**. Hay diferentes metáforas para referirnos a ellas, aunque mi favorita es el tradicional bosque de árboles descrito por primera vez por Santiago Ramón y Cajal. Antes del trabajo del premio Nobel español, se creía que el cerebro era una masa continua de cuerpos neuronales unidos entre sí.

Sin embargo, Cajal, utilizando una nueva técnica de tinción, pudo demostrar que las neuronas eran unidades separadas de un todo, **como los árboles que componen un bosque**. En concreto, solo en nuestro cerebro, tenemos un bosque de 86.000 millones de árboles.

Sus estudios también permitieron describir la morfología de las neuronas, y aunque hay diferentes tipos (se estima que hay unas cien clases), todas ellas comparten las siguientes partes:

La neurona

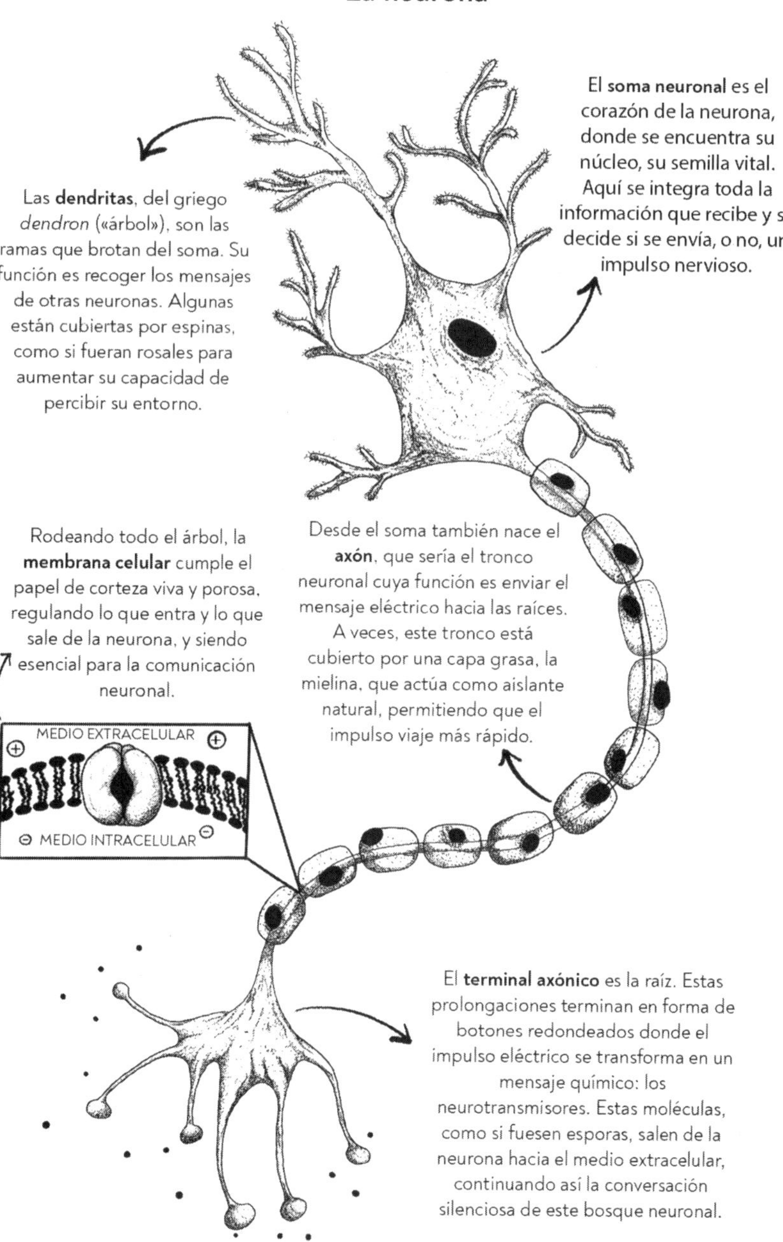

El **soma neuronal** es el corazón de la neurona, donde se encuentra su núcleo, su semilla vital. Aquí se integra toda la información que recibe y se decide si se envía, o no, un impulso nervioso.

Las **dendritas**, del griego *dendron* («árbol»), son las ramas que brotan del soma. Su función es recoger los mensajes de otras neuronas. Algunas están cubiertas por espinas, como si fueran rosales para aumentar su capacidad de percibir su entorno.

Rodeando todo el árbol, la **membrana celular** cumple el papel de corteza viva y porosa, regulando lo que entra y lo que sale de la neurona, y siendo esencial para la comunicación neuronal.

Desde el soma también nace el **axón**, que sería el tronco neuronal cuya función es enviar el mensaje eléctrico hacia las raíces. A veces, este tronco está cubierto por una capa grasa, la mielina, que actúa como aislante natural, permitiendo que el impulso viaje más rápido.

El **terminal axónico** es la raíz. Estas prolongaciones terminan en forma de botones redondeados donde el impulso eléctrico se transforma en un mensaje químico: los neurotransmisores. Estas moléculas, como si fuesen esporas, salen de la neurona hacia el medio extracelular, continuando así la conversación silenciosa de este bosque neuronal.

Lo que hace únicas a las neuronas es **su capacidad para recibir, procesar y transmitir información** de manera precisa, tanto enviando señales entre ellas como hacia otras células del organismo. Esta capacidad depende de la generación de impulsos eléctricos, llamados potenciales de acción, que son la base de la comunicación neuronal. Pero, antes de adentrarnos en el lenguaje neuronal, quisiera que nos fijásemos en otros actores celulares del sistema nervioso. Pese a que las protagonistas son siempre las neuronas, las investigaciones recientes han indicado que hay unos personajes que habían sido considerados secundarios, como Berlín en la serie *La casa de papel*, pero que demostraron tener tanto protagonismo como para tener su propia serie. Estas coprotagonistas son **las células gliales**.

Aunque en un inicio se consideraron meros soportes estructurales de las neuronas (de hecho, glía significa pegamento en griego), investigaciones recientes han revelado que en el cerebro son tan numerosas como las neuronas, con las que están en constante comunicación: perciben sus necesidades, responden a sus señales liberando moléculas que modulan su actividad o influyen en la plasticidad cerebral, e incluso mueren por ellas. En definitiva, las cuidan, protegen y sostienen, formando una red de cooperación perfecta, **como una familia donde la neurona es**, sin duda, **la niña mimada**. Y es precisamente cuando algo falla (en la enfermedad) y esta armonía se rompe, cuando se hace evidente lo importante que era.

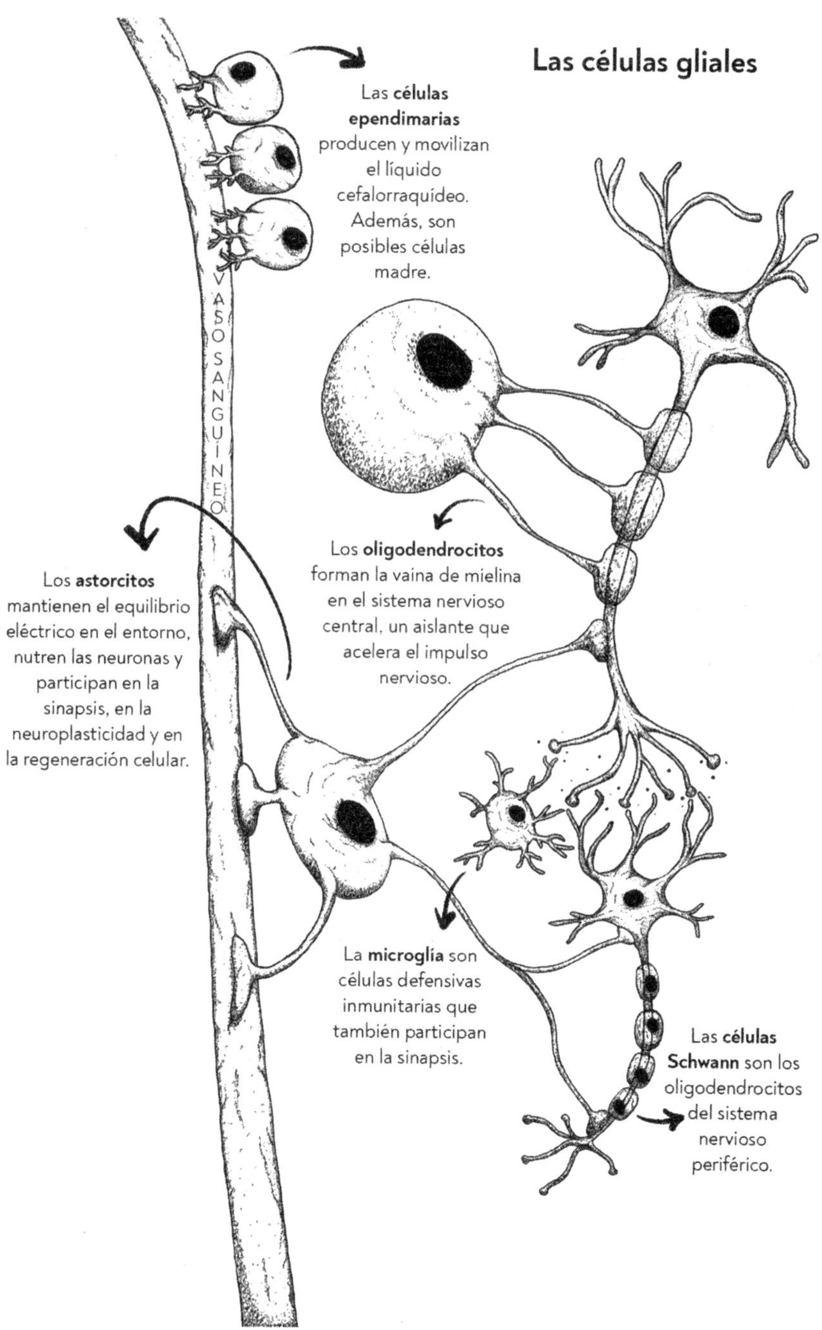
Las células gliales
Las **células ependimarias** producen y movilizan el líquido cefalorraquídeo. Además, son posibles células madre.
VASO SANGUÍNEO
Los **oligodendrocitos** forman la vaina de mielina en el sistema nervioso central, un aislante que acelera el impulso nervioso.
Los **astorcitos** mantienen el equilibrio eléctrico en el entorno, nutren las neuronas y participan en la sinapsis, en la neuroplasticidad y en la regeneración celular.
La **microglía** son células defensivas inmunitarias que también participan en la sinapsis.
Las **células Schwann** son los oligodendrocitos del sistema nervioso periférico.

El aleteo neuronal

Pero, en realidad, lo más fascinante del cerebro no son las unidades que lo forman, sino **su capacidad para trabajar como uno**. Cuando me imagino a las neuronas cerebrales trabajando juntas, recuerdo cuando me sentí un estornino en un coche en India.

La primera vez que viajas en coche en India se despierta un miedo visceral en ti. Las bocinas, los animales cruzando la autovía, los *rickshaws* deslizándose entre los coches, las personas caminando por los arcenes, el calor y la humedad asfixiantes… Temía por mi vida cada tres segundos, y durante las primeras horas preferí sumergirme en las páginas de mi libro y abstraerme de lo que estaba sucediendo a mi alrededor.

Pero a medida que el coche avanzaba, pude permitirme sostener los microinfartos mientras observaba cada vez más por la ventana. Me di cuenta de que los vehículos no chocaban entre sí, los animales dormitaban plácidamente entre los carriles, los *rickshaws* sorteaban los obstáculos y que incluso el ruido ensordecedor te ayudaba a entrar en una atmósfera de irrealidad que atenuaba el miedo a la colisión. Me sorprendí apreciando cómo los conductores, sin mirarse ni hablar, sabían exactamente qué hacer: un cambio sutil en la velocidad, un leve giro del volante... todo fluía. Fue como si todos estuviéramos conectados por una red invisible de comunicación que nos permitía movernos como un conjunto.

En ese momento, mi mente me llevó a una tarde de febrero en uno de los parques más bonitos de Santiago, Bonaval. Desde allí puede disfrutar, sentado en los tejados del antiguo cementerio, de una panorámica del casco antiguo con la catedral en el centro.

En pleno atardecer, me vi sorprendida por la danza de los estorninos en un cielo inusualmente carente de nubes. Estos pájaros, al volar en enormes bandadas, realizan lo que se conoce como murmullo, una coreografía de movimientos tan precisos y coordinados que parece que todos ellos piensan como uno solo. Su vuelo forma un baile completamente sincronizado, casi mágico, que parece orquestado por alguna fuerza externa. Y, sin embargo, no lo es. Cada ave responde a los movimientos de las demás, ajustándose al ritmo del grupo, compartiendo un espacio y tiempo común. La comunicación entre ellas no es verbal, ni siquiera consciente, pero, aun así, es.

En aquel coche oxidado, me sentí ese estornino en un murmullo bailando de manera instintiva con nuestra bandada, el tráfico. Sin pretenderlo, estábamos siendo parte de un sistema más grande que no requería palabras, pero que se mantenía funcionando a través de la sincronización de cada uno de nosotros.

Esta danza de unidades aparentemente individuales,
pero conectadas con el resto,
también sucede en nuestro cerebro.

Las neuronas, al igual que los conductores en India y los estorninos, están en constante comunicación sin tocarse. Concretamente, entre neurona y neurona, hay un espacio que permite esta danza de 20 nanómetros llamado hendidura sináptica donde sucede la comunicación neuronal: **la sinapsis**.

Esta se inicia cuando **la neurona emisora se activa y libera neurotransmisores** (moléculas que transmiten mensajes). Estos, flotando como esporas, llegan a la siguiente neurona y se unen a los receptores de su membrana. **Cada neurotransmisor actúa sobre un grupo específico de receptores**, como una llave que solo abre determinadas cerraduras. Así, podría decirse que en el sistema nervioso hay diferentes llaves con distintas funciones. Las más conocidas son: **la dopamina**, que nos moviliza; **la serotonina**, con un papel principal en la regulación emocional; y **el GABA**, que inhibe la actividad neuronal.

Para explicarte el proceso comunicativo, imagina que una neurona en reposo es como una batería cargada, lista para activarse cuando reciba una señal por sus dendritas. **Esa señal es el neurotransmisor enviado por otra neurona.** Cuando lo recibe, su carga eléctrica interna cambia y, si el mensaje es lo bastante fuerte y excitatorio, se activa disparando un impulso eléctrico llamado **potencial de acción**. Esa chispa viaja a toda velocidad desde el soma, por el axón, hasta llegar al terminal axónico, donde se activa el proceso de liberación de neurotransmisores, que serán recogidos por la siguiente neurona… **y el ciclo vuelve a empezar**.

Estas descargas neuronales tienden a la sincronización sin necesidad de un director de orquesta. Pero… ¿cómo? El doctor Steven Strogatz describió cómo las distintas unidades de un grupo pueden llegar a sincronizarse como resultado de un sistema complejo autoorganizado: da igual que hablemos del tráfico en India, del vuelo de los estorninos o de la comunicación neuronal, las partes del grupo **logran coordinarse porque cada individuo percibe** (y se contagia de) **lo que hacen sus compañeros más cercanos**, concretamente sus cuatro o seis vecinos adyacentes.

Así, un grupo de neuronas se comunica mediante descargas eléctricas intermitentes que se transmiten a sus vecinas, las cuales, gradualmente, se sincronizan con ese flujo de información. Este mecanismo sumativo da lugar a distintos **ritmos neuronales**: algunos son rápidos y locales (muy exigentes en términos energéticos), y otros más lentos, que **facilitan la coordinación entre**

regiones cerebrales alejadas. Ambos tipos de ritmos conviven en paralelo, lo que convierte al cerebro en un sistema multilingüe, capaz de «cantar» simultáneamente en varias frecuencias. Incluso una misma neurona puede estar entonando a distintos ritmos a la vez. Para visualizarlo: imagina que tu cerebro es una mesa de mezclas, donde diferentes pistas se amplifican o se suavizan en función de lo que necesita el público. **Ese público**, claro, **eres tú**: lo que haces, lo que piensas y lo que sientes.

Estos **idiomas neuronales** o pistas, se agrupan en cinco bandas de frecuencia, identificadas con letras griegas. En orden ascendente de velocidad son: **delta**, que asoma en el sueño profundo; **theta**, también relacionado con el sueño e imprescindible para la memoria; el famoso **alfa**, que aparece cuando atendemos; **beta**, relacionado con el movimiento, y **gamma**, exclusiva de los procesos más demandantes y complejos como la empatía.

Hoy sabemos que algunos de estos ritmos tienden a disminuir con los años. Y, aunque en parte esto se relacione con el proceso de envejecimiento natural, también está muy influenciado por el tipo de vida que llevamos: rápido y exigente.

Pero que no cunda el pánico. **Estos ritmos**, y todo lo que traen consigo, **pueden protegerse e incluso potenciarse de muchas maneras** (algunas de las cuales exploraremos en la tercera parte de este libro).

Pero, por ahora, quédate aquí. Hemos llegado a la última parada de este reencuentro con el sistema nervioso. En el siguiente apartado alejaremos la lupa: ya no hablaremos de unidades, sino de estructuras, y de cómo cada una de ellas aporta su función (o funciones) para que este complejo sistema rinda con precisión.

Organización y funcionamiento cerebral

Antes de hablar del cerebro como una unidad, es importante aclarar que el término correcto para referirse a la parte del sistema nervioso contenida dentro del cráneo es **encéfalo**. Este tiene tres grandes estructuras: el tronco cerebral, el cerebro y el cerebelo. Pero utilizaré la palabra ***cerebro*** para referirme al conjunto.

Este órgano está compuesto por **dos hemisferios** (derecho e izquierdo). En cada uno encontramos estructuras con una **homóloga especular** en el otro. Es importante tener esto en cuenta porque en neurociencia solemos hablar de estas estructuras en singular. Así, por ejemplo, cuando nos referimos al tálamo, en realidad hacemos referencia a **ambos tálamos**. Lo mismo ocurre con **las amígdalas** o **los hipocampos**. Además, los hemisferios no son islas independientes; están conectados por varios puentes de fibras nerviosas. El más importante es **el cuerpo calloso**, una gran carretera de doble sentido que permite el flujo de información entre ambos.

Como sabes, la actividad cerebral da lugar a diferentes funciones, como la memoria o la atención. Estas funciones dependen de la actividad coordinada de varias áreas cerebrales, **de redes**. **Ahora bien**, en divulgación solemos aludir a una estructura específica cuando hablamos de una función en concreto (por ejemplo, **hipocampo** y **memoria**), con el fin de simplificar el discurso al señalar la pieza más representativa de un engranaje mayor. **Por lo tanto**, teniendo en cuenta esta complejidad de funcionamiento y sabiendo que se trata de un modelo simplificado que no recoge el conocimiento actual, la **teoría del cerebro triúnico de MacLean** puede ser una puerta de entrada para familiarizarnos con el funcionamiento del sistema nervioso central (formado por el cerebro y la médula espinal, y diferenciado del sistema nervioso periférico, compuesto por los nervios). Así, este modelo divide las funciones cerebrales basándose en tres partes estructurales:

La parte más antigua es **el tronco encefálico**. Esta estructura se encuentra inmediatamente después de la médula espinal, y sus diferentes núcleos se encargan de mantener las constantes vitales como el latido cardiaco o el ritmo respiratorio, y del control visceral.

Sobre el tronco encefálico encontramos **el cerebro límbico**. Durante mucho tiempo a este conjunto de estructuras se le llamó el cerebro emocional, pero su labor va mucho más allá: no solo nos permite sentir, sino que participa en la organización, interpretación, reacción y recuerdo de cada experiencia vivida.

Aunque en los siguientes capítulos profundizaremos en cada una de sus estructuras, sus protagonistas son:

Estructuras límbicas

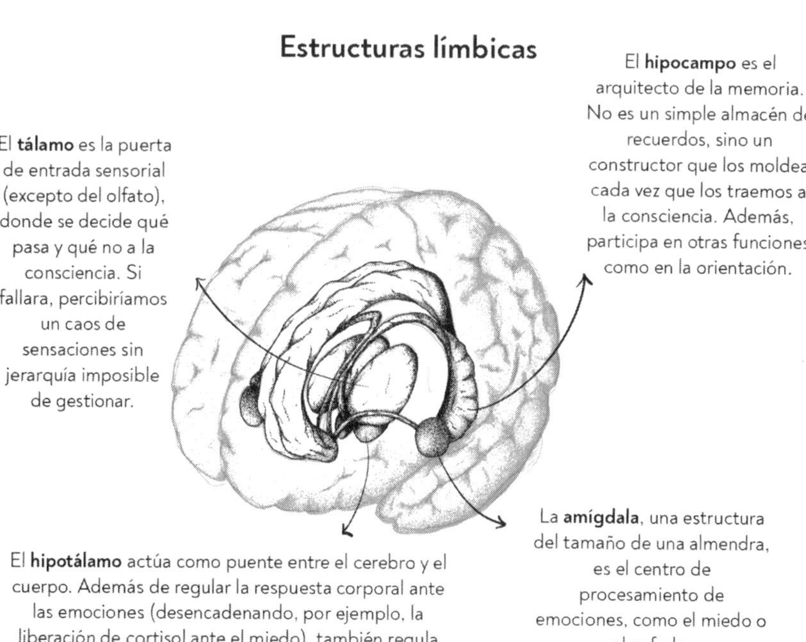

FUENTE: adaptada de Biology Courses (http://www.biology.eku.edu/)

Finalmente, llegamos a la parte más reciente del cerebro desde el punto de vista evolutivo: **la corteza**. La visualizas cada vez que traes a la mente la clásica imagen del cerebro, con ese aspecto arrugado parecido al de una nuez. Se trata de una lámina muy fina, de apenas unos milímetros de grosor (equivalente al espesor de dos monedas de un euro superpuestas) compuesta por seis capas horizontales de células.

Esta estructura envuelve el cerebro límbico y se pliega sobre sí misma en una arquitectura compleja. Sus pliegues, llamados circunvoluciones, permiten aumentar su superficie sin que el tamaño del cráneo sea excesivo.

Podemos dividirla funcionalmente en tres tipos de áreas:

- **Sensoriales:** orientadas a recibir información del mundo y del cuerpo.
- **Motoras:** orientadas a la acción y al movimiento.
- **Asociativas:** implicadas en funciones cognitivas como la atención, la memoria, el lenguaje o el control ejecutivo.

Además, en ella podemos diferenciar cinco lóbulos. Cada uno se asocia a funciones concretas (explicadas en la imagen a continuación), pero —como ya comentamos— las funciones cerebrales no residen en un único lugar: **emergen del trabajo conjunto de redes neuronales que conectan distintas áreas**, muchas veces repartidas entre diferentes lóbulos. Por tanto, aunque esta organización estructural y funcional que propuso MacLean nos ayuda a orientarnos, no debemos olvidar que el cerebro no funciona por compartimentos. **Todo ocurre en coordinación, como en una coreografía** perfectamente afinada.

Lóbulos cerebrales

Los **lóbulos frontales**, principalmente encargados de la planificación y del control cognitivo, permiten evaluar, decidir y anticipar. Por ejemplo, si hablamos de hábitos, están activos cuando decidimos entre dos opciones: si ir al gimnasio o seguir estudiando.

Surco central

Los **lóbulos parietales** integran sensaciones y movimiento, asegurándose de que lo que percibimos y hacemos estén en perfecta coordinación.

Los **lóbulos occipitales**, procesan principalmente la información visual.

Los **lóbulos temporales**, entre otras funciones, procesan el sonido y el lenguaje. Estas zonas están muy activas cuando está esa vocecilla en tu cabeza diciéndote todo lo que «deberías» estar haciendo.

Cerebelo

Tronco encefálico

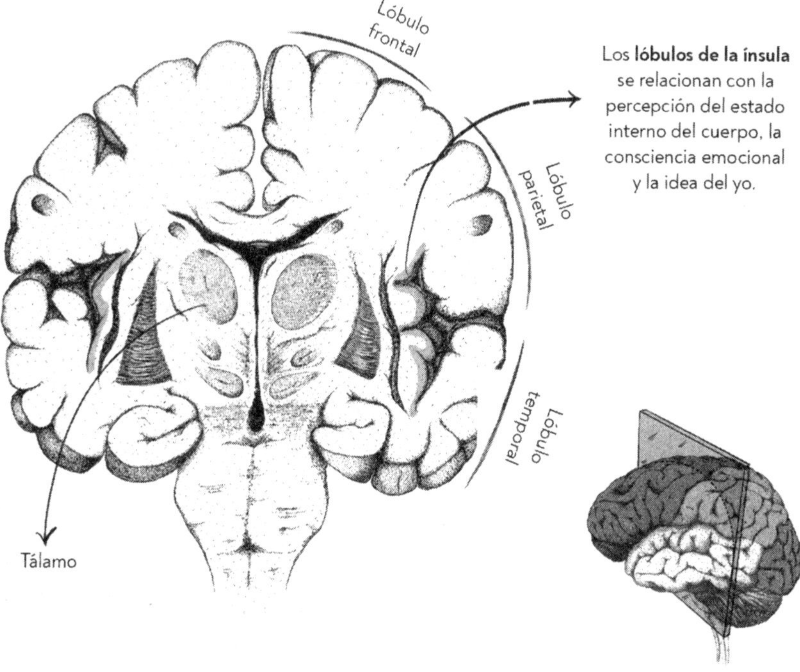

Los **lóbulos de la ínsula** se relacionan con la percepción del estado interno del cuerpo, la consciencia emocional y la idea del yo.

Finalmente, hago un breve inciso para nombrar al gran olvidado de la teoría del cerebro triúnico, **el cerebelo**. Ubicado en la parte inferoposterior del cerebro, durante mucho tiempo se pensó que su función era simplemente coordinar el movimiento, como un metrónomo interno que afinaba la postura, el equilibrio y la precisión motora. Pero hoy sabemos que también participa en la atención, la planificación, el lenguaje e incluso en la regulación afectiva. Este decir, **calibra el cuerpo, pero también la mente**.

Pero ¿qué es la mente?

Aunque es una palabra que usamos a diario, pocas veces nos detenemos a preguntarnos qué significa realmente. Se suele definir como el conjunto de actividades y procesos psíquicos, tanto conscientes como inconscientes. Descrita así, y después de haber reconocido nuestro sistema nervioso, cualquiera pensaría que la mente está en el cerebro, ¿no?

Esta es una pregunta clásica de la investigación en neurociencia. Desde hace siglos, el cerebro se consideró el centro absoluto de la consciencia: **el gran director que toma decisiones y mueve los hilos del cuerpo**. El que lleva el volante.

Pero ¿y si en realidad fuera más bien un copiloto? ¿Y si nuestro organismo se pareciera más a un coche de autoescuela, con varios conductores compartiendo el control?

Y si, tal vez, ¿hemos estado observando con una lupa demasiado pequeña una parte del bosque que, en realidad, se extiende más allá de lo que creíamos?

Alejando la lupa del cerebro: la nueva neurociencia

«¿No te parece que usar el concepto *terapias mente-cuerpo*, incidiendo en la separación cartesiana de estos dos conceptos, la perpetúa?». La pregunta del presidente del tribunal se volvió a repetir en mi mente.

Ya había terminado la defensa de mi trabajo fin de máster y, movilizada por las reflexiones del debate, empecé a bucear en la literatura científica sobre el tema. Para mi sorpresa, encontré susurros de neurocientíficos, cada vez más audibles, que cuestionaban la supremacía del cerebro como el único regente de la mente, sugiriendo que tal vez nos habíamos equivocado al considerarlo **el centro de control**.

Así, a medida que la neurociencia avanza, hay más evidencia de que el cerebro **no es una centralita, sino una parte de un sistema interconectado** donde órganos, como el corazón y el intestino, parecen tener un papel mucho más relevante del que se les había atribuido.

Siguiendo este enfoque, recientemente nació un nuevo paradigma dentro de la neurociencia: la ciencia cognitiva corporizada (*embodied cognitive science*), donde se reconoce la influencia del cuerpo en la mente, desdibujando así la dualidad que dividía nuestro organismo.

Pero ¿por qué te cuento todo esto
si este libro iba de
cómo vivir a través de hábitos?

Neurociencia aplicada: cómo llevar la ciencia cognitiva corporizada al terreno de los hábitos

Hemos cuestionado las promesas de hábitos universales e inalcanzables que nos mantenían rehenes, y entendido que las variables individuales y el contexto tienen mucho más poder del que nos habían contado. Por eso, **es crucial reconocer, entender y actuar en coherencia con nuestra individualidad** si buscamos el bienestar, porque tus necesidades no serán las mismas en la universidad, en tu primer trabajo o durante la crianza de tus hijos. Debemos conocernos, y para ello, era necesario saber cómo funciona aquello nos da esa información.

Ahora, después este reencuentro con tu sistema nervioso, me gustaría que lo visualizases como un bosque de miles de millones de árboles que se extiende por todo tu cuerpo. Un bosque que te habla. Bueno, por ahora, podemos decir que se comunica en suaves susurros que hemos olvidado cómo escuchar, pero que podemos aprender a entender.

Y, aunque sé que ahora mismo puedes sentirte perdido, sin rumbo o incluso como un desastre andante; en los próximos capítulos, a través de los últimos hallazgos en neurociencia y psicología, te acompañaré mientras te adentras en tu bosque olvidado. Conforme vayamos escuchando, **iremos reconociendo las coordenadas de nuestro bienestar particular** e iremos reconstruyendo, poco a poco, esa brújula interna. Una brújula que no crearemos de cero: siempre estuvo ahí.

Pero, antes de adentrarnos, hay algo que quiero que tengas claro: no buscamos un destino.

Buscamos una dirección.

Y no para seguirla con esfuerzo ni disciplina, sino para redescubrirla en la sencillez y sostenerla desde la conexión con el cuerpo, la coherencia con quienes somos y el disfrute.

3

CUANDO APARECEN HURACANES

A veces, el sufrimiento no es una ola que rompe, sino una línea de agua que sube tan despacio que no sabes que te estás ahogando.

Anne Carson, *Decreación*,
Vaso Roto, 2014

A veces siento que soy experta en complicarme la vida. Seguro que sabes de lo que hablo.

La teoría es conocida por todos: tenemos unos recursos limitados, ya que vivimos en un marco físico con unas leyes, como el tiempo o la energía, que operan más allá de nuestros anhelos: aunque al salir de trabajar queramos leer un libro, hacer deporte, quedar con amigas y tumbarnos en el sofá, sabemos que tenemos que elegir, es decir, **priorizar**.

Así que, como tú, intento mantener una rutina, con horarios y un orden, que le permita a mi cerebro predecir lo que viene y vivir en tranquilidad. Esta rutina la disfruto y siento sus beneficios. Sin embargo, soy consciente de su fragilidad. Su equilibrio es tan efímero como el vuelo de una libélula: la más suave brisa nos obliga a reajustar el rumbo para mantenernos en el aire.

Día a día ajustamos el vuelo según el viento, balanceándonos entre las expectativas de productividad y eficiencia, y la necesidad de predicción y descanso. Así, vivimos una guerra de pequeñas batallas diarias. Para salir victoriosa, suelo recordar una norma sencilla: **antes de introducir algo en tu rutina, debes eliminar otra cosa.**

Así, y solamente así,
podemos sostener este frágil equilibrio.

Sin embargo, hay veces que la vida nos sorprende con huracanes que no podíamos prever. Intentamos mantener el vuelo, pero perdemos poco a poco el rumbo y, cuando nos damos cuenta, nos hemos desorientado.

Te escribo estas líneas tras un huracán que me llevó a vivir unos días en una autocaravana en el fin del mundo.

- **El huracán:** la escritura de este libro, que me ilusionó y me dio vértigo a partes iguales, porque cuando algo nos entusiasma, es normal que nos tiemble un poco el suelo.
- **Yo:** una pequeña libélula que olvidó su propia norma.

Spoiler: **No solté.**

Mantuve mi rutina, mantuve la misma carga de trabajo, mantuve mis «debería» cubiertos… Y, de esa forma, pude mantener el vuelo unos meses, con esa energía que te dan muy pocas cosas en la vida, como la ilusión. Pero a medida que ese primer impulso fue perdiendo fuerza, me di cuenta de que ya no tenía manos para sostener. Y lo que se quedó sin soporte fui yo.

Esto no sucedió de la noche a la mañana, sino que avanzó con pequeñas concesiones que no me desequilibraron lo suficiente como para caerme, pero que cada vez hacía un poquito más cansado mantener el vuelo. **Durante este proceso, el cuerpo susurra:** hay despistes, dificultad para dormir, culpa por descansar... Y aunque los escuches, si no los priorizas... dejan de susurrar para gritar. En mi caso, el grito fueron tres migrañas, unas viejas compañeras que volvían para recordarme que: así, no.

¿Cómo recuperar el equilibrio? Los cuatro pilares

A veces, hay casualidades que parecen tener un *timing* demasiado preciso como para ser solo eso: como si la vida, de pronto, te colocara justo donde no querías estar... pero, desde donde, en el fondo, necesitabas mirar. Este es uno de esos momentos. Justo cuando tengo que escribir sobre los cuatro pilares con los que sostener tu equilibrio, **me doy cuenta de que he perdido el mío**.

Así que sí, escribo estas líneas en un momento en el que, sin darme cuenta, dejé de observarme. Y, aunque me sienta vulnerable contándote esto, también sé que es necesario. Es un acto de responsabilidad compartir esta parte de mi camino.

Y, seguramente te preguntarás: ¿por qué compartir un fracaso, si puede quedar como poco profesional? O, quizá, solo lo pregunte mi miedo. Realmente, da igual quién o qué lo haga, porque sé rebatirlo: mi objetivo es **normalizar esa no-linealidad de lo humano y desarmar la idea de perfección inalcanzable** que tantas veces nos venden y que, poco a poco, nos está ahogando.

Porque ¿cómo podemos llamarlo fracaso
si todos compartimos estos baches?
¿Y si lo normal es perderse?

Por eso, espero que entiendas que no quiero (ni puedo) prometerte que no volverás a perder tu equilibrio porque, como yo, vives en un contexto que tiende a desorientarnos si no estamos atentos. Sin embargo... ¿dirías que estás perdido si sabes a dónde y cómo volver? Eso es lo que quiero mostrarte. En las siguientes páginas vamos a acompañarnos: **yo, en mi regreso. Tú, abriendo tu propio sendero.**

Antes de empezar, te adelanto que, como todo camino, verás que cuanto más lo recorres, más llano se vuelve. Quiero que recuerdes esto cada vez que sientas que fallas. Quiero que sientas que estás desbrozando, haciendo ese sendero más accesible, más llano y luminoso, para que cada vez lo puedas recorrer más rápido y con menos miedo. **Y llegará un día —esto sí te lo puedo (y quiero) prometer— que no temerás perderte.**

En esta ruta de regreso al equilibrio, hay cuatro etapas, pero no todas duran lo mismo ni son de la misma intensidad, ya que dependen de la persona y del momento. **Estas etapas para mí son pilares**, pues visualizarlos así me recuerda que su función es sostenerme.

- El primer pilar es **la sencillez**, porque, aunque todo inicio necesita un plan, a veces, incluso para el plan necesitamos dejar espacio.
- El segundo es **la conexión con el cuerpo**, para escucharte y atender a tus necesidades.
- El tercero es **la coherencia**, esa brújula que te indica lo que es realmente importante.

- Y, por último, el cuarto pilar es **el placer**, entendiéndolo no como un premio, sino como la dirección.

Ahora, con la ruta marcada... ¿Empezamos?

4

PRIMER PILAR: LA SENCILLEZ COMO INICIO

Simplifica, simplifica.

Henry David Thoreau, *Walden*, Errata naturae, 2013

Podemos marcar un punto de partida

Me sentía desubicada. Pero, supe adónde debía dirigirme. No era irme a India, a Nepal ni a un retiro carísimo: mi oasis estaba a tan solo cincuenta minutos.

Con la suerte de tener un trabajo geográficamente flexible, viviría los próximos diez días en una autocaravana de 12 m^2 con lo esencial empaquetado en dos mochilas: una con mi vida y otra con mi proyecto. Tenía claro mi objetivo: necesitaba recuperar el equilibrio mientras seguía haciendo lo que hacía. O sea**, no cambiar el qué, sino el cómo.**

Así, mientras escribo estas líneas, me convierto en observadora y narradora a través de las ventanas de mi pequeño hogar. Desde aquí puedo observar a quienes se han pasado el juego:

Por un lado, las adorables parejas de jubilados del norte de Europa que han invertido sus ahorros en una casa rodante que les permite vivir aventuras a su ritmo. Ahora llenan sus días de paseos sin prisas, de cafés eternos y de silencios pausados.

Por otro lado, este lugar adoptó una microcomunidad accidental de quienes un día eligieron no volver al ruido. Llegaron como peregrinos hace décadas y decidieron quedarse. Ahora los observo en su cita diaria en un pintoresco local con mesas desparejadas y un fresco que trepa por las paredes y el techo. En él, se cuenta una leyenda local donde cada animal representa a un miembro de esta peculiar familia, entrelazando pasado y presente sobre los comensales. Ahora, con sus ropas desgastadas, sus pelos canos y sus miradas nostálgicas hacia aquellos tiempos en los que esta comunidad era más macro que micro, me acogen durante diez jornadas.

Estos días, observando estos dos grupos aparentemente tan dispares, pero con una filosofía epicúrea similar, esa búsqueda del placer sencillo y tranquilo, recuerdo que, muchas veces, **el inicio no se marca haciendo grandes cambios, sino prestando atención a lo que ya está**.

«Vivir sin reloj es una elección diaria»

Estas son las palabras que me dijo anoche Giuseppe, un peregrino italiano que, con algo más de sesenta años, decidió vender su Mercedes SUV y su Rolex. Giuseppe fue víctima de una vida llena de exigencias, que en algún momento fueron más de lo que podía sostener. Ahora vive con el siguiente mantra: «Si tienes mucho, no tienes espacio para coger lo que necesitas». Mientras lo escucho, entre palabras en italiano y frases en castellano, pienso que podría haber firmado perfectamente la secuela de *El monje que vendió su Ferrari*, titulada: *El peregrino que decidió ignorar su Rolex*.

La vida actual de Giuseppe, aunque elegida, es consecuencia de un contexto tan opresor que desembocó en una reacción proporcionalmente inversa. No pretendo que tomemos su ejemplo como guía ni que renunciemos por completo a nuestra forma de vivir, pero sí me gustaría que observásemos **su historia como un espejo**. Porque es difícil no reconocer que, para la mayoría de nosotros, **el reloj se ha convertido en nuestro nuevo jefe**.

Ya no vivimos según la luz del día ni la energía que sentimos; ahora el ritmo lo dicta la agenda o la alarma.

El tiempo ha dejado de ser algo que habitamos
para convertirse en algo que obedecemos.

Tal vez todo cambió cuando el reloj dejó de marcar la hora en las plazas y pasó a invadir las fábricas, los hogares y, finalmente, nuestras muñecas. Desde entonces, dejamos de mirar el cielo. Pero nuestro cuerpo, que evoluciona a otro ritmo, sigue rindiendo cuentas a lo natural, y, aunque queramos, no hay forma de sincronizarlo con Google Calendar.

A pesar de ser conscientes de esta diferenciación entre lo biológico y lo artificial, **cuando hablamos de hábitos, la línea a veces se desdibuja**. Un ejemplo de esto son las famosas ocho horas de sueño necesarias para el buen funcionamiento de un adulto. Si hacemos una pequeña búsqueda científica, encontraremos innumerables artículos que sostienen los múltiples beneficios de esta práctica. Pero, a la hora de interpretar los datos, debemos saber con qué lupa los observamos, ya que incluso la ciencia tiene un sesgo inevitable: sus conclusiones nacen dentro de los límites de lo que pregunta. Y las preguntas se construyen dentro de un marco cultural.

En esa línea, diversos estudios antropológicos han observado cómo comunidades indígenas como los hadza en Tanzania, los tsimané en Bolivia o los san en Namibia, que no tienen acceso a la electricidad, mantienen patrones de sueño flexibles y profundamente ligados a las señales del entorno (como las estaciones). No duermen ocho horas seguidas, ni exclusivamente de noche: **duermen cuando el cuerpo lo pide**. Y su sueño es saludable.

Entonces ¿realmente necesitamos ocho horas seguidas? ¿O es una necesidad construida dentro de nuestro marco sociocultural cubriendo las demandas de un sistema productivo de jornadas organizadas?

Sí, a ambas preguntas. Nuestros ritmos biológicos y contexto sociocultural están entrelazados y se retroalimentan. Así, en nuestro contexto, las ocho horas de sueño son saludables porque nuestro cuerpo responde a lo natural, pero también se adapta a lo artificial dentro de unos márgenes.

Pero, ojo, incluso esa capacidad de adaptación puede volverse en nuestra contra si no cuestionamos a qué nos estamos adaptando.

Porque una cosa es flexibilizarse,
y otra muy distinta es moldearse tanto
que ya no se reconozcan los propios límites.

El descanso, por ejemplo, **ha pasado de ser una necesidad biológica para convertirse en una sospecha cultural** que exige una justificación. Y si no se justifica, se culpa. De esta manera, cada vez que hay un descuadre entre las necesidades biológicas y la demanda sociocultural, nuestro cuerpo responde de la mejor manera que sabe: activando mecanismos de supervivencia para adaptarnos bien y rápido. Lo que comúnmente conocemos como la respuesta de estrés.

El estrés no es tan malo, solo hay que conocer la historia completa

Injustamente, el estrés ha sido víctima de una campaña de desprestigio. Nos han enseñado a temerlo, a evitarlo, a combatirlo... pero, como ocurre siempre con los personajes complejos, su papel cambia cuando conocemos la historia completa.

Cuando hablo de estrés me gusta compararlo con Severus Snape. Sí, el de *Harry Potter.* Si eres fan, entenderás la comparación; y si no lo eres, te explico el porqué: este personaje fue juzgado como villano durante buena parte de la saga, solo para descubrir, en el último libro, que aunque su método fuera cuestionable y muchas veces brusco, **su objetivo siempre fue proteger a los protagonistas**.

Y con el estrés, pasa algo parecido.

El estrés aprieta, pero no ahoga

Para entender el estrés, hay que remontarse unos cuantos años atrás. Esta respuesta de protección se inicia en el cerebro, un órgano que evoluciona lentamente: según los estudios de Simon Neubauer y su equipo, lo hace de manera progresiva en un largo periodo de tiempo, concretamente entre 35.000 y 100.000 años. Esto significa que hoy, en pleno siglo XXI, seguimos teniendo un cerebro no muy diferente al de nuestros ancestros de la Edad de Piedra: diseñado para sobrevivir entre tareas de caza, cuidado y recolección, no para contestar correos electrónicos de madrugada.

Con este desfase evolutivo en mente, no sorprende que el estrés se sienta desubicado en nuestra vida moderna.

Veamos por qué.

En las profundidades de nuestro bosque cerebral se esconde una estructura en forma de almendra: **la amígdala**. Esta pequeña zona se activa cuando detecta una amenaza, participando como protagonista en el procesamiento de nuestra emoción más primitiva: el miedo. Cuando se acciona, su misión es clara: prepararnos y adaptarnos, poniendo en marcha la respuesta de estrés.

El estrés actúa como interruptor de nuestro sistema nervioso autónomo. Este sistema, como su nombre indica, funciona sin supervisión y regula funciones involuntarias como la frecuencia cardiaca, la digestión o la respiración. En su funcionamiento tiene dos modos principales:

Por una parte, tenemos **el sistema nervioso simpático**, cuyo nombre, de origen griego, nos da una pista de su función: *sym* ('con') y *pathos* ('emoción'). Es el modo de lucha o huida de nuestro cuerpo y **se pone en marcha cuando la amígdala interpreta un estímulo como amenazante**, es decir, cuando sentimos miedo. En ese momento, esta estructura lanza una señal al hipotálamo (el puente comunicativo entre cerebro y cuerpo) y se activan **dos rutas** paralelas:

1. Una vía rápida y directa, donde se estimulan **las glándulas suprarrenales** de la médula que liberan una oleada hormonal de adrenalina y noradrenalina. Estas sustancias nos preparan para actuar: hacen que la sangre se dirija a las extremidades, las pupilas se dilaten, aumente la frecuencia cardiaca, etc. Es una **respuesta veloz, potente y diseñada para durar poco** (entre tres y cinco minutos).

   Lo sientes cuando crees que has perdido el móvil y todo tu cuerpo entra en alerta. Si, pasados unos segundos, lo encuentras en el fondo del bolso, tu cuerpo volverá progresivamente a la calma.
2. Cuando la situación estresante no se resuelve o la amenaza es muy demandante, necesitamos un aporte extra de energía para luchar o huir, y es ahí cuando se activa la respuesta de estrés más lenta y sostenida a partir del eje hipotálamo-hipófisis-suprarrenal (el HHS, para los amigos). En esta vía, **el hipotálamo** envía una señal a la hipófisis (o glándula pituitaria), que, a su vez, ordena a las cortezas de las glándulas suprarrenales que liberen cortisol.

   Así, **el cortisol** no aparece durante el susto inicial, sino cuando no encontramos el móvil en el bolso y nos damos cuenta de que lo hemos olvidado en la cafetería donde desayunamos de camino al trabajo. Para resolver esta situación (salir corriendo de la oficina, encontrar el móvil y volver a tiempo para la reunión), el cortisol hace lo suyo: reúne toda la energía disponible.

   ¿Cómo? Inhibiendo todo aquello que, en ese momento, no sea útil para la supervivencia: adiós digestión del bollo y del café que te acabas de comer (luego culparemos al gluten y a la lactosa), adiós sistema reproductivo y adiós sistema inmunitario. El efecto del cortisol puede mantenerse varias horas en tu organismo. Y aunque racionalmente tú sepas que perder el móvil no es una cuestión de vida o muerte, **el cuerpo no lo sabe porque tu miedo le hace pensar que sí**.

Por otra parte, **el sistema nervioso parasimpático**, cuyo nombre contiene el prefijo *para-* que significa 'junto a', actúa en paralelo al simpático. También se conoce como el **modo de descanso y digestión**. Es el encargado de devolvernos la calma: ralentiza el pulso, reactiva el sistema digestivo, etc. En este modo, el cuerpo se repara, se regula y se reequilibra.

En resumen: cuando sentimos miedo, la amígdala desata la respuesta de estrés que implica la activación del sistema simpático, y una vez resuelta la situación detonante, el cuerpo regresa al modo parasimpático. Entendiéndolo así, esta respuesta nos ayuda a adaptarnos a diferentes situaciones, por lo que **el problema no está en que esta alarma se active** cuando la necesitamos, **sino en vivir en ella**.

No es el qué sino el cuánto.

Teniendo en cuenta esto, podemos diferenciar **dos tipos de estrés**.

El **eustrés**, el estrés «bueno», es la activación fisiológica que responde a un desafío concreto: el sistema se activa y luego se desactiva. Volviendo al universo de *Harry Potter*, estaríamos hablando del papel del personaje de Snape: su presencia es incómoda y exigente; pero cuando lo observamos con perspectiva, nos damos cuenta de que **se activa solo cuando hace falta**, nos protege. Además, es precisamente esa intermitencia la que permite el aprendizaje y la adquisición **de nuevas habilidades: la adaptación**.

El problema aparece cuando esta activación pierde su función original y se cronifica. Cuando el cuerpo ya no distingue entre amenaza real y anticipación del daño. Aquí la protección se vuelve vigilancia y es cuando debemos hablar de **distrés**, que es una **activación sostenida y desregulada de esta respuesta protectora**. Aquí no hay aprendizaje, **solo hay desgaste**. Y, lejos de ser Snape, el distrés se parece más a otro personaje de la saga *Harry Potter*, Dolores Umbridge: una hipervigilancia que anula bajo la promesa de protección.

Entonces ¿cómo pasamos de uno a otro?

Si hablamos en términos del sistema nervioso, hay tres estructuras cerebrales que tienen un papel clave en la transición del eustrés al distrés:

- La **amígdala** evalúa si algo representa una amenaza y activa la respuesta emocional.
- El **hipocampo** colabora simultáneamente con la amígdala valorando si una situación se parece a una experiencia pasada que resultó ser amenazante.
- La **corteza prefrontal** se encarga del juicio, la regulación emocional, la toma de decisiones y el control de la conducta si la activación amigdalina no es excesiva.

Pero si la activación de esta pequeña almendra es lo suficientemente intensa, la conexión entre la amígdala y la corteza prefrontal se vuelve unidireccional: la amígdala toma el control, secuestra la capacidad de razonar y la respuesta conductual queda completamente mediada por la emoción. En esos momentos **no pensamos: solo reaccionamos**. Es lo que se conoce como **«secuestro amigdalino»**.

Este secuestro implica la inhibición tanto de la corteza prefrontal (nuestra capacidad de razonamiento) como del hipocampo (nuestra capacidad de aprendizaje). Esto es importante ya que, después del golpe de estado amigdalino, hay un periodo de tiempo, llamado **periodo refractario**, durante el cual solo podemos percibir y procesar información que confirme la emoción que estamos sintiendo. Por lo tanto, todo lo que contradiga el miedo queda fuera: **aprender es imposible y solo quedará espacio para confirmar lo que tememos**.

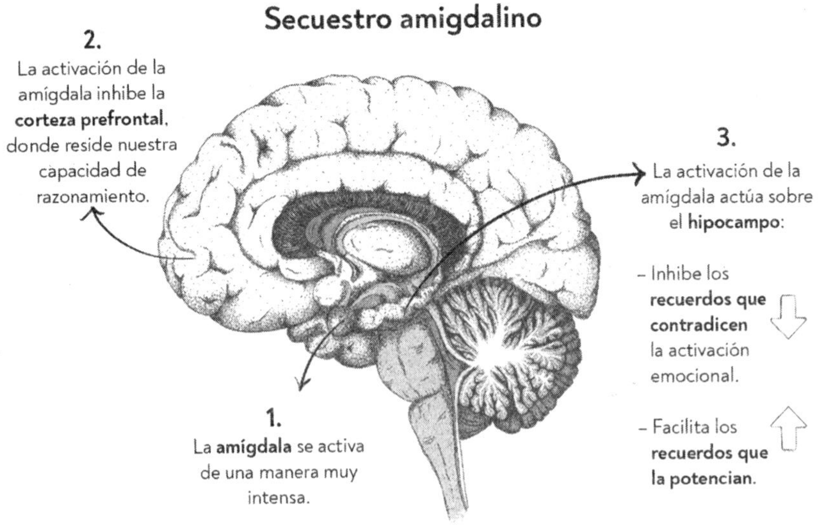

Quizá te estés preguntando que por qué te cuento todo esto. Pues porque, como ya te adelanté hace unos capítulos, **el cerebro es plástico**: cambia a lo largo de toda nuestra vida. Pero esos cambios no tienen un sentido moral: a veces sirven para aprender algo valioso (lo que llamamos aprendizajes adaptativos), y otras veces se consolidan errores que nos complican la vida.

El distrés es uno de estos últimos casos, y podemos explicarlo por la edad evolutiva de nuestro cerebro. La capacidad de **«secuestro emocional» no existe por capricho**: fue diseñada hace al menos treinta y cinco mil años para propiciar una respuesta conductual rapidísima ante una amenaza puntual como, por ejemplo, un depredador. Pero en la vida moderna, el ritmo que llevamos excede con creces la capacidad de adaptación sana de nuestro sistema nervioso, lo que propicia el error.

Nos rodean pequeños estresores diarios que mantienen el sistema en alerta sin darnos tregua. Así, se van favoreciendo los secuestros y, con cada golpe de estado, bajamos el umbral de lo que nuestro sistema interpreta como amenazante. Es decir, promovemos la neuroplasticidad de la amígdala y hacemos que le sea más fácil tomar el control de la razón.

Así, poco a poco, **acabamos democratizando los secuestros emocionales** haciendo que situaciones que no son relevantes para nuestra supervivencia (como perder el móvil) desencadenen respuestas diseñadas originalmente para huir de un león.

Esta democratización quedó recogida en un estudio de 2018 del que habla la física y doctora en neurociencia Sara Teller en su libro *Neurocuídate*: según los investigadores, la mayor parte de las tareas que estresaban a los participantes (el 98 %) eran cotidianas. **La consecuencia de esto es que vivimos en un estado de hiperalerta**, con una sensación de inseguridad constante. Y es en estos momentos cuando buscamos que los expertos nos den una salida. Una pauta. Algo que alivie y que nos devuelva la sensación de control.

Ahí es donde compramos la idea de que la salida pasa por construir nuevos hábitos o rescatar los pendientes.

Sin embargo, no siempre vemos que **ese plan puede ser justo lo que termine de desbordarnos**. Cada nuevo propósito exige energía, porque todo cambio pasa por ese peaje incómodo: soltar lo conocido antes de tocar lo nuevo. El cuerpo vive esa transición como una amenaza: activa la amígdala, el hipocampo recuerda todos los intentos fallidos, y la corteza prefrontal anticipa el abandono del hábito. Si a tu cerebro le inquieta más la solución que el malestar actual: **no le compensa y nos lo hace saber**.

Aun así, muchas veces ignoramos ese malestar. Y nos lanzamos al nuevo hábito. O lo intentamos. Porque lo que suele aparecer no es el cambio, sino una de las respuestas que más culpa generan: **la procrastinación**.

La procrastinación no es una señal de pereza, sino una llamada de socorro

Estoy casi segura de que no soportas la sensación de culpa que te genera la procrastinación. Te entiendo perfectamente. En realidad, mi intención no es que te reconcilies con ella, lo que pretendo es que puedas reconocerla por lo que realmente es: un síntoma de un sistema que susurra **«estoy cansado, jefe»**.

Su mala fama viene de que, durante mucho tiempo, se pensó que procrastinar era una cuestión de vagancia o falta de fuerza de voluntad (probablemente influida por el marco sociocultural neoliberal que equipara la valía a la productividad). Sin embargo, hoy en día, la psicología y la neurociencia entienden la procrastinación desde otra perspectiva.

Así, se han estudiado ampliamente sus posibles causas: abarcando tanto factores internos (los rasgos de personalidad) como externos (las emociones que despierta la tarea y el contexto); y, estos últimos, parecen tener un mayor peso en su aparición. Por lo que no, **la procrastinación no es una cuestión de forma de ser**.

Actualmente hay dos modelos complementarios que nos ayudan a entender los procesos cognitivos implicados:

- La **regulación emocional**, que entiende la procrastinación como un intento de reducir el malestar fruto del estrés anticipado que provoca una tarea percibida como amenazante, incierta o desbordante (como cuando intentamos instaurar un hábito que, en realidad, nos genera rechazo, nos da miedo o nos parece demasiado difícil).
- La **teoría de la motivación temporal** de Steel & König, que plantea que la motivación aumenta a medida que se acerca una fecha límite. Esta teoría se sostiene en el concepto del **descuento temporal**: cuanto más lejana se percibe la recompensa, menor es su valor motivacional.

Recientemente, ha surgido el **modelo de la decisión temporal** de Zhang y colaboradores, que integra los anteriores y sostiene que la procrastinación no es el resultado de una única decisión, sino de muchas microdecisiones sucesivas entre hacer o evitar.

Por ello, cuando la tarea nos parece demasiado aversiva o la recompensa demasiado alejada en el tiempo, **suele ganar la evitación**. Pero si tenemos más espacio para sostener el malestar (por ejemplo, si estamos descansados y en calma) o el plazo para la recompensa se acerca (por ejemplo, cuando el examen es mañana...), aumenta la probabilidad de actuar (... nos ponemos a estudiar).

A nivel cerebral se respalda esta teoría: cuando una tarea nos resulta desagradable, se genera un conflicto entre dos sistemas: el cerebro límbico, donde estructuras como el giro parahipocampal (encargado de las memorias emocionales) busca evitar el malestar; y la corteza prefrontal (que sostiene las metas, valores y planes a medio-largo plazo) busca actuar.

Así, la procrastinación deja de ser un capricho para ser una forma de regulación adaptativa.

Nuestra biología responde con más fuerza a la urgencia para protegernos hoy, que ante promesas futuras. Ya lo decía mi abuelo: «Mejor pájaro en mano que ciento volando». De esta forma, se intenta mantener ese frágil equilibrio donde el sistema nervioso elige qué puede sostener en cada momento. Y, a veces, **solo puede sostener el descanso**.

Por lo tanto, la estrategia no es eliminar la procrastinación, sino entender qué nos está diciendo cuando aparece.

Diccionario breve de la procrastinación:

- **«No tengo espacio».** Incluso los hábitos más coherentes con nuestros valores requieren energía y tiempo. Si el día ya está saturado, si el cuerpo está cansado o la mente dispersa, no es raro que procrastinar sea la única salida. Ya que, aunque queramos hacerlo; no hay lugar disponible para sostener el esfuerzo que implica.
- **«Me da miedo».** Hay tareas que postergamos porque nos exponen: al juicio, al fracaso, al «qué dirán», a descubrir que no somos tan capaces como creíamos. La procrastinación nos protege del malestar emocional que anticipamos al enfrentarnos a una acción.
- **«Siento que es un error».** A veces, posponemos una tarea porque choca con nuestros valores más profundos, aunque no seamos conscientes. Puede que la tarea responda a una expectativa externa o a una versión de nosotros que ya no somos. Por eso, el cuerpo se detiene como un gesto de preservar la coherencia. En estos casos posponer es un acto de autocuidado hacia la integridad de quienes somos.
- **«No me gusta».** Los hábitos preprocesados nos rodean, y aunque el resultado que prometen pueda interesarnos, muchas veces el camino nos desagrada porque no lo sentimos propio ni placentero. Y esto es importante, porque cuando una tarea no nos gusta, lo único que nos motiva es la expectativa del resultado y no suele ser suficiente, ya que está demasiado lejos (recuerda el descuento temporal).

Sin embargo, cuando disfrutamos de un hábito (aunque implique esfuerzo), no lo hacemos solo por llegar a un destino, sino porque el propio camino nos refuerza, haciendo que la distancia entre el presente y la recompensa se vuelva más llevadera.

Como ves, la procrastinación es solo la punta visible de un iceberg más profundo: agotamiento, miedo, falta de coherencia, ausencia de disfrute...

Y todo ello se refleja directamente en los pilares de los que hablamos. En este capítulo vamos a detenernos en el primero, quizá el más urgente: la sencillez como inicio, que responde al «no tengo espacio». Recuerda la norma: **soltar para poder sostener**. Y, una vez creado ese espacio, podremos abordar los otros mensajes: «me da miedo», «siento que es un error» y «no me gusta», cuando hablemos del pilar de la conexión con el cuerpo, de la coherencia y del placer, respectivamente.

La nueva tierra prometida: la calma

Cuando aparece la procrastinación, **lo primero que deberíamos preguntarnos no es qué nos falta, sino qué nos sobra**. ¿Cómo es mi rutina? ¿Tengo tiempos de descanso? ¿Tengo espacio para la improvisación? Porque si sentimos que nos ahogamos, muchas veces es literal: **falta oxígeno en la agenda**.

Sin embargo, de forma paradójica, en ese estado solemos hacer justo lo contrario. Y no es casualidad. Cuando buscamos ayuda, esta suele venir en forma de listas de «hábitos saludables», cargados de «deberías» para que nos sintamos mejor. Como si el malabarista, al notar que empieza a perder el control, pensara que la solución es lanzar una bola más al aire para ver si, así, todo se equilibra. ¿Tiene sentido? Claro que no, pero **todos nos hemos creído la industria de la calma**.

Tanto es así que, en los últimos años, la calma se ha convertido en la nueva meta de consumo emocional.

Antes fue el éxito, luego la felicidad y ahora le ha tocado a la calma. La siguiente será, probablemente, la mediocridad (aunque, a estas alturas, tengo más curiosidad que escepticismo para ver cómo consiguen rentabilizarla).

Llegados a este punto, debemos asumir que nos convencieron para invertir en nuestra calma: retiros *wellness*, viajes, cursos, aplicaciones para concentrarnos, agendas con frases tranquilizadoras para ser productivos... Y, que además de invertir, debíamos esforzarnos para descansar. Pero, al darnos cuenta de que no estaba funcionando, fuimos despertando de *Matrix*.

En ese momento, fuimos conscientes de que aunque conocíamos la receta, en realidad necesitábamos respuestas a las preguntas importantes: ¿Sabemos qué es la calma? ¿Y si la calma no se hace? **¿Y si no se trata de añadir más, sino de quitar un poco?**

Desde la psicología y la neurociencia, la calma se entiende como una respuesta fisiológica, emocional y cognitiva que ocurre cuando el sistema nervioso autónomo activa su rama parasimpática (la de la digestión y el descanso). Es decir, **cuando el cuerpo percibe que no necesita defenderse**. Si, como vimos, tendemos a activar el sistema simpático de lucha y huida con frecuencia (y sus efectos duran horas por la liberación de cortisol), ¿realmente la calma puede alcanzarse haciendo?

La respuesta es no, ya que la calma es una consecuencia. Una reacción natural que ocurre cuando la vida se simplifica y cuando nos permitimos tiempo sin producir.

Es entonces cuando el descanso aparece,
no como un premio, sino como lo que siempre fue:
una necesidad fisiológica.

Porque el cuerpo lo pide, nos guste o no. **Y si no se lo ofrecemos, lo impone:** en estas procrastinaciones que experimentamos como caídas de energía o como maratones de series. Y aunque en estos momentos paramos, no confundamos descansar por obligación con descansar por placer. Porque la culpa que acompaña al primer tipo de descanso impide que el cuerpo descanse en calma, ya que lo hace en alerta.

La culpa, aunque molesta, **no es un error del sistema:** es una emoción social, diseñada para protegernos. Nos avisa de que quizá lo que estamos haciendo no nos ayude a ser aceptados por el grupo y, por eso, nos empuja a modificar nuestra conducta para encajar.

Pero este mecanismo, que fue adaptativo en otros contextos, hoy **está profundamente desajustado cuando se trata de descansar**. Porque la culpa, aunque es una emoción, tiene una fuerte carga cognitiva y está muy influida por nuestras creencias y aprendizajes. Así que, en la era de la productividad, no es sorprendente que su umbral esté peligrosamente bajo, y descansar se convierte en pecado si no está legitimado por un motivo válido: vacaciones, prescripción médica…

Para salir de esta rueda debemos ser conscientes de dos cosas:

- La primera, es que **la calma no es un lujo que se compra, sino una necesidad que se recupera** y, probablemente, la forma más eficiente de alcanzarla sea la más simple: **dejar espacio**.
- La segunda es que **todo cambio implica el pago de un peaje**. En este caso, el precio es la culpa. Es inevitable que, si priorizamos actividades de descanso en nuestro día a día, al principio, no podamos evitar que nos visite la culpa. Pero, con la culpa se dialoga, y cuando observa que no pasa nada a nivel social, empieza a bajar.

Finalmente, hay algo que no debemos olvidar:

La calma no es un estado permanente una vez que se alcanza.

De hecho, el cuerpo está diseñado para vivir una vida plena cuando es lo «suficientemente» tranquila. Pero en ese **«suficientemente»** está la clave. No podemos buscar un estado místico, ajeno a la vida real, sino que la calma se experimenta en un **equilibrio dinámico con los momentos de activación o eustrés**. Así, una vida «suficientemente tranquila» no tiene que ver con ser siempre zen, sino con responder con flexibilidad a las demandas del entorno y propiciar momentos de descanso sin culpa.

Teniendo todo esto en cuenta, para experimentar momentos de calma diarios, necesitamos ser honestos con nosotros mismos y adaptarnos al entorno.

EJERCICIO

Volver a la brújula

PRIMER PILAR. **La sencillez como inicio**

Hemos llegado a un punto donde creo que es bueno que deje de hablar yo... y empieces a escucharte tú.

A lo largo de nuestro viaje por los pilares, te propongo hacer un ejercicio dividido en cuatro partes (una por pilar) con un cierre final. En este momento haremos el correspondiente al primero: **la sencillez**.

Antes de empezar, es importante que recuerdes algo: este ejercicio no se hace con prisa. Hazlo solo si se cumplen estas tres condiciones:

- Tienes tiempo.
- Tienes claridad.
- Sientes la suficiente tranquilidad.

Si alguna de ellas falta, quizá sea mejor dejarlo para otro momento.

Si estás listo, prepara tu entorno. Busca una libreta bonita. Tu bolígrafo favorito. Algunos colores. Y, si te apetece, enciende una vela o prepara una bebida caliente. Busca el silencio.

Todo esto también forma parte del hábito que estás a punto de cultivar: **el de atenderte**.

PRÁCTICA

1. **Haz una lista lo más detallada posible de todo lo que haces en un día entre semana**, desde que te despiertas hasta que te acuestas. Incluye lo grande y lo pequeño: desde ducharte, desplazarte o trabajar, hasta revisar el móvil, comer, estar en redes...
2. **Añade ahora los tiempos muertos o pausas que suelen pasar desapercibidas.** ¿Cuándo estás sin hacer «nada»?
3. Con dos colores bonitos, **señala**:

    - Con uno, lo que te gustaría mantener porque te nutre, te calma o te hace bien.
    - Con otro, lo que te gustaría dejar ir porque te desgasta o ya no te representa.

4. Mira tu lista y **pregúntate**:

    - ¿Qué color predomina?
    - ¿Dónde están mis pausas reales?
    - ¿Cómo me siento al ver mi rutina de esta forma?

5. En una hoja limpia, **haz una nueva lista**. En esta ocasión, escribe las cosas que te gustaría introducir en tu día a día.

    - **Recuerda:** el día tiene 24 horas, y al menos ocho son para dormir.

- **La rutina debe ser realista y humana:** mantén lo que nutre, suelta lo que pesa y deja espacio para lo imprevisto. Y no olvides lo más importante: incluye pausas.

6. **Compara ambas listas.** ¿La nueva rutina que has imaginado se adapta a lo que ya existe? ¿Qué necesitarías para acercarte a ella sin forzarte? Observa si hay un primer paso suave que podrías dar casi sin esfuerzo: ¿Hay algo que ya haces que, si lo hicieras de forma distinta, podría empezar a nutrirte?

Por ahora, no hagas nada. **Solo observa.** Vamos a esperar a completar las cuatro partes del ejercicio, antes de introducir ningún cambio.

Te espero en el siguiente pilar: allí hablaremos del **«para qué»** de estos cambios que has escrito.

5

SEGUNDO PILAR: CONEXIÓN CON EL CUERPO

> El alma respira a través del cuerpo, y el sufrimiento, ya empiece en la piel o en una imagen mental, tiene lugar en la carne.
>
> ANTONIO DAMASIO, *El error de Descartes,* Booket, 2022

Hace unos días, cuando inicié mi estancia en mi hogar rodante, empezaba una semana destinada a potenciar mi yo escritora. **Y, para sorpresa de nadie, fue un desastre.** En mi agenda, mi mente y mis expectativas había creado mi día uno perfecto para escribir: había despejado la agenda, buscado un ambiente evocador y había traído suficientes bolsitas de té inglés para pasar diez días.

Me levanté esa mañana con la salida del sol, hice mi té y preparé un bol de frutas. Después, me senté a escribir. Sabía lo que quería decir, lo tenía dentro, pero no salía en forma de palabras. Tras varias horas y párrafos borrados, empecé a impacientarme. Una sensación desagradable en el pecho me dificultaba tomar aire y sentía incomodidad. De pronto, en aquella habitación hacía mucho calor y faltaba espacio. Así que, me puse una cazadora (Galicia, *you know*) y me fui a caminar por la playa y a comprar la comida para los próximos días.

Tras ese oxígeno, decidí comer con calma y ya, por la tarde, cuando se acercaba el momento de no tener más quehaceres (o excusas) para ponerme a escribir, empecé a inquietarme. Así que, en vez de obligarme a escribir, paré y me analicé. ¿Qué me pasaba? ¿Por qué me sentía así?

Me costó unas horas darme cuenta, pero, mientras observaba el frasco que contenía las malditas bolsitas de té, asumí que el bloqueo que tenía no era por falta de ideas, sino por exceso de presión por dos frentes: **hacer algo bien y hacerlo ya** (concretamente, en el margen de veinte bolsitas que me había autoimpuesto).

Con esa presión, la emoción que tenía todas las papeletas para brotar era obvia: miedo. Miedo a no poder, a no ser capaz o a no ser suficiente. El cuerpo lo sabía antes que yo, y lo expresó con un conjunto de sensaciones incómodas.

Yo ya conozco mi léxico corporal, así que empecé a racionalizar lo que podía y a validar y transitar el agobio que estaba sintiendo. También me ayudó a regularlo hablar con una de mis personas favoritas. Después de darme ese espacio para estar conmigo, me enfrenté a la hoja en blanco sin expectativas, recordándome que, cada vez que volviese a crearlas inconscientemente, caminaría de vuelta a ese lugar seguro que había construido con esta pausa. Además, como ancla, escribí en un pósit que pegué al portátil: «Si hay que esperar, se espera».

Esa misma noche, conocí a Giuseppe, y cuando me dijo aquello de «Vivir sin reloj es una elección diaria», sonreí. No podía estar más de acuerdo.

Cuándo sientes, ¿cómo lo sientes?

Hace un año, gracias a las redes sociales, descubrí el trabajo de Nazareth Castellanos, una neurocientífica madrileña pionera en el estudio del efecto de la meditación, la respiración y la relajación sobre nuestro organismo (entendiendo la mente como parte del cuerpo y viceversa) y, además, una divulgadora excelente.

De ella he aprendido (y sigo aprendiendo) muchísimo, y quiero compartir con vosotros una frase suya que introduce a la perfección este apartado: **«El cuerpo sabe lo que la mente aún no se ha dado cuenta».**

Aquí se encierra una clave fundamental: el cuerpo va por delante. Percibe antes, interpreta antes y reacciona antes. Un ejemplo de ese saber corporal anticipado fue lo que viví en la autocaravana. A menudo somos conscientes de pensamientos como: «no me apetece», «no estoy en el *mood*», «ya si eso, mañana», y también de sus consecuencias: no escribir, no ir al gimnasio o no hacer *batchcooking.* Nos quedamos ahí, en la superficie, y pocas veces nos paramos a observar qué hay debajo de esas frases. Así, repetimos el patrón una y otra vez, como si estuviéramos atrapados en una obra de teatro cuyos diálogos conocemos de memoria, sin entender por qué seguimos representándola.

En estas situaciones, lo más común es que tiremos de lo aprendido e intentemos movilizarnos desde la mente (recuerda que, como discípulos de Descartes, tendemos a creer que la mente es el volante del cuerpo). Así surgen los clásicos «debería»: debería escribir o debería hacer deporte. Pero estos «debería» rara vez se transforman en acción y terminan flotando como ecos sin fuerza para provocar un cambio. ¿Por qué sucede esto?

Porque nos saltamos un paso esencial.

Cuando nos sentimos bloqueados, solemos enfocarnos en los pensamientos tipo «ahora no», seguidos de los «debería», y olvidamos detenernos en aquello que provoca esos pensamientos, lo que mantiene la obra teatral en marcha. Necesitamos dar espacio a ese director silencioso que ya conocimos, el sistema nervioso. Su trabajo en estas situaciones transcurre entre bambalinas: percibiendo el entorno y nuestro estado interno, comparándolos con experiencias pasadas y lanzándonos respuestas. Estas respuestas **las traemos a la consciencia a través de sensaciones o emociones**, que se convierten así en las palabras del cuerpo. Si aprendemos a escucharlas, podremos comprender mucho mejor qué necesitamos realmente, y desde ahí, movilizarnos con coherencia.

Para ello vamos a empezar hablando de **las sensaciones**. Sabemos que nuestro cuerpo está preparado para recibir información del entorno a través de los cinco sentidos exteroceptivos (vista, oído, tacto, gusto y olfato), que nos ayudan a responder y a adaptarnos a las demandas externas. La percepción empieza en los receptores, pequeñas estructuras localizadas en nuestros órganos sensoriales (ojos, oídos, piel, lengua y nariz), cuya función principal es traducir las señales físicas externas (como la luz o el sonido) en mensajes eléctricos (el lenguaje de nuestro sistema nervioso), para poder viajar a través de los nervios sensoriales y entrar en el sistema nervioso central donde se inicia su procesamiento cerebral.

Además de esta conexión con el entorno, lo que no se sabe tanto es que **todos tenemos un sexto sentido**. Y no, no tiene nada que ver con detectar fantasmas ni con «ese ojo de loca que no se equivoca», sino más bien con la capacidad de percibir la vida interna de nuestro cuerpo: **la interocepción**. A través del sistema nervioso detectamos, interpretamos e integramos las señales internas que nos dan información constante sobre nuestro organismo. Estas sensaciones nos llegan a través de **dos grandes caminos interoceptivos**: la viscerocepción y la propiocepción.

La **viscerocepción** es la interpretación más clásica de interocepción, ya que se refiere a las señales que provienen de nuestros órganos internos: el retortijón del estómago, la opresión en el pecho, las ganas de ir al baño, etc. Por su parte, la propiocepción, hace referencia a esa capacidad de sentir dónde está nuestro cuerpo en el espacio y su movimiento: la posición de un pie, la inclinación de la cabeza, etc.

A nivel neuronal, cada una de ellas sigue una ruta diferente:

- **La ruta visceroceptiva** tiene como protagonista el famoso **nervio vago**, cuyo nombre en latín significa 'errante' y no es casual: recorre todo nuestro cuerpo como un río subterráneo que parece no tener un destino fijo, pero que, en realidad, dibuja un mapa muy preciso entre nuestras vísceras. Forma parte del sistema nervioso parasimpático (el encargado de la calma y digestión). Su trayecto empieza en la base del cerebro y se extiende como un delta hacia el corazón, los pulmones, el estómago y los intestinos, recogiendo información sobre su estado.
- **La ruta propioceptiva**, por su parte, comienza con los **propioceptores**, unas terminaciones sensoriales que se encuentran en la piel, los músculos, los huesos, las articulaciones y los tendones. Recogen la información sobre la posición, movimiento y tensión de cada parte del cuerpo.

Una vez recogidas las señales sensoriales exteroceptivas (vista, oído, tacto, gusto y olfato) e interoceptivas (las señales vagales y las propioceptivas), estas viajan al sistema nervioso central, donde se filtran, se organizan y, a veces, se silencian.

Antes de seguir, quiero matizar que, aunque toda la información del nervio vago se envía al sistema nervioso central, esto no significa que pase a la consciencia. La mayoría de las señales que provienen de órganos como el corazón llegan hasta un pequeño núcleo en el tronco encefálico, el núcleo del tracto solitario y, desde allí, se bifurcan. Pueden enviarse a otras áreas que funcionan de forma autónoma regulando funciones como la frecuencia cardiaca o también pueden viajar hacia el hipotálamo, ese puente entre cerebro y cuerpo que se encarga de la homeostatis (o equilibrio corporal) y de regular ritmos vitales como el hambre o el sueño, y que envía a la consciencia parte de esta información. Esto quiere decir que, aunque la mayor parte de la corriente del río vagal permanece bajo el radar de la consciencia, **hay fragmentos que no llegan a la superficie**, como el nudo en el estómago o el vacío en el pecho.

Teniendo esto en mente, vamos a adentrarnos en el viaje de esa información que logra llegar a áreas corticales y que, aunque no siempre alcance la consciencia, **deja una huella** que influye en cómo interpretamos las sensaciones que sí emergen a la superficie.

Un viaje sensorial: Gandalf, dos almendras y los caballitos de mar

El cerebro procesa la información sensorial de forma similar para todos los sentidos (salvo el olfato, del que hablaremos más adelante).

Antes de comenzar a recorrer este viaje sensorial en el cerebro, me gustaría que conocieses su mapa, ya que hay **dos rutas**: una rápida y poco detallada, y otra más lenta y precisa. En los noventa, LeDoux, investigador de la Universidad de Nueva York, describió este doble procesamiento y explicó su valor adaptativo: nos permite reaccionar con rapidez ante amenazas sin tener aún todos los datos. Con esto presente, **vamos a entender cómo sentimos**.

Para visualizarlo, lleva tu atención a lo que percibes ahora mientras estás leyendo: el tráfico lejano, una conversación en otra habitación, el hambre, las ganas de ir al baño, etc. Todo eso lo capta tu sistema nervioso y, antes de llegar a tu consciencia, pasa por varias estaciones. La primera es **el tálamo,** una estructura que distribuye la información sensitiva hacia la corteza cerebral correspondiente.

Pero no se limita a repartir la información de forma pasiva, sino que selecciona y modula lo relevante. A mí me ayuda imaginarlo como un Gandalf en miniatura. El mago de *El Señor de los Anillos* regula el flujo de información durante la trama, asegurándose de que llegue al personaje adecuado, en el momento exacto: «Nunca llega tarde, ni pronto; llega exactamente cuando se lo propone». De forma similar, el tálamo distribuye cada entrada sensorial a su corteza correspondiente (por ejemplo, envía la información visual a la corteza visual), pero **no sin antes regular su intensidad**. Y, para que puedas concentrarte ahora en tu lectura, tu tálamo está **manteniendo su bastón** contra el suelo ante la información irrelevante**, diciendo**: «¡No puedes pasar!».

Tú, ajeno a su esfuerzo, sigues leyendo páginas mientras nada te interrumpe… hasta que, de repente, oyes un estruendo detrás de ti. **El tálamo reacciona al instante**: «Esto es importante». Alza el bastón, y en milisegundos, la información alcanza la siguiente parada de procesamiento sensorial: **el hipocampo** (cuyo nombre hace referencia a su forma de caballito de mar). Esta estructura es **nuestro centro de memorias** y archiva los recuerdos en forma de circuitos neuronales. Cuando llega el ruido, actúa como un archivero comparándolo con experiencias previas o con conocimiento heredado: esto que oímos... ¿se parece a un cristal roto?, ¿una ventana?, ¿alguien ha entrado en casa?

De forma casi simultánea, la información se dirige a **la amígdala**, esa almendra que procesa emociones como el miedo. **Su activación dependerá del recuerdo evocado** por el hipocampo, y si el sonido de cristal roto se asocia a algo potencialmente peligroso no esperará confirmación consciente para lanzar la señal de alarma. Una señal que llegará a la última parada de este atajo sensorial: **el hipotálamo**, que **regula la respuesta corporal a las emociones**. De esta forma, ante un posible peligro, inicia el proceso para liberar adrenalina y cortisol.

Aquí termina la primera ruta, la corta, donde antes de saber qué ha pasado, tu cuerpo ya está en modo alerta: músculos tensos, pulso acelerado, pupilas dilatadas y cabeza en movimiento hacia el foco del sonido.

Milisegundos después, en paralelo a esta ruta, **el tálamo envía la señal sensorial por la vía larga** y detallada. En este viaje, la información se envía a la corteza correspondiente: si la información es visual, a la corteza visual; si es auditiva, a la auditiva, etc. Allí, la señal se fragmenta en piezas elementales (colores, formas, texturas), que luego se recompondrán en las áreas de asociación. Así, si hablamos de información visual, al principio procesarás manchas amarillas y negras y, posteriormente, un rostro familiar.

Esta información más rica en matices regresa al hipocampo y a la amígdala. Y, como si devolvieras un libro a la estantería con nuevas notas al margen, esa información se compara de nuevo con tu archivo de recuerdos. Mancha negra, ojos amarillos brillantes, indiferencia en la mirada: sí, el hipocampo confirma que es tu gata. Y, ante esta revelación, tu amígdala empieza a desactivarse y tu cuerpo suelta la tensión.

Esa información, aún inconsciente, atraviesa el córtex insular y el cingulado anterior (puentes entre emoción y consciencia) para llegar al córtex prefrontal. Y, entonces, lo entiendes: ahí está tu gata, subida a la encimera, con su cara de «se ha caído», mientras en el suelo se extiende una mezcla de fresas, plátano y cristales.

Por eso, este viaje sensorial de doble ruta queda perfectamente resumido en la frase de Nazareth: **tu cuerpo sabe lo que la mente aún no se ha dado cuenta**. Porque, en concreto, lo sabe 180 milisegundos antes.

Finalmente, una vez eres consciente de la información sensorial, ya puedes elegir cómo responder. En esta situación probablemente te preguntes por enésima vez por qué sigues eligiendo convivir con esa pequeña dictadora, suspires sabiendo que ni la ciencia tiene respuesta y te dirijas a coger la fregona para limpiar la catástrofe frutal.

Y, aunque el ejemplo, inspirado en mi maquiavélica y adorable gatita Yoru, es anecdótico, quiero que sepas que este viaje sensorial nos atraviesa múltiples veces a lo largo del día sin darnos cuenta. Por ejemplo, cuando te asalta ese pánico al ver a tu jefe por la calle o cuando se te clava esa punzada de culpa al ver en redes a una amiga en el gimnasio mientras tú estás en el sofá.

Ruta corta de procesamiento sensorial

Tálamo

1. **Información sensorial que recibimos**
Sonido inesperado.

2. **Hipocampo**
Se asocia un recuerdo a la información sensorial.

3. **Amígdala**
Si el recuerdo asociado se percibe como peligroso, la amígdala se activa para procesar «miedo».

4. **Hipotálamo**
Activa la respuesta corporal al miedo:
- Aumento del ritmo cardiaco
- Aumento de la tensión muscular
- Dilatación pupilar
- Orientación hacia el estímulo
- Etc.

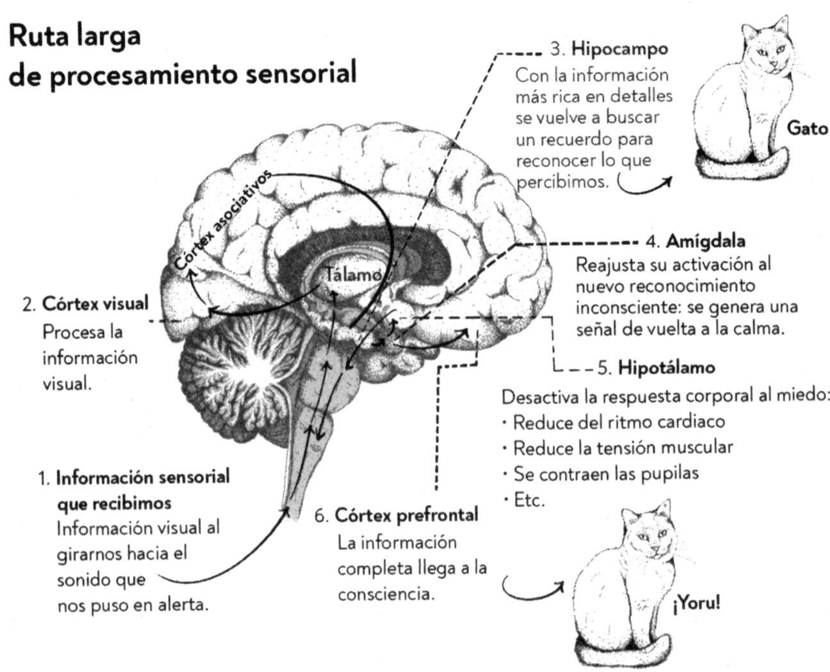

Siendo conocedores del viaje sensorial, resulta evidente que evitar sentir no es el objetivo (simplemente porque no podemos). Pero sí que **está en nuestras manos entender lo que sentimos**. Es decir: si el cielo está gris y tenemos que salir, no gastemos energía inútilmente enfadándonos, ni ignoremos la inminente lluvia. Aprendamos a leer el cielo y, si es necesario, pongámonos las botas y cojamos el paraguas.

Así, si sabemos que los susurros del cuerpo son como los matices grises del cielo, aprender a leerlos cambia la forma en que habitamos nuestras emociones.

Y la pregunta del millón es: ¿cuántos tonos de gris soy capaz de ver en mis propias nubes emocionales?

La meta ambigua de la consciencia corporal

Durante un curso que impartí sobre la neurociencia del dolor crónico, una alumna levantó la mano y me preguntó: ¿Hasta dónde podemos sentir? ¿Existe un máximo de interocepción?

Con esta pregunta en mente, si revisamos el oráculo científico, varios estudios coinciden en que solo una pequeña parte de la información interna logra llegar a la consciencia, y que, de esa corriente, **nuestro sistema prioriza lo relevante para la supervivencia**.

También sabemos que esta sensibilidad se puede entrenar, pero, como insiste Feldman Barrett, realmente no se trata de «sentir más», sino de «sentir mejor». Es decir, de **afinar la capacidad de interpretar** las señales internas para vivir con más coherencia entre lo que sentimos y **hacemos**. Por lo tanto, la ciencia no establece un límite definido, y defiende que **sentir no es una cantidad, sino una calidad**.

¿Pero esto es así realmente? ¿Es posible que las personas que entrenan esta consciencia desde el inicio de su vida tengan otra comprensión de los límites de la interocepción?

Para resolver esta duda, tenía que hablar con un experto en el tema, así que decidí escribirle a Shri Mahant Dayanand Puri ji Vishva Chetan. Dayanand Puri (para los amigos) es un monje hindú con quien mantengo una bonita amistad desde mi viaje al Himalaya, cuando me hospedé en su *aashram* en Rishikesh.

Así, con mis dudas en mente, concertamos una videollamada. Durante la conversación, le conté mi reflexión sobre la interocepción y, después de escucharme atentamente, él sonrió y me dijo:

«Todos los humanos sienten, aunque de manera diferente: unos más, otros menos, y uno mismo, a veces más y otras, menos. El problema no es cuánto. El problema es buscar. Cuando pones la atención ahí, la llenas de cosas que no importan. Importa lo que ya sientes: hambre, cansancio, enfado, etc. Solo siente. No busques. Quédate en el presente, no en el futuro.

»Además, buscar sentir también es un riesgo. Por ejemplo, cuando buscas calma mientras estás enfadado, o felicidad cuando estás triste. No es que no sientas: es que no te gusta lo que estás sintiendo».

Tras colgar, entendí que **la propia pregunta «¿cuánto puedo sentir?» tiene el sesgo de la meta**. Esto me hizo reflexionar sobre lo que nos cuesta experimentar sin saber el objetivo. Y es curioso que dos mundos opuestos opinen lo mismo desde sus respectivas lupas de conocimiento: tanto para la ciencia como para quienes llevan siglos explorando la consciencia corporal, la interocepción no tiene una meta clara porque, simplemente, no la necesita.

Emoción corporizada

Hace unos días, me encontraba atrapada en esa danza que todos conocemos entre el cansancio y la evasión, donde el cuerpo está en horizontal y el pulgar en movimiento. Hacía *scroll* sin rumbo, hasta que una imagen me frenó: una chica con un cartel frente a un edificio. En el cartel se leía un mensaje dirigido hacia una ventana concreta: PERDONA POR LO DE ESTA MAÑANA. NO ESTABA ENFADADA CONTIGO, SOLO TENÍA HAMBRE. Esa frase tan simple retrata el entrelazamiento de las sensaciones y las emociones y, saberlo es, en esencia, la consciencia emocional. Como recuerda Antonio Damasio en *El error de Descartes*, **no existe emoción sin cuerpo**.

Sin embargo, aun estando estrechamente vinculadas, es importante distinguir las emociones de las sensaciones, ya que las primeras implican un propósito movilizador. De hecho, su origen etimológico lo deja claro: emoción viene del latín *emotio*, derivado de *emovere*, que significa 'en movimiento'. En consecuencia, desde la neurociencia entendemos **las emociones** como respuestas corporales que reconocemos a través de un grupo de sensaciones interoceptivas y **cuya función es susurrarnos necesidades**: físicas, sociales o cognitivas. Por lo que las emociones son neutras: están al servicio de la supervivencia y, por ende, no son buenas ni malas en sí mismas. Sin embargo, lejos de esta comprensión, solemos clasificarlas como positivas o negativas, como reacción a la experiencia subjetiva de transitarlas.

En una cultura que idealiza el confort,
lo que no es agradable se ve como un problema a evitar,
en lugar de un mensaje de necesidad.

Teniendo esto en cuenta, me gusta clasificarlas entre: **emociones agradables y desagradables**.

Dentro de estas dos categorías, **el arcoíris emocional es rico y variado**, aunque muchas veces nos contentamos con un «me encuentro bien», «me encuentro mal» o «no lo sé, estoy raro», expresiones que evito cuando hago terapia. No por ser malas, sino porque no dicen nada. Se quedan en la superficie.

Para salir de ese blanco-negro emocional suelo utilizar recursos que amplifican el vocabulario, que dan matices. Uno de mis favoritos es la **rueda de las emociones de Robert Plutchik**. En su centro, podemos ver las emociones básicas, de las que hablaremos más adelante (sí, son los personajes de *Inside Out*, aunque la sorpresa fue excluida del largometraje de Pixar), y, como ramificaciones, las emociones más complejas. Muchas veces, señalar una emoción en la rueda es el primer paso para entender qué necesidad nos comunica el cuerpo.

Si revisas tu abanico emocional, observarás que la mayoría de las emociones que experimentamos son desagradables, como el

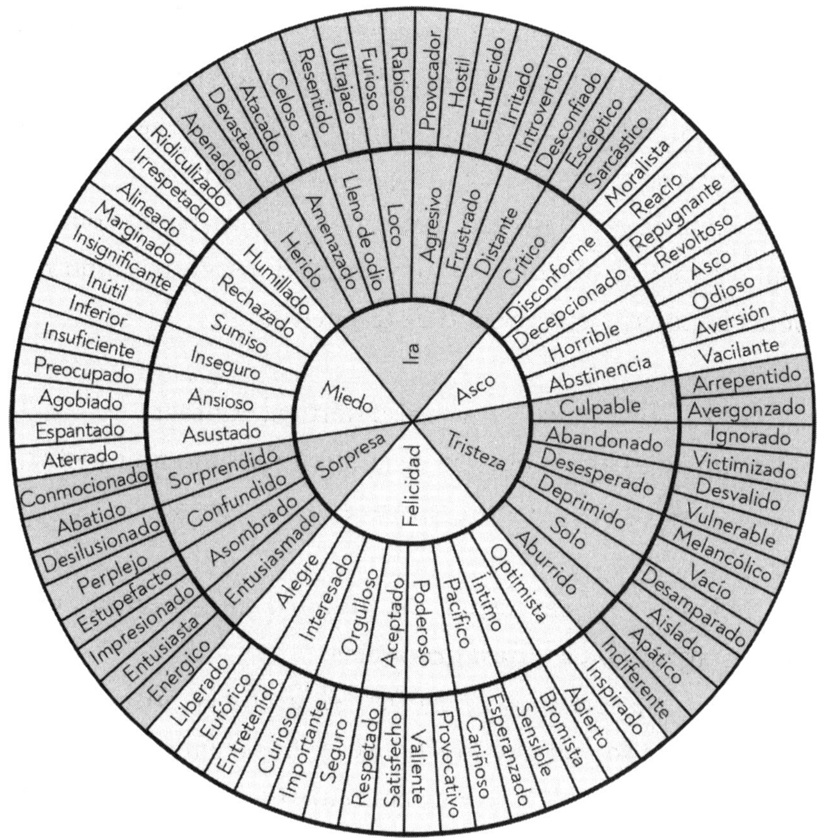

FUENTE: «Rueda de las emociones», Robert Plutchik

miedo, ira, asco, tristeza, etc. Te preguntarás por qué, ya que, **visto así, parece que estamos diseñados para sufrir**. Pero nada más lejos de la realidad. Al ser desagradables, estas señales de nuestro sistema nervioso se convierten en motores que nos motivan para salir de situaciones que no nos convienen.

Pero no todo es terrible, también tenemos emociones agradables como la felicidad y… ¿la sorpresa?, pero ambas son efímeras y su función es mantenernos en la búsqueda de un recuerdo al que volver, pero en el que no nos podemos quedar, porque la quietud fruto de su confort daría lugar a una falta de motivación para mejorar, y, en consecuencia, esto podría reducir nuestras opciones de supervivencia. Como decía el presidente Snow en *Los Juegos del Hambre*: «Un poco de esperanza es eficaz. Mucha es peligrosa».

Así, **vivimos balanceándonos entre emociones agradables y desagradables**. Una de las funciones clave de este vaivén es ayudarnos en la toma de decisiones. Sí, como lees. Aunque nos han metido hasta en la sopa que deberíamos decidir con la mente fría, seguro que ya empiezas a notar que esta creencia huele peligrosamente a dualismo cartesiano. Y no te falta razón.

Hoy sabemos que **razón y emoción** no solo no están separadas, sino que **trabajan juntas desde el inicio**. En realidad, nunca estuvieron tan unidas como ahora que entendemos el viaje sensorial. Si recuerdas su ruta, te darás cuenta de que cuando notas una señal (interna o externa) la consciencia de esa señal siempre llega teñida de información emocional que se procesó antes, a partir de tus experiencias previas. Y, aunque pueda parecer un sesgo, en realidad, esto nos ayuda enormemente a decidir: nos permite destacar de forma inconsciente una opción frente a otra y a tener en cuenta múltiples variables, tanto sociales como personales.

Por ejemplo, si nada más levantarte has tenido una discusión con tu compañero de piso, puede que, de camino a casa después del trabajo, notes agitación o dificultad para respirar. En ese estado, probablemente la idea de meditar en tu habitación (aunque sea el *tip* número tres de una buena gestión emocional del pódcast que estás escuchando), te genere más presión que alivio. **Ese rechazo que sientes ante la quietud no es un fallo, es una pista:** te está susurrando que quizá lo que necesitas ahora es descargar esa energía de otra manera, tal vez en movimiento. Así que, en lugar de forzarte a calmarte en estático, una elección viable podría ser salir a caminar o correr un rato.

La emoción no sabotea tu cuidado: lo matiza.

Es más, cuando emoción y razón se separan (como ocurre tras un daño cerebral que compromete el procesamiento emocional) el pensamiento deja de ser adaptativo. Un ejemplo es el de Elliot, un paciente descrito por Antonio Damasio en *El error de Descartes*. Tras la extirpación de un tumor, su corteza prefrontal ventromedial resultó dañada, una zona clave que conecta emoción y razonamiento. Elliot conservaba intactas sus capacidades cognitivas: podía razonar, planificar, hacer cálculos y conversar con soltura. Pero su vida se vino abajo. Era incapaz de decidir. Se quedaba atrapado en el análisis de cada opción, sin llegar nunca a una elección. Como consecuencia, perdió su trabajo, su estabilidad económica y sus relaciones personales. Elliot había perdido «eso» que sentimos antes de decidir: **esa punzada visceral que susurra «esto no» o «por aquí sí»**.

Este caso, junto con otros de la época, marcaron un antes y después en la historia de la neurociencia afectiva, al mostrar que la emoción afina la razón: nos ayuda a priorizar, a evaluar y, sobre todo, a movernos. Así que vamos a ver cómo escucharla.

¿Quién es quién? Versión emociones

A finales del siglo XIX, Charles Darwin observó que distintas especies compartían ciertos gestos expresivos ante emociones similares. Décadas más tarde, Paul Ekman (psicólogo especializado en el estudio de la expresión facial) propuso que existen seis emociones básicas y universales: miedo, enfado, tristeza, asco, alegría y sorpresa (sí, las incluidas en el centro de la rueda de las emociones).

Cada una conlleva **sensaciones corporales propias** y nos comunica **necesidades específicas**.

Como las emociones favorecen el recuerdo, ahora quiero aprovecharlo porque lo que viene a continuación es importante. Así que, para facilitar su aprendizaje, vamos a apoyarnos en una imagen mental que nos lleve a un momento placentero.

Quiero que traigas a tu memoria el juego de mesa de nuestra infancia *¿Quién es quién?* Ese en el que levantabas pestañitas mientras hacías preguntas: «¿Tiene gafas?», «¿Lleva gorro?»; acercándote con cada respuesta, paso a paso, a la identidad escondida.

Con las emociones pasa algo parecido. Cada una tiene su propio rostro, **sus pistas clave**. Así que ¡vamos a jugar!

¿Te late fuerte el corazón? ¿Notas un nudo en el estómago? ¿La respiración es acelerada o tienes sensación de falta de aire? ¿Aumentó tu sudoración? ¿Tienes una temperatura corporal alta, sobre todo, en las extremidades y el pecho?

Todo parece indicar que estás frente al **miedo**.

Este aparece cuando <u>hay una amenaza, real o anticipada</u>. Puede ser externa (una situación peligrosa), interna (una idea que asusta) o relacional (el temor a perder algo o a alguien). El cuerpo responde con la famosa respuesta al estrés que nos prepara para la huida o la lucha; y, cuando algo nos sobrepasa, puede activar la congelación. Lo esencial es sobrevivir, por lo que su mensaje es claro: «Atento, algo puede hacerte daño».

¿Notas calor subiendo por el pecho hacia tu rostro y los brazos? ¿Tienes las manos tensas, como preparadas para hacer algo? ¿Tu mandíbula está apretada y sientes un nudo en la garganta? ¿Tienes mucha energía y sientes urgencia por moverte?

Es muy posible que estés cara a cara con el **enfado**.

Suele aparecer cuando algo importante para ti se ve amenazado, cuando se cruza un límite injusto, cuando algo te impide actuar o ante una falta de respeto. El enfado señala que hay que poner un límite. Su necesidad no es atacar, sino proteger lo valioso.

¿Tienes el cuerpo pesado, como si no tuvieses energía? ¿Notas un vacío en el pecho y los hombros caídos? ¿Sientes frío en las extremidades? ¿Hay un nudo en tu garganta?

Te está visitando la **tristeza**.

Llega tras una pérdida, una despedida o, incluso, un cambio. Es una emoción que pide pausa para procesar las consecuencias de lo que ya no es. Invita al cuidado, tanto personal como al que podemos recibir de otros. Es una emoción lenta, que pide tiempo y espacio para desplegarse.

¿Sientes el estómago revuelto o náuseas? ¿O quizá una incomodidad general del cuerpo, como si quisieras salir de donde estás o cambiar de posición? ¿Sientes una mayor temperatura en el estómago, en la garganta y en las ma-

nos? ¿Sientes, incluso, una sensación de mareo? ¿Tu rostro está contraído, con la nariz fruncida?

Puede que quien se esconda detrás de estas preguntas sea el **asco**.

Es una emoción protectora que no se limita a lo que comemos, ya que aparece ante ideas, conductas, situaciones o personas que percibimos como dañinas o profundamente incoherentes con nuestros valores. Su mensaje: «Esto no debe entrar en ti».

¿Notas el cuerpo ligero, lleno de energía y tienes ganas de moverte sin un propósito? ¿Sientes un calor agradable en el pecho? ¿Se te escapa una sonrisa? ¿Tienes ganas de compartir? ¿Respiras sin dificultad?

Probablemente estés experimentando **alegría**.

Refuerza aquello que nos sienta bien y favorece la conexión con el grupo (esto es muy importante porque necesitamos los vínculos para estar sanos). Nos dice: «Quédate un poco más aquí». Esta emoción relaja la vigilancia, nos conecta con el presente y nos permite compartir. Es efímera, sí; pero de ahí su valor para la supervivencia. Es una brújula que señala lo que merece repetirse.

¿Te has quedado quieto de pronto? ¿Se te ha cortado la respiración? ¿Tienes los ojos más abiertos de lo normal? ¿Te ha dado un vuelco al corazón?

Podrías estar sintiendo **sorpresa**.

Su función es la de congelar el cuerpo por un instante para reorganizar lo que creíamos cierto. Esta emoción no tiene valencia en sí misma, ya que puede volverse alegría o miedo. Su necesidad es clara, la adaptación, y su mensaje: «Atento, actualiza la información».

Si no se te da bien el «¿Quién es quién?», podemos hacer trampa. En 2014, el investigador finlandés Lauri Nummenmaa y su equipo publicaron un estudio donde reunieron a 701 personas y les pidieron que coloreasen, en siluetas humanas, las zonas donde sentían activación corporal al experimentar diferentes emociones. Así crearon los **mapas corporales de las emociones**: figuras térmicas donde el enfado enrojece el pecho y los brazos, la tristeza deja frías las extremidades y la alegría brilla en todo el cuerpo.

En su conjunto, estas huellas emocionales nos ayudan a detectar las necesidades y atenderlas. Y, aunque muchas veces estas necesidades son individuales, hay momentos donde van más allá. Porque, aunque tendemos a pensar que las emociones ocurren solamente dentro de la piel, como si fueran chispazos internos que solo nosotros sentimos, en realidad, también son **una forma de comunicación que nos vincula a la comunidad**.

La dimensión social de las emociones

Desde una perspectiva evolutiva, las emociones son guías sociales: el miedo alerta al grupo, la alegría fortalece la cohesión y la tristeza, invita al cuidado. En este sentido, las emociones son señales que emitimos para sostener el tejido de la convivencia ya que **no solo sentimos para sobrevivir, sino para pertenecer**.

Esta dimensión social de la emoción tiene un correlato claro en el cerebro. La llamada **neurociencia social** ha identificado circuitos específicos implicados en cómo reconocemos, anticipamos y regulamos emociones en contextos relacionales. La corteza prefrontal ventromedial, por ejemplo, nos permite tomar perspectiva sobre lo que el otro puede estar sintiendo. La ínsula y la amígdala registran la intensidad emocional de las expresiones ajenas. Y el sistema de neuronas espejo, un tipo neuronal que facilita la experiencia de la empatía, nos invita a simular internamente lo que vemos en los demás, como si un bostezo o una lágrima activaran un eco en nuestro propio cuerpo, que lo replica de forma espontánea. La **implicación social** de la emoción es tan alta que **hay emociones que probablemente no existirían sin un otro**. Estas son las emociones relacionales, que nacen en el intercambio: la vergüenza, la culpa, el orgullo o los celos.

Por lo que es inevitable que la cultura actúe como un filtro de nuestros mapas emocionales.

Cada sociedad dibuja los límites de lo que se puede sentir, cuándo y con qué intensidad. Paul Ekman y Harriet Oster, en sus estudios transculturales durante los años setenta, mostraron que, a pesar de que compartimos la expresión facial de las emociones básicas, no todas las culturas permiten mostrarlas igual. Las llamadas «normas expresivas» varían significativamente. Así, la emoción puede ser universal, pero su forma es aprendida. Estos resultados se replicaron en estudios posteriores en grupos indígenas.

También es importante recordar que **no solo sentimos en comunidad, también nos regulamos** juntos. Desde bebés, nuestro sistema nervioso aprende a calmarse o activarse en presencia de otra persona. Esta capacidad de corregulación emocional es la base de la seguridad afectiva y sigue presente en la vida adulta: hay abrazos que calman, miradas que organizan y voces que bajan el volumen del miedo. Los vínculos son la base de la salud en cualquier etapa vital. Por eso, quiero que tengas en cuenta todo lo comentado, para que cuando sientas, sepas que conviene salir del cuerpo individual y mirar también el escenario compartido. Nuestro contexto no es un decorado: **es un modulador activo de nuestro estado interno**.

La letra pequeña

Sí, conocer las huellas corporales de las emociones y los matices sociales aprendidos que influyen en ellas nos ayuda a reconocerlas y actuar en consecuencia. Sin embargo, **nada es tan simple**.

Lo más habitual, cuando te detienes a escuchar tu cuerpo, **es notar diferentes sensaciones**, incluso incongruentes entre sí. Esto es porque las emociones no suelen llegar de una en una. Vienen juntas, mezcladas y superpuestas. Cuando esto sucede, si te permites permanecer un rato en ese malestar, suele haber una emoción que susurra más alto que las demás. Y, como no necesitas abordarlas todas a la vez (aunque tampoco tendrías energía para ello), puedes empezar por la que más ruido hace o por la que te resulte más accesible. Como si tirases de un primer hilo con cuidado, y poco a poco el nudo fuera aflojándose.

No se trata de resolver el conjunto, sino de ir deshaciendo el ovillo emocional.

Otra trampa habitual es exigirnos saber por qué sentimos lo que sentimos. Y, si logramos identificar una causa, la sometemos a juicio: ¿es suficientemente válida como para permitirme sentir esto? No me malinterpretes: entender el detonante emocional nos ayuda; aun así, no siempre el hecho de saberlo nos da control sobre él y hay situaciones en las que incluso nos cuesta identificarlo. La buena noticia es que muchas veces tampoco es necesario y soltar esa expectativa nos permite avanzar en el tránsito emocional sin quedarnos atrapados en este paso.

Cuando hablo de esto siempre recuerdo a Ana, una paciente que trabajaba en atención al cliente en una gran multinacional. Ocho horas al día gestionando quejas y reclamaciones. Solía decir: «No debería afectarme, es solo trabajo». Pero cada mañana, lloraba en el coche antes de entrar en la oficina, y cada noche, volvía a su casa con un enfado que no sabía dónde colocar. No quería que su trabajo la enfadara. Pero lo hacía. Y como no quería sentir eso, se enfadaba por estar enfadada. Así, terminaba el día atrapada en un bucle emocional cada vez más difícil de sostener.

Con este ejemplo quiero mostrarte que, aunque entender el detonante puede ayudar, hay veces que no podemos cambiarlo. Y, pese a ello, podemos cuidar lo que sentimos. Ana estaba enfadada y su margen de acción en el entorno era limitado. Así que nos enfocamos en lo que sí podía hacer para atender la necesidad de defensa:

- **Descargar energía a través del movimiento:** por ejemplo, mediante actividad física.

- **Establecer límites realistas en su entorno:** no tener el WhatsApp del trabajo fuera de horario, no responsabilizarse de lo que le correspondía a su supervisor; poner límites de manera asertiva, etc.
- **Ponerse límites a sí misma:** observar cómo se hablaba y qué trato aceptaba de los demás y de sí misma.
- **Cuidar su tiempo fuera del horario laboral:** crear espacios para ella, hablar con personas de confianza, reconectar con sus valores, detectar los momentos de disfrute, etc.

Además, si tener poco control sobre el entorno que detona la emoción complica su regulación, **validarla** (aceptar lo que sientes) **se vuelve incluso más difícil cuando no encontramos un motivo** claro. Imagina que te sientes triste sin razón aparente. Suele frustrar, lo sé. Pero, la próxima vez que te ocurra prueba a pensar: «Está bien. No tengo que encontrar la causa ahora. Con lo que sé, ¿qué puedo hacer?». Ya conoces las necesidades de la tristeza y atenderlas es un buen punto de partida: bajar el ritmo, descansar, rodearte de vínculos seguros, priorizar lo que nutre y soltar lo que ahora no es imprescindible. Puede que detrás haya muchas razones a la vez y que ahora simplemente no tengas espacio para verlas con claridad.

En ambos escenarios, la ira de Ana y la hipotética tristeza, transitamos la emoción. La sostenemos, sí, pero sostenerla no significa quedarte a vivir en ella. Significa que no estás huyendo. Que estás atendiendo una necesidad, y, por lo tanto, avanzando. Recuerda: primero cuerpo, luego mente. Cuando el cuerpo es escuchado, la emoción pierde fuerza sin necesidad de explicarla. Y entonces, quizá sí podamos analizar qué la provoca y qué podemos hacer al respecto.

Para finalizar, no podemos obviar que estas dificultades a la hora de sentir emociones nos llevan a una pregunta muy humana, que nace del intento de huir del malestar.

¿Puedo evitar una emoción?

Vivimos en una cultura que nos vende que no merecemos estar mal y que, además, **potencia las soluciones rápidas** y productivas. Por eso, muchas veces sentimos que no hay espacio en nuestro día para escuchar el malestar: creemos que no es el momento, que debemos seguir adelante y que nuestras responsabilidades no pueden verse afectadas. Y lo ignoramos: hacemos yoga, leemos sobre resiliencia o iniciamos un nuevo proyecto. **Todo menos quedarnos en la incomodidad.**

Lo que no se nos puede olvidar es que no elegimos lo que sentimos. Y como la emoción aparece antes de que seamos conscientes de ella, no podemos evitar lo que ya es, porque básicamente ya está ocurriendo. De hecho, numerosos estudios han demostrado que el malestar aumenta cuando se ignora una emoción. Y, aunque tenemos cierto margen para modularla, eso no significa que podamos huir de ella.

Una comparación que uso a menudo con mis pacientes, y que suelen recordar con una sonrisa, es esta: **una emoción es como las ganas de ir al baño**. Podemos sostenerla un tiempo si el entorno no nos facilita su gestión, pero cuanto más tiempo la retengamos, más incómoda será, llegando incluso a doler.

Y si la seguimos sosteniendo de manera indefinida, el cuerpo buscará otra forma de avisar. **Una emoción no expresada no desaparece: se redirige.** Lo que empezó como un susurro se convierte en ruido de fondo; y, como señala Carlos López-Otín en su obra *La levedad de las libélulas*, «la salud es el silencio del cuerpo». Cuando ese silencio se rompe, cuando el cuerpo empieza a «hacer ruido», es señal de que algo necesita ser atendido. Así, quizá ya no sientes enfado, sino fatiga diaria, insomnio o malestar difuso que ya no sabes dónde ubicar.

Por eso, esté tu cuerpo gritando o susurrando, es importante que entrenemos nuestra escucha desde cero: **aprendiendo a identificar lo que sentimos**.

EJERCICIO

Volver a la brújula

SEGUNDO PILAR. **Conexión con el cuerpo**

¿Recuerdas que en el pilar anterior te adelantaba que necesitábamos sencillez para poder dejar espacio al segundo? Si has podido hacerlo, aunque sea un poquito, en esos espacios de descanso, podemos tener la oportunidad de **escuchar el cuerpo**. Vamos a ello.

Recuerda que, para hacer este ejercicio es importante no tener prisa y asegurarte de que se cumplen las tres condiciones:

- Tienes tiempo.
- Tienes claridad.
- Sientes la suficiente tranquilidad.

Es importante comprobarlo, porque en esta parte del ejercicio necesitamos escucharnos especialmente bien.

Prepara tu entorno. Recupera la libreta donde estás trabajando y tu bolígrafo de confianza. Enciende una vela y ten a mano una bebida, si te apetece. Busca el silencio.

Todo esto forma parte del ritual de cuidado que estás construyendo.

PRÁCTICA

No siempre es fácil identificar qué sentimos. Cuando empezamos a escuchar las señales del cuerpo, es común que nos dispersemos o que saltemos de una cosa a otra sin terminar de atender ninguna del todo. Por eso, en este ejercicio, dividido en dos partes, vamos a entrenar una escucha más fina, que combine cuerpo y emoción.

- La **primera parte** está orientada a ayudarte a identificar las emociones básicas. Para ello, he diseñado un **árbol de decisiones** (páginas 122 y 123) teniendo en cuenta las huellas somáticas que se explican en este capítulo. No pretende ser exacto ni definitivo (hay muchas variables individuales en juego), pero sí que funciona como un mapa para empezar a traducir lo que el cuerpo intenta decirte.
- Haz este ejercicio dos veces al día durante esta semana (por la mañana y por la noche, por ejemplo). No como una obligación, más bien como quien se asoma al espejo cada mañana para lavarse la cara y reconocerse.

- Al principio quizá necesites más tiempo, es probable que el gesto vaya haciéndose más natural y rápido. Aunque puede que algunos días el cuerpo te pida algo más de paciencia. Está bien. No se trata de hacerlo perfecto, sino de estar. Vuelve a este árbol siempre que lo necesites.
- En la **segunda parte** del ejercicio quiero ayudarte a observar tu abanico emocional con algo de distancia. De esta manera, una vez que identifiques las emociones, utiliza esta tabla como un **diario emocional**. No te centres en entender, si hay consciencia del detonante de la emoción, genial; pero, si no está, recuerda que no es imprescindible. Prioriza observar y reconocer la emoción.

Día	Momento del día	¿Qué he notado en el cuerpo? ¿Y dónde?	¿A qué emoción corresponde?

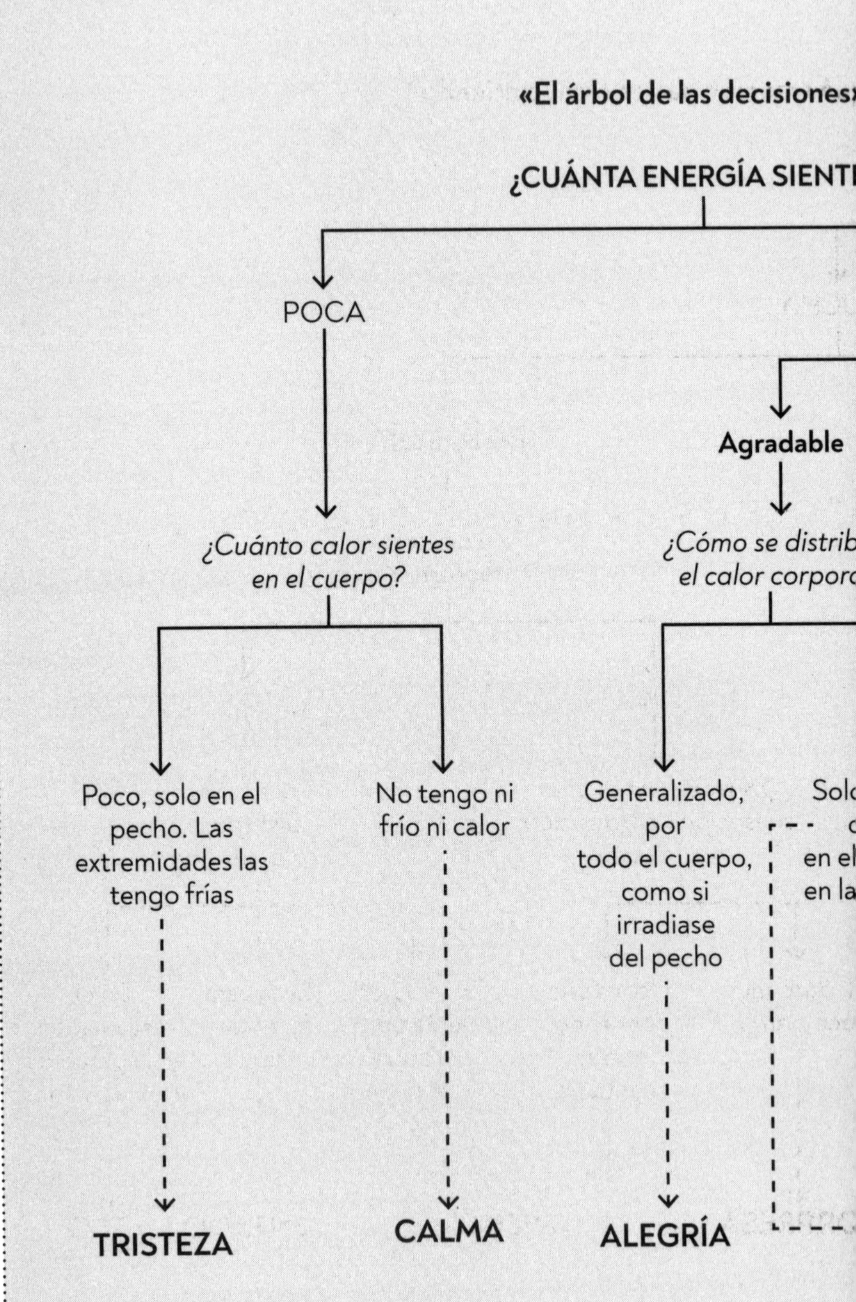
«El árbol de las decisiones»
¿CUÁNTA ENERGÍA SIENTE
POCA
Agradable
¿Cuánto calor sientes
en el cuerpo?
Poco, solo en el pecho. Las extremidades las tengo frías
No tengo ni frío ni calor
Generalizado, por todo el cuerpo, como si irradiase del pecho
TRISTEZA
CALMA
ALEGRÍA

qué emoción básica estás sintiendo?

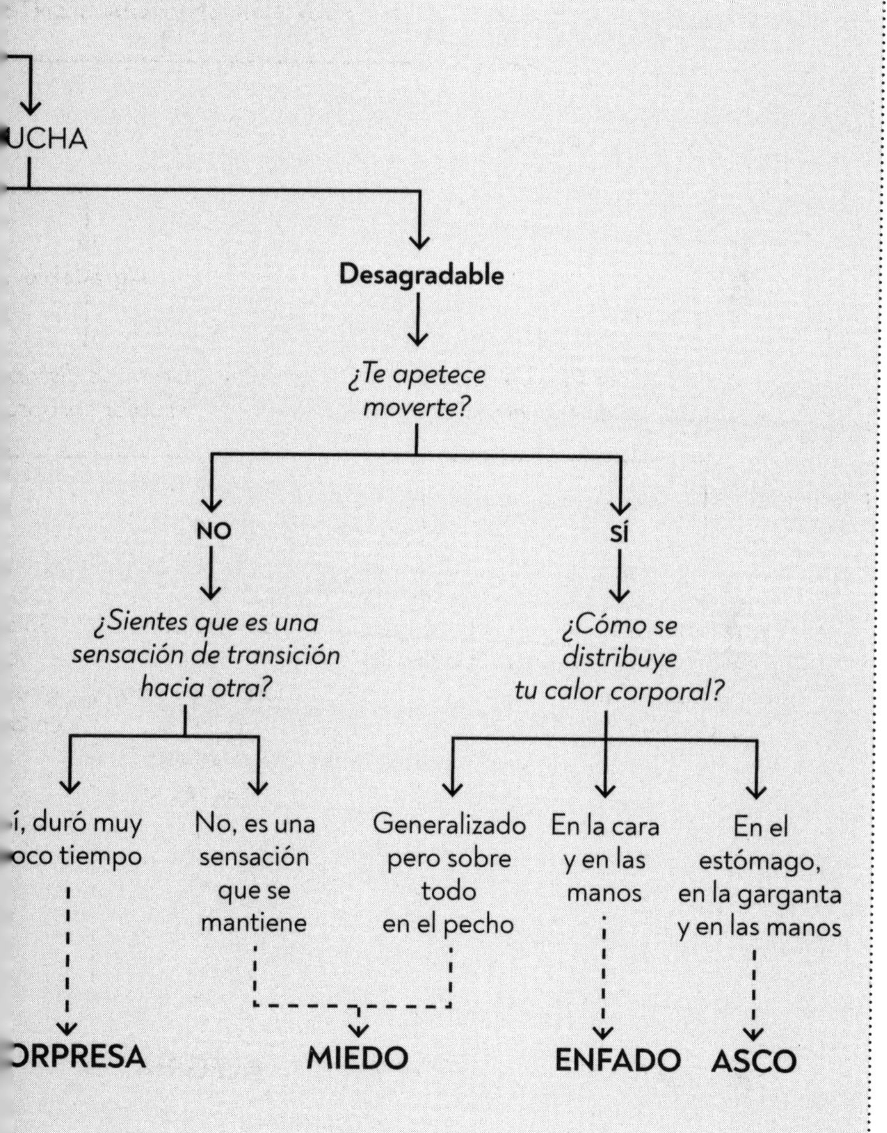

6

TERCER PILAR: COHERENCIA CONTIGO

> La biología te da un cerebro. La vida lo convierte en una mente.
>
> JEFFREY EUGENIDES, *Middlesex*, Anagrama, 2012

«Parece que soy actriz secundaria en mi propia vida, y eso hace que no entienda la gracia de vivir por el simple hecho de vivir».

Julia dijo estas palabras en nuestra primera sesión. Lo hizo sin mucha emoción, como una resignación tranquila ante una verdad que sentía absoluta. Su demanda terapéutica era concreta: herramientas para comunicarse mejor. Pero, después de pocas sesiones, no tardamos en observar la profundidad de las raíces que sostenían su estilo relacional.

En ese momento, trabajaba en un entorno muy exigente y creativo, liderando un proyecto de innovación, y era ahí donde más malestar sentía. Me confesó que muchas veces no sabía quién lo estaba liderando: si ella misma o una versión suya que había aprendido a sobrevivir rindiendo y sonriendo. Así, habitaba tomando decisiones que no sentía propias y con las que tenía que cargar durante largos periodos de tiempo, lo que la llevaba, en los momentos de mayor exigencia, a explosiones emocionales de las que se avergonzaba terriblemente.

Después de varias sesiones juntas, vimos que su historia vital y su forma de ser habían hecho *match* para convertirla en una «cambiaformas» perfecta. Se adaptaba tan bien a lo que se esperaba de ella que no quedaba espacio para lo que prefería. Así, cuando le pregunté: «¿Qué te gusta? ¿Qué es lo importante para ti?», la respuesta fue **ser consciente de la ausencia de ese conocimiento**.

Julia había aprendido a vivir sobreviviendo, cediendo el magnetismo de su brújula interna al entorno. No es que no tuviera gustos ni valores, sino que su brújula no paraba de girar, buscando siempre cómo ajustarse al centro de gravedad de quienes tenía alrededor: primero sus padres, luego sus amigas del instituto, sus parejas... y, ahora, el trabajo.

Vivía con una brújula que sentía atracción por un norte prestado, el que marcaba no incomodar a nadie. Como consecuencia, cada decisión se volvía un esfuerzo por amoldarse a la autoexigencia y a la necesidad de validar su propia existencia desde la utilidad. Y, sin darse cuenta, Julia fue cediendo su derecho de decidir y fue ganando la creencia de que no podía simplemente ser, viviendo como un extra en su propia realidad.

Tras analizar lo que estaba sucediendo, empezamos a trabajar juntas para deshacer el nudo. Después de simplificar su rutina creando huecos reales donde bajar el ritmo (**pilar 1**) y de aprender a detectar las emociones que teñían con un filtro su día a día (**pilar 2**), nos preparamos para entrar en mi terreno favorito: **íbamos a matricularnos en primero de «brujulería»**.

Primero de «brujulería»

Voy a serte sincera: no existe (al menos por ahora) la palabra «brujulería». Pero para hablar del tercer pilar, la coherencia contigo, necesito usar este término. Porque no se trata solo de leer la dirección de una brújula o de seguir una lista de pasos, sino de conocer cómo se fabricó nuestro compás interno y ante qué fuerza se mueve.

Cuando hablo de **coherencia** me refiero a **lo que sucede cuando actuamos de acuerdo con una base o esencia**. Cuando lo que decidimos nos aporta la tranquilidad de tener sentido para nosotros ya que está en sintonía con lo que sentimos, necesitamos o priorizamos.

Es decir, es saber desde dónde estamos eligiendo.

Por eso, cada persona tiene su brújula: hecha con materiales específicos, moldeada por el entorno en el que creció, etiquetada con los mensajes que recibió, sensible a un campo magnético particular y atraída por un norte que no siempre coincide con el de los demás.

Así, para conocer tu brújula…

Empecemos por lo que no podemos cambiar: los genes

Cuando hablamos de personalidad, entramos en un terreno lleno de matices y donde todavía quedan muchas incógnitas. Lo que sí sabemos es que se construye a partir de una **base genética** (algo así como los materiales con los que se fabrica nuestra brújula) y que estos **se moldean con el ambiente**. Uno de los modelos más relevantes en el estudio de la personalidad es el del psiquiatra y genetista estadounidense Robert Cloninger, que, a finales del siglo XX, propuso diferenciar dos capas:

La primera es la biológica, dependiente de los genes, denominada **temperamento**. Está presente desde la infancia y nos predispone a reaccionar de ciertas maneras ante el entorno. Dentro de esta capa, podemos distinguir tres rasgos principales:

- **Búsqueda de novedad.** Es la tendencia a buscar lo nuevo, lo estimulante y lo incierto. Las personas con este rasgo muy presente suelen aburrirse con facilidad, disfrutar del cambio y ser impulsivas. Si lo llevamos al terreno de los hábitos, lo que suele fallar no es la motivación, sino la monotonía. Cuando la rutina se vuelve plana desaparece el foco. Por eso, este tipo de brújulas agradecen los hábitos con variaciones pequeñas, con un margen para lo inesperado o con un sentido creativo que mantenga la atención despierta.
- **Evitación del daño.** Este rasgo tiene que ver con la sensibilidad al castigo, al error o al peligro anticipado. Las personas con alta evitación tienden a ser más cautas y prudentes. Así, sostienen mejor los hábitos si estos no generan alarma. Si la acción supone salir del espacio de control, se suele activar el miedo antes que la constancia. Lo ideal es un entorno amable donde puedan explorar sin sentir riesgo.
- **Dependencia de la recompensa.** Tiene que ver con cuánto necesitamos una recompensa a nuestras acciones y reacciones, como la aprobación social o el afecto. Las per-

sonas con este rasgo muy activo tienden a buscar conexión, por lo que priorizan cómo se recibe su esfuerzo. En su caso, un hábito que ocurre en silencio, sin refuerzo, puede perder fuerza pronto. Por lo que les suelen funcionar mejor los hábitos compartidos.

Estos tres rasgos se han vinculado con la **activación de diferentes sistemas de neurotransmisores** (esos mensajeros que permiten la comunicación entre neuronas). En concreto, la búsqueda de novedad se ha relacionado con una mayor activación del circuito dopaminérgico ante estímulos novedosos. La evitación del daño, por su parte, se ha asociado con una mayor sensibilidad a la serotonina. Y, finalmente, la dependencia de la recompensa se ha conectado con la noradrenalina (una de las hormonas implicadas en la respuesta rápida al estrés, ¿recuerdas?). Así, se ha visto una mayor liberación del neurotransmisor en personas con una fuerte necesidad de aprobación externa.

Pero ¡ojo!, **estas correlaciones no implican determinismo ni causalidad**. No hay una relación directa y única entre un gen, la expresión de un neurotransmisor y un rasgo. De hecho, en 2014, una revisión de 369 estudios concluyó que, aunque existen algunos genes bajo lupa (como el *SLC6A4* en la ansiedad o el *DRD4* en la impulsividad), aún no hay un consenso claro sobre ninguno específico como responsable de un rasgo concreto. Más bien, parece que se trata de un efecto acumulado de muchos genes pequeños, que interactúan entre sí y con el entorno. Así que, por más tentador que resulte decir **«soy así porque tengo mucha dopamina»**, la ciencia no apoya del todo tu excusa.

Cuando lo llevamos al terreno que nos interesa, los hábitos, es importante entender que los rasgos de personalidad no son sentencias, son pistas.

Y, como tales, nos ayudan a tener en cuenta las predisposiciones biológicas que pueden influir (que no decidir) en nuestra relación con ellos. Te propongo que, con esta información, te plantees algunas preguntas honestas: ¿Estoy construyendo hábitos que me sirven, o solo los repito porque se supone que son los correctos? ¿Están seleccionados en relación con mis preferencias o intento encajar en un molde que no me corresponde?

Con estas preguntas formuladas y sabiendo que el funcionamiento de la brújula no solo depende de los materiales, es aquí donde entra en juego la segunda capa de la personalidad propuesta por Cloninger: **el carácter**. Esa parte que **no viene dada, sino que se construye** con la vida. Es lo aprendido. Es el contexto que, desde que nacemos, va moldeando ese sustrato inicial, modificándolo y adaptándolo a las necesidades que surgen. Y aquí ya no hablamos solo de genética, sino de historia. Y de cómo esa historia deja huella incluso dentro de las células.

La fabricación

Con los materiales reconocidos, el siguiente paso es revisar cómo fue su ensamblaje. ¿Quiénes estaban presentes durante la construcción? ¿Cómo era el ambiente? ¿Qué etiquetas quedaron adheridas?

Cuando observamos el modo en que aprendimos a estar en el mundo, vemos que, partiendo del temperamento, **fuimos aña-**

diendo pequeñas piezas, adaptaciones. Cada una de ellas nació como respuesta a las necesidades del entorno, a los recursos disponibles y a las negociaciones (explícitas o implícitas) con quienes nos rodeaban. Así, de forma progresiva, fuimos afinando nuestras respuestas a lo permitido, a lo premiado, a lo castigado y a lo ignorado.

En todo este proceso, **el azar juega un papel central**. Aunque nos vendan que somos los directores de nuestra vida, no podemos escoger a los jugadores que se sientan en nuestra partida de cartas, especialmente en la infancia. Y, lo queramos o no, tienen una influencia tremenda en cómo se desarrolla el juego.

Así, si tu temperamento hace *match* con un ambiente para el que era especialmente vulnerable (como uno con mucha exigencia, negligencia o afecto condicional), tendrás más papeletas para que se consoliden conductas que ahora, en tu vida adulta, te resultan incómodas, desadaptativas o, incluso, contradictorias. Pero que, en su momento, fueron la única respuesta posible para evitar el rechazo, minimizar el daño o conservar el vínculo.

Volviendo al **caso de Julia**, por ejemplo, podríamos decir que tenía un temperamento con tendencia a la **dependencia de la recompensa**. Junto con estas cartas de partida, en nuestras sesiones hablamos mucho de su infancia y, en concreto, de una figura central para ella: su madre. Julia recordaba que las pocas veces en las que se sentía vista por ella eran cuando había una medalla que mostrar: «¡Qué buenas notas has sacado!», «¡Qué responsable eres!», «¡Qué madura para tu edad!». Cada elogio venía vinculado al rendimiento. Por eso, sin que nadie se lo dijera directamente, aprendió que el afecto tenía condiciones. Que solo merecía atención si lo hacía todo sin ruido y sin fallos. Y lo hizo tan bien que desapareció dentro de ese papel.

Como Julia, muchos nos convertimos en Mística (el personaje de *X-Men*): adaptando nuestra forma ante las demandas del entorno y volviéndonos invisibles el resto del tiempo. Porque, cuando llevas años ajustando tu brújula al norte de otros, acaba llegando un punto en que ya no sabes si la dirección que sigues es la tuya o la prestada.

Así, conforme crecemos, **vamos generando nuestro carácter a través de los cambios en nuestro temperamento en respuesta a nuestro entorno**. Pero, además, hoy sabemos que el ambiente no solo moldea nuestras conductas, también puede **dejar huella en nuestros genes**. A esto se le llama cambios epigenéticos. La epigenética es la ciencia que estudia cómo el entorno puede modificar la expresión de los genes sin alterar su secuencia y nos ofrece una lupa para observar cómo lo vivido se inscribe en el cuerpo. El estudio de la epigenética es reciente, y eso lo convierte en un terreno fértil para hallazgos sorprendentes, pero también para titulares apresurados. Es fácil querer convertir cada resultado preliminar en una gran verdad, pero conviene leer con calma.

Primero, lo que sí sabemos: hay evidencias sólidas en humanos de que **el entorno** (el estrés sostenido, la nutrición o el vínculo) **puede provocar cambios epigenéticos** medibles. Lo han demostrado estudios como el de McGowan y su equipo en 2009, donde personas que crecieron en contextos adversos presentaban patrones distintos de metilación en genes implicados en la regulación del estrés.

Ahora, lo que **aún no sabemos** con certeza: **si esos cambios epigenéticos se heredan** en humanos. En estudios con animales, todo apunta a que sí. Algunos experimentos han mostrado que ciertas modificaciones epigenéticas pueden transmitirse hasta tres generaciones (de abuelos a nietos), y que estos cambios parecen preparar a las nuevas camadas para enfrentarse de manera más exitosa a un entorno similar al que vivieron sus antecesores.

En humanos, sin embargo, la cosa no está tan clara. Aunque hay estudios que muestran diferencias epigenéticas en descendientes que vivieron grandes traumas colectivos (como el Holocausto o las hambrunas), no podemos decir con rigor que esas diferencias se deban a una herencia epigenética estable. ¿Por qué? Porque no podemos descartar otras explicaciones, como dinámicas familiares, culturales o ambientales compartidas que se mantuvieron generacionalmente. En este sentido, incluso en una revisión reciente se insiste en la cautela, ya que parece haber mecanismos biológicos que borran estos cambios epigenéticos de nuestras células antes de que nos reproduzcamos, precisamente para evitar que las vivencias individuales se hereden.

El etiquetado

En la fabricación de nuestra brújula no solo se ensamblan piezas biológicas y contextuales. También se graban palabras. Algunas con tinta invisible, otras a fuego.

Desde pequeños empezamos a escuchar mensajes que se nos adhieren como etiquetas: «¡qué responsable!», «¡qué lista!», «¡qué preguntón!», «¡qué tranquilo!», «¡qué aplicada!», «¡qué tímido!». A veces son elogios. Otras, preocupaciones disfrazadas de descripción. Pero, sobre todo, **son marcos**. Pequeñas cajas que, a fuerza de repetirse, acaban moldeando la manera en que nos vemos y nos movemos en el mundo. Y, sin darnos cuenta, pasamos de hacer algo a ser eso. No solo saco buenas notas, sino que soy lista. No solo ayudo en casa, sino que soy responsable. No solo disfruto del juego libre en soledad, sino que soy tímido.

Y claro, una vez que lo interiorizamos, ya no es solo que el hábito nos defina, es que dejar de hacerlo nos hace dudar de quiénes somos. ¿Qué pasa si suspendo? ¿Sigo siendo lista? ¿Cómo me va a apetecer ir a ese viaje organizado con desconocidos si soy tímido?

Lo vimos en Julia, y lo vemos en nosotros: muchas **veces no sostenemos un hábito por placer o necesidad, sino por miedo**. Miedo a que, si dejamos de hacer, dejemos de ser. Y lo mismo ocurre al intentar incorporar algo nuevo: si se aleja demasiado de la etiqueta que creemos propia, genera fricción. Así, esas descripciones que ayer fueron ajenas, hoy siguen operando en silencio, empujándonos a demostrar para mantener la coherencia con una identidad que quizá ya no nos pertenece porque nunca fue revisada y, como hablamos antes, está en constante adaptación.

Entonces ¿soy víctima de mis circunstancias?

Ver la historia de nuestra vida como un cuento con víctimas y verdugos puede anclarnos en lo que fue. Pero tener en cuenta cómo ha sido fabricada nuestra brújula, no busca señalar culpables ni justificarlo todo con los genes o la infancia. Busca **ofrecer un contexto**. Porque cuando hablamos de hábitos, rara vez hablamos solo de decisiones individuales. Hablamos de preferencias, de entornos que nos marcaron, de brújulas heredadas y de ajustes hechos para pertenecer.

Por eso, **quizá la pregunta no sea tanto «¿por qué soy**

así?», sino más bien: «¿cómo soy ahora?» y «¿qué necesito?». Porque si ya sabemos que partimos de unas bases biológicas, que el contexto moldea y que el cuerpo guarda memoria, entonces también sabemos que no empezamos de cero. Pero, casi nada está escrito en piedra. Tu brújula no es perfecta, ni nueva, ni neutral. Ninguna lo es. Pero sigue funcionando.

Mi campo magnético

¿Qué es mío, qué es regalado y qué es prestado?

Es muy probable que, llegados a este punto, te sientas un poco desorientado. Como si no supieras qué parte de ti te pertenece, cuál aprendiste por repetición y cuál solo llevas puesta porque alguien la dejó cerca.

Spoiler: todo eso, en su conjunto, eres tú.
Y ese «tú» no es constante.
Estará, afortunadamente, en cambio.

Hay una novela gráfica preciosa que habla de esto y que te recomiendo: *A todas las personas que fui*, de Alfonso Casas. En ella, nos cuenta que todas esas versiones **son una forma de recordarnos que no hay un solo «yo»**; en realidad, la vida, conforme avanzamos, va generando **nuevas posibilidades**. Todas igual de verdaderas para su momento vital y contexto.

El magnetismo

Y justo por eso, porque no hay una única versión, **necesitamos alguna referencia para mantener una coherencia**. Algo más profundo que los hábitos, más estable que las etiquetas y más nuestro que lo aprendido. Aquí es donde entran en escena los valores.

Desde la terapia de aceptación y compromiso (ACT, por sus siglas en inglés), los valores no se entienden como metas concretas, sino como direcciones que elegimos conscientemente, en coherencia con lo que da sentido a nuestra vida.

Por lo que dejan de ser una lista de virtudes
o frases de taza de desayuno,
para funcionar como esa fuerza que nos atrae
hacia lo que nos importa.

En la metáfora de la brújula, los valores son su magnetismo. No se ven, pero están ahí, sosteniendo el rumbo incluso cuando el mapa cambia. Son ellos los que nos permiten volver a casa cuando nos perdemos. Y también los que nos ayudan a distinguir, con el tiempo, qué parte de lo que hacemos responde a lo que queremos… y cuánto a lo que esperaban de nosotros.

Reflexionar sobre los valores resulta especialmente útil cuando hablamos de hábitos, porque ayuda a que no se conviertan en exigencias sin sentido, sino en elecciones sostenidas en aquello que realmente nos importa. No se trata de hacer por hacer; **se trata de hacer desde un lugar significativo**. Por eso, antes de seguir añadiendo, toca hacer una parada y escuchar el campo magnético.

Yo no tengo de eso... y si en algún momento lo tuve, ¿cómo lo he perdido?

Como Julia, muchas veces vivimos desde la urgencia, reaccionando más que eligiendo. A veces porque no hay tiempo, otras, porque no hay energía. Y así, sin darnos cuenta, vamos desconectando de lo que realmente nos mueve.

Las decisiones se siguen tomando, claro, pero notas que no te alivian del todo. Como si ese peso en el pecho se hiciera cada vez más denso. Si esto se sostiene en el tiempo, acabamos normalizando esa incomodidad y apagándola con el ruido de lo cotidiano.

Hasta que, un día, ni siquiera recordamos qué era eso que alguna vez importó. Puede que incluso te preguntes si tú tienes de eso que llaman criterio para elegir. O si alguna vez lo tuviste.

Saber qué valores nos sostienen ahora es como tener un camino trazado hacia una identidad que necesitamos reconocer, hacia una coherencia interna. Cuando los tienes localizados, puedes ver qué te importa de verdad, y las decisiones (por más difíciles que sean) dejan de sentirse como algo aleatorio.

Tienen dirección.

Y aunque algunas duelan, cuando las tomas, sientes la calma de poder decir: «aquí, sí».

EJERCICIO

Volver a la brújula

TERCER PILAR. **Coherencia contigo**

En esta parte del ejercicio vamos a salir del ahora y a **observarnos con un poco de perspectiva**, teniendo en cuenta lo que hablamos en este pilar:

- Tu temperamento
- Tu carácter
- El contexto donde creciste
- Las etiquetas
- Tus valores

Recuerda que, como en las anteriores partes, para hacer este ejercicio <u>es importante no tener prisa</u> y asegúrate de tener tiempo, claridad y de estar tranquilo.

Ahora sí, inicia el ritual del autoconocimiento. Prepara tu entorno como ya sabes, y coge la libreta y tu bolígrafo de confianza.

PRÁCTICA

Imagina que dentro de ti hay un jardín. Es un jardín amplio, lleno de árboles. Algunos altos, robustos. Otros más pequeños y discretos. <u>Cada árbol representa un valor</u> que forma parte de ti:

- La honestidad
- La curiosidad
- El compromiso
- La libertad...

No los has elegido todos conscientemente. Algunos crecieron sin que te dieras cuenta y otros los plantaste tú. Pero, todos están ahí, formando un paisaje interno que te acompaña.

Cada cierto tiempo, una lluvia ligera (una conversación, un recuerdo...) los mantiene vivos. Pero esta agua no es suficiente, necesitan que los riegues.

El agua que uses en este jardín es finita y tiene una equivalencia: **tu tiempo**. Y aquí está el dilema: no tienes agua para todo el jardín. Solo cuentas con una regadera, la misma que usas para vivir. Y con ella solo puedes regar unos pocos árboles cada vez. Cinco, seis, siete como mucho. No porque los otros dejen de importar, sino porque en esta etapa de tu vida no hay más tiempo disponible. ¿Qué árboles quieres/necesitas regar ahora?

PASO 1. **Tacha hasta quedarte con seis valores**

Aquí tienes 50 valores. Quédate con los seis valores que merecen tu agua ahora. Empieza tachando los que no sientes como tuyos. Luego ve afinando.

¿Falta alguno importante para ti? Añádelo al final.

Amor	Alegría	Agradecimiento	Amistad	Armonía
Autenticidad	Autonomía	Aventura	Belleza	Calma
Cuidado	Colaboración	Compasión	Compromiso	Confianza
Coherencia	Creatividad	Curiosidad	Determinación	Disciplina
Diversión	Empatía	Equilibrio	Escucha	Espiritualidad
Excelencia	Familia	Fidelidad	Flexibilidad	Generosidad
Honestidad	Humor	Igualdad	Imaginación	Independencia
Integridad	Justicia	Libertad	Orden	Paciencia
Perseverancia	Presencia	Propósito	Prudencia	Respeto
Responsabilidad	Sencillez	Solidaridad	Ternura	Valentía
Incluye valores si es necesario:				

PASO 2. **Escribe tus seis valores y por qué crees que los necesitas ahora**

1. **Valor:** ....

   Lo necesito ahora porque: ....
2. **Valor:** ....

   Lo necesito ahora porque: ....
3. **Valor:** ....

   Lo necesito ahora porque: ....
4. **Valor:** ....

   Lo necesito ahora porque: ....
5. **Valor:** ....

   Lo necesito ahora porque: ....
6. **Valor:** ....

   Lo necesito ahora porque: ....

PASO 3

Reflexiona sobre cada valor

- ¿Este valor está presente en tu día a día?
- ¿En qué áreas de tu vida lo necesitas (familia, autocuidado, amistades...)?
- ¿Cómo puedes regarlo esta semana?

Nota importante: los árboles que elijas hoy no son una promesa eterna. Son una forma de cuidarte aquí y ahora, con lo que tienes y lo que eres. Los valores cambian. No en su esencia, pero sí en su necesidad. Saber cuáles son importantes ahora es autocuidado. Porque, si todo es importante, nada lo es.

Este ejercicio no es para definir quién eres. Es para escuchar **qué necesitas cuidar hoy de tu identidad**.

Puedes volver a este ejercicio cada vez que sientas que no te reconoces.

7

CUARTO PILAR: HABITAR EL PLACER

> Son los pequeños gozos, no los grandes, los que se nos conceden para el recreo, para el alivio y el desahogo cotidianos.
>
> HERMANN HESSE, *El arte del ocio*, Planeta, 1981

Los días en mi pequeño refugio sobre cuatro ruedas se acercan a su fin; y, acompañando el cierre de este retiro voluntario, llegamos también al **último pilar: el placer**. Siento que este lugar y este momento son idóneos para abrir este melón, quizá porque, al levantar la vista del portátil hacia la ventana, observo a los verdaderos maestros de la vida placentera: los jubilados en sus casas rodantes sin un destino fijo más que el presente.

Verlos me lleva directamente a mi infancia y, concretamente, a pensar en mi abuelo Abilio. Soy de esa generación que se crio con los abuelos y tuve la suerte de que eso me regalara un referente de vida vivida sin prisas ni culpa. Mi abuelo era conocido en la parroquia como *«o Maestro»*. No por tener tal oficio (era perito, una especie de ingeniero técnico de la época), sino porque ejercía como profesor de forma altruista con los niños de la aldea que no habían podido ser escolarizados. A toda la familia nos llena de orgullo cada carta que recibimos de exalumnos agradeciendo la paciencia y el cariño con los que abordaba esta labor.

Lo recuerdo sonriente, siempre tarareando las mismas melodías que los demás llegábamos a aborrecer. Lo recuerdo como el mejor cómplice en las aventuras que mi primo y yo vivíamos cada tarde (o travesuras, según a quién se pregunte) y como el máximo traidor cuando se pasaba con el dulce y nos cargaba a los jóvenes con las culpas. Recuerdo que siempre tenía un libro cerca. Podía embarcarse en las novelas del Oeste más clásicas, o atreverse con géneros novedosos para aquel entonces, como la trilogía de *El señor de los anillos*.

También recuerdo las manzanas. Cada mañana, hacía su peregrinación por los árboles de la finca, evaluando con atención su estado de salud, si necesitaban una poda o cómo se estaba dando el florecimiento ese año. Y, si era época, seleccionaba unas cuantas manzanas para después disfrutarlas mientras llevaba a cabo alguna de sus tareas.

El olor a libros y a manzanas verdes me siguen llevando a casa.

En aquella época, recuerdo que los otros adultos de familia decían (con un tono cariñoso, aunque a veces no tanto) que mi abuelo tenía «una vida de vocación contemplativa». No es que no trabajara, pero lo hacía a su ritmo, a su manera. Y todo, absolutamente todo, era susceptible de convertirse en una actividad placentera. No era algo de personalidad, ya que sus hijos lo recuerdan en su adultez como una persona confiable y cariñosa, pero también seria y exigente. Todo apunta a que su forma de estar cambió con los años, al empezar a hacer las cosas de otro modo. Quizá fruto de la consciencia de verse con tiempo, se atrevió a salir de la inercia, y consiguió dejar de correr sin dejar de implicarse. Y, sin esperarlo, descubrió que el placer también estaba en la forma en que ataba las vides, rellenaba su libreta de cuentas con una caligrafía digna de escribano, o mientras nos ayudaba a los nietos con los deberes.

De niña no era consciente de la profundidad de esta actitud vital, pero sí recuerdo mirarlo con la sabiduría silenciosa de quien todavía no se deja engañar por lo que en la adultez es «importante», y pensar: «de mayor quiero ser como el abuelo».

Saliendo del recuerdo, enfoco la mirada hacia la ventana. Un grupo de octogenarios están alineados frente al mar, prismáticos en mano. Un pensamiento se cruza en mi mente: «¿Quién usa prismáticos hoy en día?». Sonrío e imagino lo que diría el abuelo: «Quizá quien todavía sabe que observar merece tiempo».

Algo en mí quiere unirse, pero lo silencio. Tengo que hablar con el dueño del camping para programar mi fecha de salida. Tras finalizar la tarea, la pequeña multitud ya se está dispersando. Me acerco a un hombre que guarda sus binoculares con calma y le pregunto qué habían estado mirando. Con un marcado acento francés me responde: «Delfines».

Al escucharlo, no puedo evitar sentir cierta envidia y me pregunto por qué no me he acercado cuando sabía que implicaba «perder» diez minutos de mi tiempo.

¿De verdad es incompatible ver delfines y hacer lo que «tenía que» hacer? ¿O solo he aprendido a vivir como si lo fuera?

Quizá el problema no es que ignoremos el placer, sino que no confiamos en él. Pensamos que nos despistará, que nos volverá vagos, que si lo seguimos perderemos el rumbo.

Pero ¿y si fuera al revés?
¿Y si el placer fuera, precisamente, tu norte?

Si pensamos de nuevo en la brújula, creo que más que una convencional, lo que nos marca el camino se parece más a la de Jack Sparrow en *Piratas del Caribe*: esa que no apunta al norte geográfico, sino a lo que más deseas. A lo que nos moviliza. Y ese punto no es un destino fijo; **es el propio camino**. Y esto es, quizá, lo más difícil de aceptar. Por eso, se puede entender por qué **tendemos a las metas prefabricadas**, y también **por qué los hábitos universales no terminan de encajar**: nos marcan un norte común y nos hacen creer que nuestra brújula está estropeada.

Sin embargo, este recelo que le tenemos al placer no es infundado. Nace de siglos de haberlo asociado a la desmesura o a la vergüenza. El placer, en nuestra cultura, ha sido vigilado, enmarcado y, últimamente, instrumentalizado. Solo se permite si cumple una única función: motivar y mejorar la eficacia. **Si aparece sin justificación, molesta y, si se sostiene, asusta.**

Es momento de hacer tambalear estas creencias, de desmontar ese binomio automático entre placer y culpa, y de preguntarnos **por qué deberíamos empezar a confiar**, de nuevo, **en aquello que nos hace bien**.

Hedonismo y culpa

Cuando hablamos del segundo pilar, la conexión con el cuerpo, te conté que la mayoría de las emociones que experimentamos son desagradables porque su función es movilizarnos, y, por lo tanto, tienen mayor valor adaptativo.

Y no es que esto sea falso. Pero, puede que sea una verdad parcial. O, mejor dicho: una verdad exacta, pero bajo una lupa concreta. Si nos colocamos en la perspectiva neurobiológica, el miedo o la ira tienen un propósito claro: impulsarnos a actuar y a protegernos.

Pero **esta explicación, aunque válida, solo ilumina una parte del mapa**. Nos ayuda a entender por qué hay tantas emociones desagradables, pero no termina de explicar por qué el territorio emocional agradable es casi anecdótico. Y yo digo: ¿y si lo que falta no es la capacidad de sentir muchos matices placenteros, sino el lenguaje para nombrarlos y el permiso social para vivirlos?

Piensa en tu idioma: ¿cuántas palabras puedes usar para describir el malestar? Frustración, rabia, culpa, ansiedad, envidia, decepción, miedo, tristeza, celos... ¿Y cuántas para describir estados de bienestar emocional? Alegría, calma... ¿paz?, ¿gozo? El diccionario se agota pronto. Y, como decía el filósofo Ludwig Wittgenstein, «los límites de mi lenguaje son los límites de mi mundo». El lenguaje emocional se ha centrado históricamente más en lo que duele que en lo que alivia y eso, inevitablemente, condiciona nuestra experiencia.

Esto se enmarca en una cultura que nos ha entrenado para desconfiar del placer. Durante siglos, la experiencia placentera ha sido invisibilizada o asociada a lo pecaminoso, a lo superficial y a lo sospechoso. En un mundo modelado por la moral religiosa y la ética del sacrificio, el dolor se interpretaba como una vía de redención, mientras que el placer se relegaba a lo frívolo y a lo egoísta.

Por lo tanto, **hemos crecido aceptando una existencia contenida del placer y desconfiando del disfrute si aparece sin motivo** o si dura demasiado. Y, como consecuencia, las experiencias placenteras han ido perdiendo espacio y consciencia en nuestro día a día.

Sin embargo, en las últimas décadas **algo ha cambiado**. Ya no se nos dice que el placer es malo; ahora se nos dice que es obligatorio.

Vivimos en una cultura que predica el bienestar como meta. Pero, aunque parezca que se presenta como elección, viene con un guion escrito previamente.

Y no lo redactamos nosotros. De acuerdo con el filósofo Slavoj Žižek, lo escriben las tendencias, los expertos, los discursos de autoayuda y los rituales modernos del rendimiento emocional. Hemos normalizado sin darnos cuenta un discurso que establece una jerarquía del placer legítimo, y lo que se sale de esa lista es rápidamente catalogado como sospechoso o patológico. Ahora el dilema no está en evitar todos los placeres, sino en **elegir el que toca, en la dosis justa y con una finalidad útil**.

Cuando pienso en esto, me viene a la cabeza *Casas limpias*, una novela de María Agúndez, donde la protagonista encuentra satisfacción limpiando. No haciendo *feng shui* ni yoga. Limpiando, sin más. Y eso, lejos de ser visto como un gesto inocente, despierta incomodidad y confrontación en su entorno. Porque sí, hay placeres que no encajan en el relato oficial.

Así, desde enfoques diferentes y complementarios, Žižek y Agúndez señalan la misma paradoja: se nos exige ser felices, pero vivimos invalidando aquello que nos hace bien de verdad, por fidelidad al relato colectivo de lo que «tendría que» hacernos felices. Incluso llegamos a creernos que no tenemos la capacidad de detectarlo.

Desde esta perspectiva, podríamos decir que aspiramos a vivir el disfrute de forma obligatoria y estratégica: «ya disfrutaré en las vacaciones», «mi boda será el día más feliz de mi vida», «quiero que me guste el té *matcha*»; «qué ganas de pasar la tarde en el sofá viendo Netflix, pero mejor voy a entrenar para la carrera de 10 km que me dijeron que engancha».

Sin embargo, es precisamente en esa planificación donde el placer se apaga.

Porque cuando hacemos algo «para disfrutar», porque debería ser placentero, muy probablemente deje de serlo. Por su propia naturaleza, **el placer no tolera la obligación** ni la previsión. **Necesita espacio y margen para la sorpresa.** Si intentamos controlarlo, la expectativa actúa como anestesia.

Así que vivimos con la responsabilidad de sentirnos satisfechos, pero sin saber del todo qué estamos buscando. No tenemos claro qué es el placer, tampoco qué es la satisfacción o la felicidad, y encima lidiamos con ello en una cultura que raciona y selecciona las experiencias placenteras válidas.

Para salir de este bucle necesitamos pararnos un momento y mirar de frente esa pregunta incómoda que solemos evitar: **¿qué estamos persiguiendo cuando queremos ser felices?** Probablemente pienses: «depende de la persona, Noelia». Y sí, es cierto. No hay una definición única. Pero justo por eso merece la pena detenernos a pensarlo. Porque cuando algo no tiene una única respuesta, suele ser una de esas preguntas que necesitan tiempo y conocimiento. Y, aunque no sepamos contestarla de forma contundente, sí nos podemos acercar a su respuesta de la mano de quienes han intentado resolverla.

Ed Diener, psicólogo experto en felicidad, tras años de investigación, propuso que esta se sostiene sobre **dos componentes**:

- El **componente eudaimónico** nació de la idea de Aristóteles de vivir de acuerdo con nuestro *daimon*, el criterio interno que da sentido a nuestra vida. Esta idea no es exclusiva del pensamiento occidental. De hecho, otras culturas lo han formulado con matices distintos, pero con esencia similar. Un ejemplo es el concepto japonés de *ikigai*, que describe la práctica cotidiana que te alinea con tu propósito, uniéndote a lo que amas, a lo que se te da bien, a lo que el mundo necesita y a lo que puedes ofrecer de forma sostenible.

  Dentro de la psicología, la teoría de la autodeterminación actualizó el concepto de *daimon* y planteó que la felicidad se alcanza cuando nuestras metas son coherentes con tres necesidades: afiliación, autonomía y competencia. Es decir, somos seres sociales que **necesitamos un grupo significativo y, a su vez, sentirnos independientes y autoeficaces**. Sentir que avanzamos hacia esos objetivos genera una sensación de satisfacción estable, siempre y cuando recuerdes que no hay meta, solo camino.

  Por lo tanto, *Daimon*, *ikigai*, autodeterminación o los valores del tercer pilar son formas distintas de señalar la misma necesidad: **vivir con coherencia interna y dirección**. Como defendería Nietzsche en su idea del eterno retorno: una vida que, de volver a repetirse infinitas veces, seguiríamos eligiendo.
- El **componente hedónico** es la vivencia sensorial y directa de momentos vitales placenteros. Este componente nos recuerda la necesidad de la presencia en el ahora. Se relaciona con la sensación de estar ilusionado, relajado, contento, sin sentir prisas y alejado de las preocupaciones

que nos adelantan a un futuro aún por venir o de la rumia que nos devuelve al pasado.

Teniendo claros estos dos componentes, Diener propone que necesitamos cultivar ambos para sostener un bienestar duradero.

El componente eudaimónico lo trabajamos en el pilar anterior, a través de los valores que nos conectan con la coherencia. Ahora vamos a adentrarnos en el **placer hedónico**. El objetivo de este apartado es que, una vez leído, los hábitos que te permiten saborear el placer (como el descanso, el juego o la pausa) empiecen a ocupar con orgullo su lugar en tu rutina de bienestar sostenido.

Así que, primero, vamos a reconstruir el concepto de placer, para creernos (de verdad) que no es un capricho, sino algo legítimo y necesario para la salud. Porque, recuerda: **la salud no es solo ausencia de malestar; es presencia de bienestar**.

Nos han mentido: el placer no es adictivo

O, al menos, no en los términos en los que nos lo han hecho temer. Para entender esto, necesitamos afinar la lupa, pasar de los modelos psicológicos y filosóficos a lo biológico, y observar de cerca qué ocurre en nuestro sistema nervioso cuando disfrutamos.

Para empezar, debemos recordar que, como todo en biología, la sensación de placer también tiene un propósito. De hecho, **es tan fundamental para la vida como lo es el dolor**. Nos guía, nos orienta y nos protege. Es un indicador de aquello que necesitamos para sobrevivir: comida, vínculo, descanso; y para preservar la especie: sexo.

Sin embargo, cada vez que hablamos del placer, **lo tratamos como si fuera un veneno**. Como si bastara una chispa para volvernos adictos.

Pero ¿y si el peligro no estuviera en lo que sentimos, sino en lo que anticipamos sentir?

Durante décadas, la ciencia creyó que estaba estudiando el placer y que este podría llegar a ser peligroso, cuando en realidad se estaba observando el deseo, confundiendo, sin darse cuenta, lo que moviliza con lo que satisface.

Todo empezó con los primeros estudios en los años cincuenta encaminados a encontrar los **centros del placer**. Olds y Milner colocaron electrodos en el cerebro de unas ratas y descubrieron que, al estimular ciertas zonas, los animales repetían compulsivamente la conducta que les daba acceso a esa descarga y, por lo tanto, a una sensación placentera. Además, cuando podían activarla por sí mismas pulsando una palanca, lo hacían sin descanso, dejando de comer, de moverse o de relacionarse.

Más tarde, se trasladaron estos estudios a humanos y ocurrió algo similar. El caso B-19 es de los más famosos por la transgresión de los límites éticos. A este joven de veinticuatro años se le implantaron electrodos en nueve zonas cerebrales relacionadas con el placer con el fin de cambiar su orientación sexual. Para ello, se le permitía activar la estimulación pulsando un botón mientras veía pornografía heterosexual. No se consiguió ningún cambio, por supuesto. Pero sí una consecuencia terrible: B-19 vivía para pulsar el botón.

En ambos estudios se estimulaban lo que por aquel entonces se llamaban «centros del placer», pero en realidad, se estaba activando otro circuito: el de recompensa, vinculado a su búsqueda. Y es en la palabra «búsqueda» donde está el matiz que en los siguientes años lo cambió todo.

El circuito del deseo: la base del querer

La búsqueda del placer (es decir, querer o desear) cumple **dos funciones** clave para la supervivencia:

- **Nos moviliza.** Nos empuja a actuar para obtener lo que asociamos con seguridad, alivio o bienestar.
- Nos ayuda a **aprender con mayor rapidez** lo placentero, por su asociación con la supervivencia. Por ejemplo, si un antepasado encontraba una cueva donde refugiarse del frío, era muy probable que recordase el camino hacia ella.

Estas funciones tienen su base neural en el **circuito de recompensa** que está regulado principalmente por **la dopamina**, un mensajero neuronal que nos dice: «muévete»; como si fuese un semáforo en verde hacia la relevancia **que viaja por dos rutas representadas en la imagen de la página 152**.

Así, cuando detectamos algo que anticipamos como placentero, el cerebro libera dopamina que recorre este circuito en búsqueda del premio. Pero cuidado: **esa liberación no es el placer; es su promesa**.

Para demostrar esta separación de términos, tuvieron que pasar varias décadas. Y fue en 2009 cuando la neurociencia, de la mano

La doble ruta del circuito del deseo

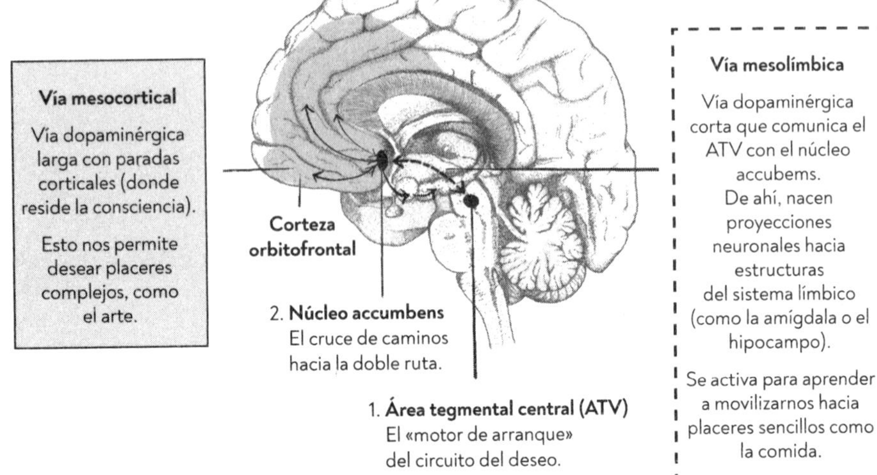

de Kringelbach y Berridge, lo señaló con claridad: «querer» (el deseo) no es lo mismo que «gustar» (el placer). Es decir, la diferencia que experimentas entre pensar en el chapuzón que quieres darte al llegar al río un día de calor infernal, el frío que sientes en el proceso de zambullido y el gustito cuando por fin te tumbas en la toalla, también ocurre a nivel neural.

Para comprobarlo, estos investigadores realizaron dos estudios. En el primero, trabajaron con ratas modificadas genéticamente para que no pudiesen eliminar el exceso de dopamina una vez liberada, de modo que esta se acumulaba en su cerebro y las empujaba a correr hacia los dulces. Pero, cuando por fin los recibían, los disfrutaban menos que las ratas no modificadas. Es decir: había más deseo que placer. En el segundo estudio, a otro grupo se le eliminó por completo la dopamina y, como era de esperar, no se acercaban al alimento por iniciativa propia. Pero, si los investigadores colocaban el dulce directamente en su boca, se relamían. Es decir: experimentaban placer sin desearlo.

Así, se demostró que podemos desear sin satisfacernos y disfrutar sin anhelar. Un ejemplo muy mundano para aterrizar estos resultados son esas chucherías que de niños nos hacían salivar solo con ver el envoltorio. ¿Recuerdas los Kinder Bueno? ¿A que sabían a gloria? Pero si ahora, después de reactivar ese deseo (sí, lo he hecho a propósito), decides comprarte uno... es probable que no sepa igual de lo que esperas. El deseo está. El placer, quizá no tanto.

Por eso, cada vez que leas que la dopamina es la «molécula del placer», entrecierra los ojos porque es una simplificación peligrosa. Si creemos que cuanto más deseamos, más disfrutamos, nos convertimos en rehenes de la búsqueda. Y muchas veces, esa búsqueda no nos lleva al disfrute, sino a la frustración: la sensación de haberlo conseguido, pero no haberlo saboreado. De que no es suficiente. ¿Te suena? A mí, por desgracia, demasiado. Empezando por cada Kinder Bueno que compro con ilusión... y terminando por la carrera de hábitos perfectos en la que nunca llego a la meta.

Entonces, si la dopamina no basta, y si desear no es lo mismo que disfrutar... **¿qué es, realmente, el placer?**

Hablemos del *ānanda*

Sé lo que te estás preguntando: ¿qué es el *ānanda*?

Descubrí este término en mi viaje a India.

Eran las siete menos cinco de la tarde cuando el sonido de una campana rompió el murmullo de la selva del Himalaya. Fui a la habitación de mi madre y mi hermana para ir juntas caminando en dirección al sonido. Tras un trayecto de cinco minutos, llegamos a una pequeña cabaña de la que salía una luz cálida y olor a humo. Entramos como antropólogas infiltradas: con los ojos bien abiertos, los oídos atentos y los juicios en pausa. Empezaba la ceremonia.

Dentro, varios monjes cantaban mientras ofrecían agua, comida y flores a un altar. Nosotras observábamos en silencio. Realmente, no sabía qué hacía allí; y, conforme se fue apagando la sorpresa inicial, empezó a crecer la incomodidad: la del cojín placebo sobre el que estaba sentada (que no evitaba que se me durmieran los pies), la del aire cada vez más caliente por la hoguera del centro de la habitación, y la de sentirme una intrusa atea que se había colado.

Tras revolverme durante varios minutos que parecieron eternos, recordé que uno de mis mayores placeres es precisamente ese: no saber. No saber me devuelve la capacidad de observar como cuando era niña, sin exigirle a la experiencia que cumpla con una expectativa concreta. Y estaba en el lugar perfecto para hacerlo.

Suspiré y dejé de pelearme con la postura (que quién sabía cuánto tiempo más tendría que sostener), acepté la ducha que me esperaba al salir de allí y me dispuse a simplemente estar. Así, poco a poco, pude prestar atención a la música. Noté una repetición. Tres sílabas se deslizaban una y otra vez: *Ā–NAN–DA*.

Ya finalizada la ceremonia, le pregunté a uno de los monjes qué significaba: *ānanda* es ahora. Soy yo, y tú, y también es el mundo. Todo es *ānanda* si queremos que lo sea —respondió.

Ante esa explicación, me quedé un poco igual que al principio. Asentí, sonreí y me dirigí a mi habitación. Nada más llegar, abrí el portátil. Descubrí que, en los *Vedas*, los textos más antiguos del hinduismo, *ānanda* aparece como una de las cualidades esenciales del ser: existencia (*sat*), consciencia (*chit*) y dicha (*ānanda*).

No dicha como algo eufórico, más bien como una forma de estar en el mundo sin necesidad de motivo.

Una vez finalizado el viaje, en mi país, me zambullí de nuevo en la rutina y, poco a poco, me fui olvidando del *ānanda* y de su significado. No imaginaba que volvería a cruzármelo tiempo después, y mucho menos que sería en los libros de neurociencia.

Así, pasaron los meses entre sesiones, cursos y lectura de libros y estudios para escribir estas páginas. De todas las búsquedas bibliográficas que he hecho en este proyecto, la que más he disfrutado ha sido, sin duda, la del placer. Tras conocer que querer no es gustar, la siguiente pregunta era obvia: **¿qué ocurre en nuestro cerebro cuando saboreamos algo en el presente?**

Los estudios indican que el placer no se localiza en un único punto en el cerebro, sino que emerge de la actividad de una red neuronal: los **centros hedónicos**.

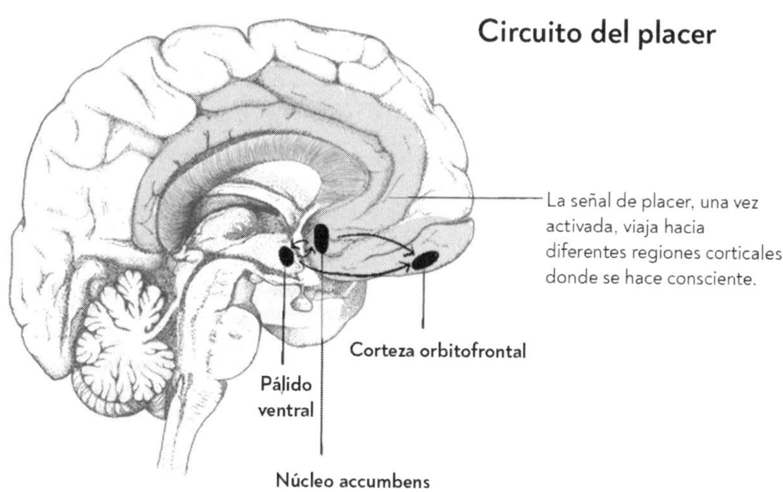

FUENTE: adaptada de Kringelbach, M. L., & Berridge, K. C. (2012). «La mente alegre: una mejor comprensión del modo en que el cerebro genera placer podría mejorar los tratamientos contra la adicción y la depresión, e incluso crear una nueva ciencia de la felicidad». *Investigación y ciencia*, (433), 72-77.

Cuando estas zonas se activan en sincronía, producen esa sensación cálida y expansiva que todos reconocemos fácilmente como disfrute.

Curiosamente, podemos observar que muchas de estas zonas también participan en el circuito del deseo (imagen anterior). Sin embargo, cuando se activan por placer, lo hacen en el momento concreto en el que vives la experiencia (no antes) y, además, responden a neurotransmisores diferentes a la dopamina. Y fue precisamente al leer el nombre de uno de esos mensajeros cuando me detuve en seco: anandamida. **Sí, ānanda-mida.** Me sorprendió que una sola palabra pudiera tender un puente tan elegante entre dos mundos que solemos colocar en extremos opuestos: la religión y la ciencia. Este neurotransmisor fue nombrado así por su descubridor, Raphael Mechoulam, en referencia directa a la palabra sánscrita para recordarnos que solo aparece ante aquel placer sereno que requiere presencia.

Además de la anandamida, otras de las moléculas implicadas en el placer son las encefalinas, las endorfinas y la orexina. Todas ellas actúan en distintos centros hedónicos del cerebro durante las experiencias placenteras para que busquemos repetirlas en el futuro. Las encefalinas, por ejemplo, se vinculan al disfrute sensorial y al alivio del dolor; las endorfinas regulan el bienestar tras el ejercicio o el contacto social; y la orexina se relaciona con el placer ante una motivación.

Cada una tiene su particularidad, pero comparten algo en común. **Nos recuerdan que el placer está en el ahora**; en una caricia, una taza caliente o en un paseo.

El silencio de la alarma

Así, además de ser brújula, el placer es sinónimo de presente, no vive en otro tiempo verbal. Y ese matiz hace que pueda influir en cómo experimentamos otras emociones.

En 2002, Hiroyuki Oya y su equipo estudiaron la actividad eléctrica de la amígdala mientras las personas observaban imágenes con diferentes cargas emocionales. Y encontraron lo siguiente: ante estímulos visuales desagradables, la amígdala mostraba una activación clara y sostenida, alertándonos de esa amenaza; frente a los neutros, se mostraba indiferente, con una actividad errática. Pero lo más sorprendente fue que, ante estímulos placenteros, no se producía ninguna activación.

De repente, había silencio.
La amígdala mostraba un mutismo selectivo.

¿Qué implica esto? Que en un mundo en el que muchos vivimos con la amígdala en estado de alerta permanente, se abre una ventana para ralentizar el bucle de estrés: el placer genuino parece ser más eficaz que la calma para silenciar esa hiperactivación emocional. Por ello, cuando disfrutamos de una obra de arte o se nos eriza la piel con una canción, se disuelve la necesidad corporal de estar en guardia. **El placer baja el ritmo de forma inmediata**, anclándonos al presente como un freno de mano.

Sabiendo esto, pienso que cada vez que mi abuelo paseaba por la finca observando los árboles, repasaba con cuidado los trazos en su libro de cuentas, o entonaba esa dichosa canción de siempre, su amígdala probablemente estaba en silencio. Un silencio que no era vacío, sino que le hacía espacio, el que le permitía simplemente estar. Quizá por eso, cada vez que lo veíamos enfrascado en sus quehaceres, se nos escapaba, con ternura y una pizca de envidia, la misma frase: «Yo también quiero vivir una vida de vocación contemplativa».

Así que, ahora sí, te pregunto…

¿Disfrutas en tu día a día?

Llegados a este punto, seguro que ya entiendes por qué digo que el placer es el norte de nuestra brújula: nos orienta hacia lo relevante. Y lo relevante se registra. Y lo que se registra, tendemos a repetirlo.

Esto, cuando hablamos de hábitos, es clave. Debajo de la consolidación de cada hábito (ya sea el café de la mañana o la rutina de lectura antes de dormir) hay un proceso de aprendizaje.

Y ese aprendizaje está profundamente influido por lo relevante. Es decir: por el placer.

Nuestro sistema nervioso tiene la capacidad de aprender en todo momento gracias a su plasticidad: esa habilidad para cambiar y adaptarse, modificando conexiones existentes o creando nuevas. Cada vez que aprendemos algo, se forma una conexión entre un grupo de neuronas: una especie de camino. Ese camino estará más o menos pavimentado según cuántas veces lo recorramos. Y, **si una conducta nos ha generado placer, es probable que el cerebro active de forma preferente esa ruta**. Veamos cómo:

1. **Todo puede empezar con un recuerdo:** me siento agobiada y recuerdo que hace unos días di un paseo que me relajó.
2. **Se activa el deseo** cuando la dopamina señala la promesa de recompensa: relajación.
3. **Nos movilizamos:** nos ponemos las botas y, aunque esté lloviendo, salimos.
4. Mientras caminamos, **atendemos a cosas que antes no llegaban a nuestra consciencia**: el sonido del río, oler el petricor, el frío en la cara... Y empezamos a segregar anandamida y otras moléculas del placer. Progresivamente, la amígdala se silencia, llevando al cuerpo a un estado de calma.
5. **Hemos obtenido la recompensa**, así que se libera dopamina de nuevo al haber acertado en nuestra predicción. La consecuencia es que la ruta neuronal se refuerza y, por ende, **el aprendizaje se consolida**.
6. Con cada repetición de esta conducta (paseo) y este refuerzo (calma), el camino neuronal va pasando **de sendero de tierra a autopista**. Hasta que, finalmente, llegue un punto en el que lo que empezó como una decisión consciente, se automatiza.

Estas son las cartas que tenemos en nuestra mano. Ahora que las conoces, debes tener en cuenta **dos normas para jugar una buena partida**:

- Este mecanismo **no discrimina**. Funciona igual si lo que nos calma es un paseo o un porro.
- **El cuerpo siempre priorizará lo que alivia primero.** Cuanto más inmediata es la gratificación, más fácil es que

ese sendero se convierta en autopista. Por eso, en el terreno de los hábitos **si la conducta deseada es placentera en sí misma y no una promesa futura, tiene muchas más probabilidades de repetirse y, por lo tanto, de consolidarse.** Así, aunque haya días en los que te cueste ir a esa clase de baile, si una vez allí aparece el disfrute, la conducta se refuerza. En cambio, si sales a correr y lo odias, lo más probable es que, mientras trotas, solo pienses: «¿quién me mandaría hacer esto?». Y, aunque al llegar a casa pienses «Qué bien me sentó, mañana repito», cuando llegue el momento, la aversión a la propia conducta hará que sea mucho menos probable que lo hagas.

Además, por esta misma priorización del alivio inmediato, nuestro cerebro es vulnerable a los atajos, como al efecto que generan ciertas sustancias al abrir la puerta a un placer tan rápido e intenso que altera el sistema (como les pasó a aquellas pobres ratas obsesionadas con la palanca).

Así que, conociendo las cartas y las normas del juego, la jugada más inteligente es una que use el cuerpo a nuestro favor.

Por lo tanto, utilizar el placer que nace de las experiencias del ahora (el que se vive, no el que se promete), lejos de ser peligroso, es precisamente lo que permite que una conducta se sostenga por el hecho de habitarla, sin convertirnos en rehenes de su expectativa.

Teniendo esto en cuenta, **ahora te toca a ti**. Vamos a revisar tus hábitos desde el pilar del disfrute, para ver si estás usando el cuerpo a tu favor o si llevas tiempo remando a contracorriente.

EJERCICIO

Volver a la brújula

CUARTO PILAR. **Habitar el placer**

Ahora que ya hemos explorado cómo se construyen los hábitos y qué papel juega el placer en su consolidación, te propongo una mirada más íntima: no sobre lo que haces, sino sobre cómo lo vives. Este ejercicio es para **preguntarte si lo que ya haces te gusta**.

Como hasta ahora: busca un momento sin prisa. Un entorno tranquilo. Tu libreta, tu bolígrafo y tu vela.

PRÁCTICA

PASO 1. **Memorándum del placer**

En los últimos siete días. **¿En qué momentos sentiste placer?**

No tiene que ser algo grande: una conversación bonita, el primer sorbo de café matutino, una canción, el sol en la piel... Anota al menos siete momentos.

Si no los recuerdas, no pasa nada, puedes hacer el ejercicio a la inversa: en los siguientes siete días apunta siete cosas que te hacen disfrutar.

PASO 2. **Nombrar lo corporal**

Elige uno de esos momentos y describe cómo te sentiste:

- ¿Sentiste un calor suave en el pecho?
- ¿Un aumento de energía o ganas de compartirlo con alguien?
- Con esta sensación en la mente...

PASO 3. **Vuelve a tu lista de hábitos**

Recupera la lista de acciones diarias que ya habías escrito en el ejercicio del pilar 1 (en las páginas 90-92).

PASO 4. **Siente, no pienses**

Lee cada una de las actividades y marca con un símbolo especial (una estrella, un color...) aquellas que, cuando las haces, te generan placer y no promesa de placer. Da igual si consideras la actividad buena o mala, solo quiero que tomes consciencia del placer real que tienes en tu día a día. Además, ten en cuenta que puede haber actividades que te generen sensaciones contradictorias (por ejemplo, que sientas placer por ver una serie, pero también culpa).

¿Cuánto placer hay en lo que ya haces día a día?

Observa las respuestas, pero no te juzgues. Recuerda que no todo tiene que ser placentero para ser valioso. Si en tu lista hay pocas actividades placenteras, apunta esta necesidad. Ahora eres consciente y esta información es muy útil para hacer la última parte del ejercicio **«Volver a la brújula»**, donde aunamos lo trabajado en los cuatro pilares.

ANTES DE CONTINUAR...

EJERCICIO

Volver a la brújula: integrar lo recorrido

Ya has caminado a través de los cuatro pilares que sostienen tu brújula:

- la **sencillez** que despeja,
- el **cuerpo** que avisa,
- la **coherencia** que sostiene,
- y el **placer** que orienta.

Ahora te invito a mirarlos en conjunto y aplicarlos en tu día a día.

PRÁCTICA

Recupera tu lista de hábitos actuales y revísala desde estas tres lentes:

- Tu estado emocional.
- Tus seis valores actuales.
- El placer.

1. **¿Mantendrías algo que habías rechazado al principio?** Vuelve a observar esas actividades que descartaste. Pregúntate si, con lo que sabes ahora de ti, tiene sentido mantenerlas o descartarlas (ve una por una):

- ¿Esa actividad está ahí para atender una emoción presente? Por ejemplo, si últimamente te acompaña la tristeza, ¿te permite ese descanso real que estás rechazando por culpabilidad? ¿Es un momento de conexión con tu círculo cercano? ¿Es una actividad a priori improductiva, pero que se siente como un abrazo?
- ¿Esa actividad está regando alguno de tus valores? Imagina que uno de tus valores centrales es la independencia y que ahora mismo estás trabajando mucho porque necesitas ahorrar. Puede que te culpes por quedar menos con tus amistades. Pero ¿y si esa ausencia no es caos, sino decisión? ¿Cómo podrías sentirte en equilibrio con los valores de independencia y amistad?
- ¿Y qué hay del placer? Ya contaste los momentos placenteros de tu semana. Ahora, mira de nuevo tu rutina: ¿hay alguna actividad neutra que podrías llevar a cabo de otra manera para hacerla más placentera? A veces no se trata de cambiar lo que haces, sino cómo lo haces.

Si al revisar tu rutina encuentras...

- Una actividad que no atiende a una necesidad emocional ni es coherente con tus valores, y que, además, te genera rechazo persistente: **nomínala para su expulsión.**

- Una actividad que no molesta, pero tampoco aporta: **identifícala como prescindible.** No todo lo neutro debe desaparecer, pero es útil saber qué no nutre.

2. **¿Qué priorizarías para incluir en tu lista de rutina deseada?** Ahora que has revisado tu rutina actual con unas gafas graduadas para observar tu estado emocional, tus valores presentes y tu norte placentero; es el momento de volver a mirar la lista de lo que deseas introducir. Y sí, cuidado, porque es la lista de lo que deseas y, por lo tanto, debemos tener en cuenta las expectativas de placer para no ser rehenes de ellas.

   Ten en cuenta que no se trata de hacerlo todo de golpe. Se trata de priorizar desde lo que hoy te resulta necesario, significativo y placentero. **Pregúntate:**

   - ¿Qué hábito de esa lista podría ayudarte a sostener una emoción que necesita cuidado?
   - ¿Cuál riega alguno de tus valores actuales que no está siendo atendido?
   - De los seleccionados, ¿cómo podrías hacerlo de manera placentera?

Y lo más importante:

- ¿Tengo espacio y energía para sostenerlo? Recuerda la regla: «antes de introducir algo en tu rutina, debes eliminar otra cosa».

- ¿Puedo asumir el cambio? Todos los cambios conllevan un peaje (miedo, esfuerzo, inseguridad, vulnerabilidad...) y hay que tenerlo en cuenta.

Con todo esto en mente, en la siguiente parte del libro vamos a empezar a aterrizar. Vamos a bajar de los pilares al suelo: a conductas que pueden ayudarte a acercarte a las necesidades que has detectado.

Con este fin, vamos a hablar de **cinco espacios posibles para cultivar hábitos**:

- Silencio
- Regulación emocional
- Sueño
- Alimentación
- Movimiento

Mi papel, en las siguientes páginas, será ofrecerte algunas ideas sobre cómo podemos cuidar estas necesidades vitales de forma amable, sin que se conviertan en un trabajo más. Sin exigencias, sin planes perfectos. Solo propuestas posibles.

El tuyo será escucharte y elegir con honestidad. Porque, aunque no hay fórmulas universales, sí que hay caminos propios cuando inviertes tiempo en buscarlos.

Así, teniendo en cuenta lo que las preguntas anteriores te han mostrado y que debemos cambiar poco a poco (recuerda el peaje); te invito a detenerte un momento...

Observa qué necesidad se dibuja con claridad y **pregúntate**:

¿Cómo puedo empezar a atenderla de forma realista con mi contexto, siendo sensible a mi estado, en coherencia con lo que para mí es importante y con disfrute?

Para acompañarte en esta respuesta, **voy a proponerte un «cómo»**. Y, tal vez, no haga falta cambiar tanto como te imaginas.

TERCERA PARTE

Vivir de manera sencilla, conectada, coherente y placentera

8

EL SILENCIO

> El buey no está lejos. ¿por qué buscarlo?
> Si no sientes su presencia es porque te has apartado de ti mismo.
> Cegado por el mal uso de tus sentidos,
> has perdido tu morada y te alejas por caminos inciertos.
>
> KAKUAN SHIEN, *La doma del buey: Las diez etapas del despertar*, Miraguano, 2003

Desde pequeña, he buscado la tranquilidad en el silencio y en la soledad, antes incluso de saber qué significaban esas palabras.

Pasaba las tardes, sentada bajo un árbol en mi mantita, jugando con una pinza de madera para tender la ropa, mientras mis abuelos trabajaban en el campo. Así gastaba las horas, con la serenidad de quien sabe que, para ocupar el tiempo, basta con un rincón e imaginación. **Esa capacidad de presencia y convivencia con uno mismo es innata.** Todos la tuvimos, pero, en algún momento, puede que dejásemos de usarla.

Ahora, me la recuerdan los más pequeños. Sin ir más lejos, esta misma tarde paseando por el parque cerca de casa, una niña dibujaba con una concentración envidiable y un rotulador permanente quimeras mitológicas sobre el suelo. A unos metros, su madre, enfrascada en una conversación con una vecina, la observaba de reojo… hasta que se levantó, escandalizada, al ver la nueva decoración urbanística: un fresco de un híbrido entre hipopótamo, unicornio y hada. La niña estaba en el aquí y ahora; la madre, en las posibles consecuencias.

Seguí mi camino con una pizca de envidia. ¿Dónde estaba yo? Aunque hoy sigo disfrutando de pequeños oasis en mi rutina, hace mucho que no dispongo de tardes enteras conmigo misma, sin un quehacer pendiente. De hecho, me di cuenta hace poco de que llevaba años sin regalarme una pausa privada de más de un fin de semana. Y, el día antes de subirme a la autocaravana para irme a mi pequeño retiro, cruzó por mi mente un pensamiento que me incomodó: **«¿y si me aburro o me agobio?»**.

Esa sensación encendió todas mis alarmas. ¿En qué momento había dejado de confiar en mi propia compañía? Con esta toma de consciencia, irme se volvió urgente, porque, más allá de buscar equilibrio, necesitaba recordarme que seguía cayéndome bien.

Pero mi caso no es aislado. Evitar momentos de soledad parece ser más común de lo que nos gustaría reconocer. Así quedó reflejado en 2014, cuando Timothy D. Wilson y su equipo publicaron un estudio en la revista *Science* donde se les pedía a los participantes que pasaran seis minutos solos en una habitación sin distracciones (primero en las aulas de la universidad y después en su casa). La mayoría describieron ambas experiencias como desagradables.

Pero lo más llamativo vino después: en una segunda fase del estudio, se ofrecía la posibilidad de autoadministrarse una descarga eléctrica previamente calificada como molesta para evitar quedarse a solas. **El 67 % de los hombres y el 25 % de las mujeres eligieron recibirla antes que enfrentarse al silencio durante quince minutos.** Los autores no ofrecieron una explicación concluyente sobre esta diferencia entre sexos, aunque apuntaron a la influencia de factores como la tolerancia al aburrimiento, la impulsividad o la búsqueda de sensaciones, todos ellos aún tristemente modelados por una educación diferencial.

Cuando leí estos resultados, me surgió inevitablemente otra pregunta: ¿será aún mayor esta tendencia en las nuevas generaciones, para quienes el aburrimiento ha sido expulsado del día a día?

Supongo que, si nada cambia, en unos años lo sabremos.

Volviendo al presente, lo paradójico es que este rechazo generalizado al silencio y a la intimidad choca con otro fenómeno: **vivimos en una época en la que sentimos más soledad que nunca**.

En España, en 2024, una de cada cinco personas sufría soledad no deseada. Y no era algo puntual: dos de cada tres personas llevaban así más de dos años. Este aislamiento es más frecuente entre los más jóvenes, y está estrechamente relacionado con el uso de las tecnologías. En este sentido, la prevalencia de la soledad es aproximadamente el doble entre quienes mantienen sus vínculos principales *online*. Sin embargo, a nivel individual muchas personas no perciben que las redes sociales estén aumentando su soledad.

Así, cuando observamos todo en conjunto, comprendemos mejor el rechazo a estar solos: **nos protegemos bajo la ilusión de una falsa percepción de pertenencia, pero verdaderamente nos sentimos aislados** y tememos enfrentarnos a esta realidad.

Traigo esto a colación porque, cuando recuerdo la soledad disfrutada en mi niñez, lo cierto es que estoy hablando de **solitud**: una pausa fértil que **nos conecta con lo profundo**. Esta pausa escogida es saludable, ya que nos permite mantener una vida conectada con el presente y en coherencia con lo que necesitamos.

Y es importante matizar esta diferencia para no romantizar la soledad: cuando es impuesta, duele.

En este sentido, numerosos estudios han demostrado su impacto sobre la salud física y mental: mayor riesgo de enfermedades cardiovasculares, deterioro cognitivo, depresión e incluso muerte prematura. En 2023, el Ministerio de Sanidad la reconoció como un factor de riesgo equiparable al tabaquismo o al sedentarismo. Con este impacto en la salud, **resulta preocupante que hablemos tan poco de ella y que todavía se la juzgue** como si «estar solo» fuese una señal de fracaso personal. Como si no tuviera nada que ver con cómo organizamos la vida, las jornadas laborales o la ciudad. Como si la red de afectos fuese un mérito individual y no una responsabilidad comunitaria.

Cuando tomemos conciencia de su alcance y de lo profundas que son sus raíces en nuestro modelo social, podremos empezar a afrontarla, porque esto impacta directamente en la posibilidad de solitud.

¿Cómo vamos a buscar silencio y placer en la soledad si lo que necesitamos desesperadamente es el vínculo?

Solo cuando tenemos a dónde volver, es más amable habitar la soledad.

No, el silencio no está sobrevalorado.

Cuando aterrizas en Delhi, lo primero que te sorprende es que todo es demasiado: demasiado calor, demasiada gente, demasiada humedad, demasiados olores y, sobre todo, demasiado ruido.

Al segundo día en la caótica ciudad, sentada en una miniterraza con vistas a un cruce de caminos sin asfaltar, con la banda sonora constante del tráfico, los pies llenos de tierra y un té chai entre las manos, solo podía pensar: **no me extraña que necesiten meditar para compensar.**

Una amiga ya nos había recomendado que, en nuestra primera visita a India, una estancia breve en Delhi era la mejor elección. Ahora entendía por qué. Nunca pensé que todo mi cuerpo me gritaría así la necesidad de silencio en tan solo 48 horas.

Es normal que, mientras sobrevives al choque cultural, tu cuerpo esté en alerta. Es el estrés (nuestro Snape particular) ayudándonos a adaptarnos lo más rápido y eficientemente posible a la nueva situación. Pero eso tiene un coste: **consume muchísima energía**. Cuando estás de viaje, este sobreesfuerzo es tan evidente, tan físico, que lo notas enseguida: al cabo de unos días, el cuerpo empieza a pedirte pausa y silencio.

De lo que no somos conscientes es que la necesidad de silencio también está presente en nuestro día a día. Y vivimos ignorándola.

El ritmo de vida fruto del culto a la productividad nos lleva a funcionar apagando incendios y banalizando sus efectos en nuestra salud, argumentando que es la única manera de vivir o, mejor dicho, sobrevivir. Sin embargo, en el fondo, sabemos que este ritmo tiene una consecuencia: hace que entremos en un estado mental que comúnmente llamamos **«piloto automático»**.

Cuando la situación es predecible, aunque sea estresante, no requiere de un estado de vigilancia sobre ella, por lo que nuestro sistema nervioso entra en un estado de funcionamiento que experimentamos como una ensoñación. Durante este estado, la mente divaga. Al no requerírsele presencia en el ahora, sin que seas consciente, analiza el pasado, intenta predecir lo que vendrá y se pone metas.

Así, en esas rutas en coche en las que, no sabes muy bien cómo has llegado a tu destino sin recordar el trayecto; en las salas de espera cuando tienes la cabeza en las nubes; en la oficina donde saltas de una tarea rutinaria a la siguiente o en la ducha mientras te enjabonas el pelo, **tu cerebro entra en uno de sus dos modos de consciencia** que, según la Teoría de la Información Integrada del psiquiatra y neurocientífico Giulio Tononi, llamaríamos el **modo hacer**.

En este modo de consciencia adormilada, nuestro cerebro, lejos de mantenerse inactivo o errático, muestra una actividad sorprendentemente organizada. Esta idea, que hoy nos resulta casi evidente, no siempre fue así. Durante años, los estudios de neuroimagen partían de que el cerebro «en reposo» se activaba de manera aleatoria, una especie de ruido del que restar la activación que siempre interesó estudiar: la dirigida a una tarea (por ejemplo, ¿qué hace nuestro cerebro cuando atendemos o cuando recordamos?).

Sin embargo, en los años noventa, el neurocientífico Marcus Raichle y su equipo empezaron a sospechar de esta lógica, al observar la actividad cerebral de las personas antes de iniciar una tarea cognitiva. En sus investigaciones, encontraron que la activación no era aleatoria; al contrario: era estable, coherente y compartida. Lo que hasta entonces se había tratado como **«ruido de fondo» resultó ser una red funcional con vida propia**.

Así nació el concepto de **red neuronal por defecto**: un conjunto de regiones que se activan cuando sentimos que no estamos haciendo nada, pero, al parecer estamos haciendo mucho. Lejos de representar un descanso cerebral, este modo de activación revela un funcionamiento intenso principalmente en la corteza frontomedial, el giro cingulado posterior, el precúneo y el lóbulo parietal inferior, entre otras áreas.

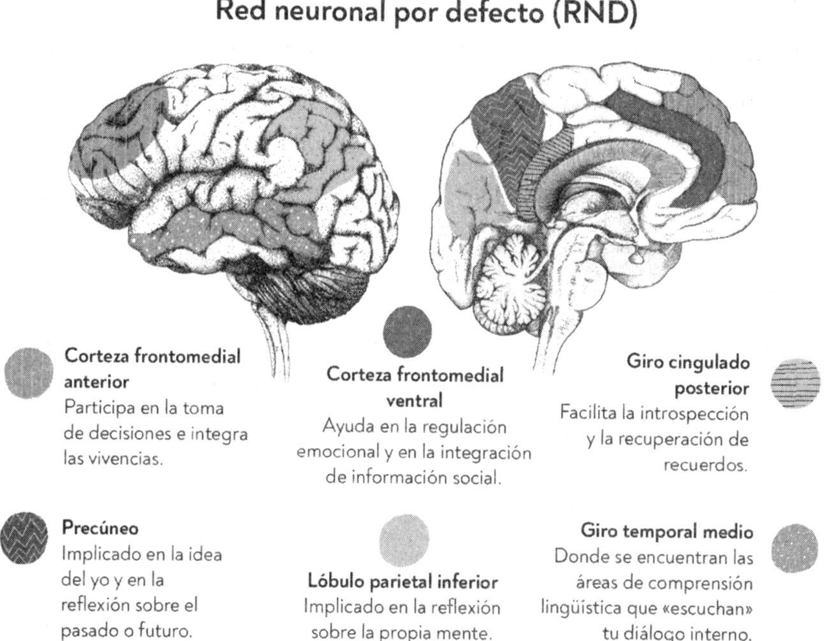

FUENTE: datos extraídos de Azarias, F. R., Almeida, G. H. D. R., de Melo, L. F., Rici, R. E. G., & Maria, D. A. (2025). «The Journey of the Default Mode Network: Development, Function, and Impact on Mental Health». *Biology*, 14(4), 395.

Durante este estado, gran parte de la actividad cerebral procesa información interna: por ejemplo, la regulación automática de la respiración o el ritmo cardiaco. Además, se activan áreas responsables de funciones cognitivas superiores, especialmente aquellas relacionadas con el lenguaje y, en concreto, con la escucha.

Pero… **¿de qué nos hablamos?** Moshe Bar, un neurocientífico que lleva años estudiando la divagación mental, sugiere que este diálogo interno tiene dos temas: «quién soy» (contribuyendo al desarrollo del sentido de identidad) y «qué piensan los demás de mí» (ayudándonos a crear y mantener vínculos).

Seguro que piensas que la voz en nuestra cabeza es bastante egocéntrica. Es cierto, pero diré en su defensa que te permite evaluar lo que está pasando, teniendo en cuenta el pasado y anticipando posibles futuros, en una red de asociaciones muy compleja.

Entonces, si es tan útil... **¿por qué es mayoritariamente inconsciente?**

Aunque esto sigue siendo un misterio, sí que intuimos cuál puede ser su función para haber sobrevivido a la evolución. Porque, aunque este «modo pitoniso» cerebral consume mucha energía, todo apunta a que nos **ayuda a sobrevivir**: nos permite conectar ideas que no parecen relacionadas, anticipar riesgos, mantener el equilibrio social y decidir más rápido si vivimos situaciones previstas.

Otra cosa, y de ahí la mala fama de este diálogo interno, es cuando vivimos demasiado tiempo en él.

Ahí es donde puede volverse en nuestra contra, ya que entramos en bucles de pensamientos que nos bloquean y en anticipaciones que alimentan inseguridades. En psicología este tipo de divagación se llama **rumiación**. La rumia nos saca del presente, y, cuando no estamos en el ahora, dejamos de percibir la realidad tal como es, fiándonos más de nuestras adivinaciones que de lo que está ocurriendo. Así, terminamos juzgando mal al nuevo compañero de trabajo porque nos recuerda a nuestro ex o evitando el gimnasio porque creemos que los demás van a pensar que hacemos el ridículo.

Finalmente, varios estudios han señalado que este modo de hacer también favorece la creatividad, ya que **cuando divagamos**, liberado del marco inmutable del presente, **el cerebro explora**: juega con ideas, mezcla conceptos y ensaya combinaciones improbables. Sin ir más lejos, las mejores ideas de este libro las concebí en la ducha, regando mis plantas o paseando por el río.

Con todo esto en mente, espero que entiendas por qué cuando estás en piloto automático tu cerebro realiza funciones que, si no exceden un límite de tiempo, te benefician, ya que favorecen ese diálogo interno que, en parte, hace que tú seas tú, y también promueven tu creatividad para ayudarte en la resolución de problemas. Por eso existe.

Pero recordemos que, según la Teoría de la Información Integrada, había otro modo cerebral: **el modo ser**.

Si el modo hacer nos permite viajar (y asociar) pasado y futuro, el modo ser **nos ancla al presente**, y al hacerlo alcanzamos el ansiado mutismo del diálogo interno. Así, este modo se caracteriza por la ausencia de un objetivo, no hay una meta, solo quedarnos donde estamos.

Para alcanzar este estado cerebral, debemos **hacer uso de una función básica** de nuestro cerebro: **la atención**.

Oasis en tu rutina

Llegados a este punto, me gustaría hablaros de Eva, una paciente que si tuviera que describir con un solo término sería: *superwoman*. Esta palabra incluye el pack completo: supermamá, superjefa, superpareja, superhija, superamiga... Y, aunque no me gusta usarlo, porque creo que es un término que condensa unas expectativas que nos enjaulan, creo que es muy visual. La violencia de esta trampa disfrazada de elogio es que **todo es «súper» menos cuando la receptora del cuidado es una misma**.

Eva acudió a terapia porque su cuerpo, que llevaba años silenciado, empezó a gritar. En su caso, el grito fueron dolores difusos y cambiantes que minaban su energía y su estado de ánimo.

Tras varias sesiones, observé que no tenía problema en iniciar tareas (los «deberes» entre sesión y sesión los hacía todos). **Su talón de Aquiles no era el hacer, sino la pausa.** Y, aunque mi yo resolutivo y productivo le recetaría una pauta meditativa de 15 minutos al día, la experiencia en consulta me ha enseñado algo:

Lo sabio no es empezar por las selvas,
sino descubrir los oasis.

Así que trabajamos la inclusión de pequeñas pausas de silencio durante momentos agradables del día. Porque no es que la meditación no funcione (que ya veremos que sí), lo que ocurre es que para alguien que vive sobrecargada, disociada del cuerpo y con una lista mental infinita, pedirle que se siente en silencio consigo misma es como decirle que corra una maratón sin entrenar. Y, para más inri, como ya vimos, puede resultarle menos apetecible que una descarga eléctrica.

Por eso, **lo primero es volver a acostumbrarnos a la pausa** y a la lentitud en momentos que ya son placenteros. Solo unos instantes, para que no parezcan eternos. Instantes donde lo único que tenemos que hacer es atender.

Si no hay atención, no hay modo ser

La atención es una condición necesaria para entrar en este modo cerebral, aunque no toda forma de atención nos lleva hasta ahí.

Cuando hablamos de atención nos referimos a un fenómeno complejo que, en los libros de neurociencia y psicología, suele describirse como **un foco que ilumina lo que**, en ese momento concreto, **tienes en mente**. Pero, en realidad, sus raíces son mucho más profundas.

Para entender la atención, uno de los modelos más influyentes en neurociencia es el de Posner y Petersen, que la divide en tres sistemas: **alerta, orientación y control ejecutivo**.

El primer sistema nos indica que la atención no empieza con la luz, sino con el encendido del sistema: una especie de cuadro eléctrico que activa la posibilidad misma de **estar alerta**. Este interruptor se encuentra en una parte del cerebro encargada de las funciones básicas para la supervivencia: el tronco cerebral. Y dentro de él se aloja en un sistema llamado SARA (Sistema Activador Reticular Ascendente). La neurocientífica y divulgadora Tamara Pazos lo explica con una metáfora muy acertada en su libro *Este libro te hará vivir más (o por lo menos mejor)*: ella compara el SARA con un Siri biológico activo las 24 horas del día que se encarga de mantener nuestro estado de alerta (o *arousal*). Este sistema se va actualizando desde que nacemos, aprendiendo lo que debemos atender (como el sonido de un vaso roto) y lo que podemos ignorar. **Es una inteligencia no artificial que se entrena con la emoción**: lo agradable se aprende para repetirlo; lo desagradable, para evitarlo.

Dentro del SARA destaca la función del *Locus Coeruleus*, que regula la secreción de noradrenalina, el mensajero cerebral que decide si estamos alerta, dispersos o en calma. Y, como todo en biología, **para que funcione bien necesita equilibrio**: si se activa en exceso, nos acelera; si apenas se mueve, nos apaga.

Una vez que el SARA da el pistoletazo de salida, el siguiente paso es **orientar la atención hacia aquello que ha captado nuestro interés**. Esta tarea la ejecutan distintos grupos neuronales encargados de decidir a dónde dirigir la energía atencional, recibiendo tanto estímulos del entorno como peticiones internas. Para ello, el cerebro utiliza **dos sistemas complementarios**:

- **Bottom-up** (de abajo arriba): depende de señales externas que captan nuestra atención sin que lo decidamos: un ruido, un dolor, una notificación del móvil... (Esta ruta neuronal se recoge en el capítulo 5, al hablar de las sensaciones).
- **Top-down** (de arriba abajo): aquí somos nosotros quienes decidimos voluntariamente atender a una tarea, un objeto o una sensación concreta.

Ambos sistemas cooperan... y también compiten. Estás leyendo (*top-down*) y suena el móvil (*bottom-up*): ¿quién gana? Depende. Ahí entra en juego el tercer sistema: **el control ejecutivo**.

En este sistema están implicadas varias áreas de la corteza. La más relevante es la corteza prefrontal (CPF), responsable de tomar decisiones, regular impulsos y planificar acciones. Nos da la capacidad de tener perspectiva temporal para poder analizar las consecuencias a medio o largo plazo.

Otra área implicada en el control ejecutivo es la corteza cingulada anterior (CCA). Esta zona funciona como **un detector de conflictos**, trayendo a la consciencia aquello que identifica como un error. Por eso, cuando hablamos de atención, la CCA es clave para que nos demos cuenta de que nos hemos distraído. Es la voz interna que, en mitad de una lectura o una conversación, dice: «espera... ¿qué decía el párrafo que acabo de leer?».

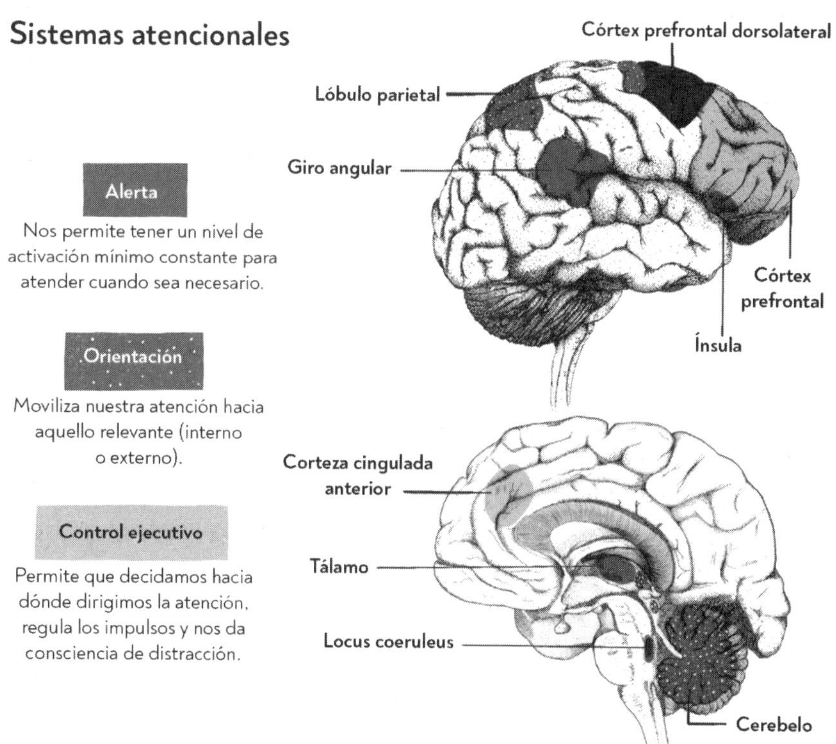

FUENTE: los datos incluidos en esta figura están en KEEHN, B., MÜLLER, R. A., & TOWNSEND, J. (2013). «Atypical attentional networks and the emergence of autism», *Neuroscience & Biobehavioral Reviews*, *37*(2), 164-183.

Una canción atencional

Ahora que ya hemos visto que atender, aunque parezca una función sencilla, moviliza medio cerebro, quiero contarte **qué pasa cuando logramos mantenernos ahí**.

Cuando sostenemos el foco atencional, las neuronas de nuestra CPF y de la CCA se sincronizan. ¿Cómo? Cantando. ¿Recuerdas que en el capítulo 2 hablamos de que las neuronas se comunican a través de ritmos? Pues bien, **cuando atendemos, las neuronas «cantan» en alfa**. Esta melodía neuronal se da cuando disparan impulsos eléctricos entre 8 y 12 veces por segundo. Y, cuando eso ocurre, baja la probabilidad de distracción, como si el cerebro pusiera señales de STOP en los desvíos hacia la dispersión.

Lo interesante es que necesitamos esta frecuencia a lo largo de la vida para estar presentes en lo que hacemos.

Sin embargo, con los años, esta actividad tiende a disminuir, **como si al vivir más, divagáramos más**. Este declive de la capacidad de atención sostenida depende de variables biológicas, pero también contextuales: hoy en día todo va tan rápido que hemos olvidado cómo funcionar atendiendo a una cosa cada vez, y, cuando lo hacemos, nos molesta.

Aunque esto suene preocupante, no debe cundir el pánico. Como hemos dicho anteriormente en estas páginas: el cerebro es plástico. La atención también se entrena. Y por eso es necesario el silencio en nuestra rutina. **Cultivar el modo ser no requiere de misticismo, solo requiere de tiempo y práctica.** Y esta última, ya verás que es más fácil de lo que imaginas.

Si la cabra tira para el monte, ¿la dejamos ir?

Si has llegado hasta aquí seguro que ya intuyes que, si existen dos modos de consciencia (el modo hacer y ser), es porque ambos cumplen una función y lo ideal **no es vivir anclados en uno ni huir del otro, sino que exista un baile entre ambos**, en función de las necesidades internas y del entorno.

Teniendo esto en cuenta, es natural preguntarnos: ¿Cuánto tiempo pasamos en cada uno? ¿Existe un equilibrio ideal?

Aún no lo sabemos todo, pero hay algo que parece claro: como cualquier sistema natural, nuestro cerebro tiende a la entropía, al caos. Caemos en la red por defecto cada cinco segundos. Entonces es normal pensar que si tendemos a estar en esa red... ¿por qué no dejarnos ir?

La respuesta la dio un estudio realizado por Killingsworth y Gilbert en 2010, con más de dos mil personas. En él observaron que pasamos casi el 47 % del tiempo en vigilia pensando en algo distinto a lo que estamos haciendo, es decir, en modo hacer. Y esta inversión de tiempo no es inocua, muy al contrario, tiene un coste emocional: **cuanto más se aleja la mente del presente, menos felices nos sentimos**. Estos datos han abierto dos debates:

- El primero es obvio: **¿estamos demasiado tiempo en esa red?** Algunos estudios sugieren que podríamos obtener los beneficios del modo hacer dedicándole solo el 25 o 30 % de nuestro tiempo.
- El segundo es sobre la libertad. Como los datos de este estudio se recogieron en días laborables, **¿qué ocurriría en un fin de semana?** Los más pesimistas estiman que el porcentaje de tiempo en piloto automático podría ascender al 80 %.

En contraste con el malestar asociado al modo hacer, el estudio también encontró que cuando estamos en modo ser, es decir, **presentes con la atención focalizada, el bienestar aumenta**. Por lo tanto… ¿Cómo podemos promoverlo?

Descifrando el reflejo

El momento en el que más presente he estado en mi vida no fue meditando, sino saltando en paracaídas en Puebla, México. Nada me ha devuelto con tanta violencia al ahora como ese clic mental al ser consciente de la irreversibilidad del salto.

Treinta minutos antes, estaba en el baño, con el estómago revuelto. Ya desesperada, me mojaba la cara en el lavabo como último recurso para calmar el cuerpo, ya que la mente no me lo estaba poniendo fácil: estaba en modo pitoniso y proyectaba un desfile de pensamientos con todas las formas posibles en las que aquello podía salir mal.

Momentos después, arrastrada contra mi voluntad por un consentimiento que había firmado, me disponía a «saltar» (léase como: ser transportada como una mochila por el instructor) desde una avioneta que sobrevolaba el volcán Popocatépetl.

Solo recuerdo que, en medio de un grito, todo empezó a dar vueltas. Durante los primeros segundos, el ruido fue ensordecedor. Tanto dentro (mi mente y mi cuerpo sincronizados como nunca), como fuera (el viento de la caída libre era ensordecedor).

A los pocos segundos, algo dentro de mí se rindió. No al miedo, sino al momento: el cuerpo dejó de resistirse y yo dejé de pensar en los «y si...». Todo se volvió silencio. **Un silencio absoluto.**

No es que se detuviese el mundo. **Es que se detuvo mi narrativa de él.** Dejé de analizar y de anticipar. Solo estaba. Solo era. Solo existía el presente, pero con la tranquilidad absoluta de reconocerlo y aceptarlo como era: con unas vistas impresionantes, en caída libre e innegociable.

Recordando esa sensación de pura aceptación y conexión con el ahora, me pregunto si será lo más parecido que sentiré a lo que se percibe al alcanzar la meta meditativa: esa iluminación encarnada por muy pocos.

La verdad, no lo sé. Lo que sí entiendo es por qué las personas repiten la experiencia: la adrenalina te da un billete de pase preferente al presente, sin rodeos ni esfuerzo, y a tan solo un salto de distancia.

Ante esta revelación, supongo que la pregunta que rondará tu mente será: ¿se puede llevar esta sensación al día a día?

Pero, la pregunta que creo que deberías querer responder es: **¿necesitamos realmente ese nivel iluminación?**

No, no somos monjes budistas, no lo pretendamos

Aun así, sí que somos capaces de **habitar un presente sin tener que compararlo con un recuerdo ni proyectarlo hacia una expectativa**. Esta capacidad de presencia ahora sabemos que a medida que vivimos se va erosionando: por la biología, con la pérdida progresiva de la actividad alfa; por el ritmo de vida, que no deja espacio para la pausa; y, por la soledad no escogida, que nos hace temer los momentos a solas.

En este contexto, a finales de los años setenta, el ya emérito profesor de Medicina en la Universidad de Massachusetts, Jon Kabat-Zinn, desarrolló el programa *Mindfulness-Based Stress Reduction*. Aunque desde los años cincuenta circulaban otras formas de meditación en Estados Unidos, fue con el trabajo de este biólogo cuando se legitimó clínicamente la meditación en occidente: entró en hospitales, se estudió con técnicas de neuroimagen y se prescribió como terapia.

Sin embargo, cuando una herramienta entra en el mercado con tanta rapidez, brillo y ruido, su esencia suele diluirse por el camino. Y la meditación no fue una excepción.

Ha pasado medio siglo de estos acontecimientos, y ahora vivimos bombardeados por las bondades de la meditación de atención plena (*mindfulness*). Así, lo que nació para integrar el conocimiento contemplativo en el ámbito clínico ha sido absorbido (cómo no) por la maquinaria del rendimiento: hoy el *mindfulness* nos acosa con recordatorios de apps que prometen relajarte, se recomienda en empresas para aumentar la productividad y se vende como solución exprés para todo lo que te molesta.

No sé tú, pero a mí me produce cierto hastío cada vez que alguien insinúa que mis problemas se resolverían si meditara una horita de nada al día. El psicólogo y divulgador especializado en neurociencia Nacho Roura resumió este sentimiento generalizado con una frase que me parece brillante: «¿Dónde medito si no tengo piso?». Esta pregunta retórica apunta a lo que huele a chamusquina: **la meditación** se ha convertido en la última arma secreta del negocio del **«si quieres, puedes»**, validando como razonable pedirle a alguien que practique la atención plena cuando no tiene garantizados sus derechos más básicos.

Además de ser peligrosísima, esta manera de entender la meditación (que, si lees entre líneas, te dice que estar mal es un problema de actitud), **anula toda responsabilidad colectiva y**, por ende, **toda posibilidad de cambio estructural**.

Y, por si fuera poco, parte de un error de concepto.

Quien se inicie con este discurso en la práctica de la meditación, lo hace desde una falacia: «Medito para sentirme mejor». La meditación (activar nuestro cerebro en modo ser), por definición, **no puede tener un objetivo**.

Hecho este *disclaimer*, vamos a empezar por el principio, definiendo meditación por lo que no es:

- **Meditar no es dejar la mente en blanco.** Parte de la actividad cerebral se refleja en los pensamientos; esperar que desaparezcan es como pedirle al corazón que deje de latir.
- **Meditar no es mantener una concentración permanente.** La mente tiende a la divagación, y lo va a hacer, con suerte, cada dos minutos.
- **La meditación no es una práctica religiosa.**

Meditar **es un estado de consciencia natural** que puede alcanzar nuestro cerebro, pero que necesita dos condiciones:

- **Atención sostenida** hacia un objeto, una sensación, una idea o un propósito.
- **Aceptación o presencia** sin comparar lo que es, con lo que fue (pasado) ni con lo que podría ser (futuro).

Cuando cumplimos estos dos requisitos, **empieza a sonar la canción atencional en nuestro cerebro**.

Entendiendo meditar de este modo, podemos hacerlo de diferentes maneras. El monje budista medita al alba en posición de loto. El baba hindú medita con cánticos al atardecer en el *aarti*. Mi abuela medita antes de meterse en la cama con su rosario. Mi compañera de trabajo medita levantando pesas durante su *work-out*. Y, mi vecino de dos años medita cada mañana en el césped, cuando su madre le enseña las diferentes texturas de la naturaleza.

Teniendo en cuenta esta heterogeneidad de las prácticas meditativas, podemos clasificarlas en: **meditaciones formales** y **meditaciones informales**.

Las primeras seguro que te suenan, y quizá las vincules con monjes vestidos de naranja (hablaremos de ellas en el siguiente apartado). Pero por ahora, como Eva, vamos a empezar por los **oasis**.

La colada introspectiva

Las **meditaciones informales** se definen como una manera de estar presente durante la ejecución de tareas cotidianas. Para alcanzar el modo ser de esta manera no nos debemos enfocar tanto en *qué* hacemos, sino en *cómo* lo hacemos. Y, en ese «cómo», lo esencial es que se hagan **de forma consciente**: que pongamos atención sin intención de cambiar nada, solo aceptando lo que es.

Así, podemos entrar en este estado regando las plantas mientras observamos cómo la tierra absorbe el agua o comiendo una mandarina percibiendo su olor, sabor y textura.

El efecto de hacer las cosas de otro modo en nuestra salud ha sido estudiado en el laboratorio y la ciencia ha respaldado que no hace falta subir al Tíbet para entrar en el modo ser: podría bastar con fregar los platos. Literalmente. En un estudio publicado en 2015, Hanley y otros colaboradores encontraron que dedicar seis minutos a lavar los platos con atención plena (sintiendo la temperatura del agua, el olor del jabón, la textura de los utensilios...) aumenta el afecto agradable y reduce la sensación de nerviosismo.

Cuando hablo de esto, siempre recuerdo a Hugo, un participante de uno de mis talleres de *mindfulness* y neurociencia del estrés. En una de las sesiones compartió con sus compañeros que lo que más le traía al presente era tender la ropa. Hasta hacía pocas semanas, era una tarea que hacía de manera automática, y que incluso aprovechaba para «hacer otra cosa» como escuchar un pódcast. Ahora, tras tomar conciencia de la importancia de los pequeños oasis en la rutina, describía cómo el sol en la cara, la brisa suave, el tacto frío y húmedo de la ropa y el olor del detergente lo reconfortaban y le ayudaban a bajar revoluciones.

Necesitamos estos oasis.

Y lo cierto es que, cuando no vivíamos en un mundo tan acelerado, ni rodeados de tantos estímulos, era más fácil llegar a ellos sin buscarlos. Ahora, los que tendemos a vivir haciendo malabares con nuestro tiempo, **observar a las personas que se resisten a la multitarea nos ayuda**. Cuando visito a mi abuela, la encuentro a menudo cuidando sus plantas. Es una afición que compartimos, pero que, a veces, vivimos de manera diferente. Ella, cuando limpia las hojas está presente en cada movimiento que hace mientras evalúa si hay plagas. De esta forma, sin buscar hacer una meditación informal, la experimenta casi a diario con esa actividad. En cambio, yo, si me dejo arrastrar por los huracanes de la vida, no es la primera vez que me sorprendo limpiando las hojas mientras veo la primera temporada de la serie que se convertirá en mi obsesión durante las próximas semanas… y que olvidaré al mes.

La tarea es la misma,
pero el lugar desde donde se habita no.

Esto es un síntoma del ritmo acelerado en el que vivimos, que glorifica la productividad y exige estar ocupados todo el tiempo. Yo lo llamo el **modo cerebral favorito del siglo XXI**: el *multitasking*, un modo que ni te permite recoger los beneficios del modo hacer ni del modo ser.

No me malinterpretes: hacer varias cosas a la vez puede **ser útil en momentos puntuales**. Pero si se convierte en nuestra forma habitual de estar, tiene consecuencias. Aunque creamos que estamos haciendo varias cosas, lo que ocurre es que vamos alternando una tarea principal y una secundaria, en un proceso llamado asignación alterna. Este mecanismo consume gran cantidad de energía (un coste conocido como *switching cost*) y produce fatiga mental, aunque no siempre lo notemos. Además, aun cuando nos sentimos tranquilos al hacer dos cosas a la vez, nuestro cuerpo recibe otro mensaje: si aplicamos tal esfuerzo para cambiar de foco, es porque la premura está justificada. Y eso mantiene activo al pobre Snape: sube el nivel de cortisol; el cuerpo se prepara para un peligro… que nunca llega. Pero que tampoco se apaga.

Así, los pequeños gestos cotidianos de atención plena, aparte de promover el modo ser, rompen la tendencia innata de nuestra rutina a la multitarea, convirtiéndose en un muy buen **primer paso para habitar nuestros silencios** en calma.

EJERCICIO

Oasis de silencio

Escoge una actividad que ya hagas a solas en tu rutina de manera automática, que dure aproximadamente **5-10 minutos**, que no sea multitarea y que te resulte placentera. Puede ser:

- Tomarte una infusión.
- Aplicarte crema en el cuerpo.
- Ducharte.
- Fregar los platos.
- Regar las plantas.

Las posibilidades son infinitas... Una vez escogida, te propongo que, durante una semana, la hagas teniendo en mente las siguientes claves para entrar y mantenerte en el modo ser:

- **Deja fuera cualquier distracción que puedas controlar.** No pongas música, no tengas el móvil a mano, que no haya nadie cerca, etc.
- **Y ríndete hacia lo que no puedas controlar.** El ruido del tráfico, un perro que ladra, el calor sofocante, etc.
- **Haz tres respiraciones diafragmáticas** (por la nariz) llenando el abdomen cuando inhalas y vaciando el abdomen al exhalar. Si no tienes claro cómo realizar este tipo de respiración, puedes

revisar el apartado *La respiración como el perreo: hasta abajo*, en la página 216.

- **Inicia la tarea llevando la atención al cuerpo.** ¿Qué partes están en movimiento? ¿Cuál es la textura, el peso, la temperatura de lo que tocas?
- **Permite la distracción.** Sí, como lo lees. Es lo más normal del mundo, nuestro cerebro tiende al caos, ¿recuerdas? Te voy a contar un secreto: meditar es darte cuenta de que te has distraído, no evitar la distracción. Cada vez que te pilles pensando en las tareas que tienes que hacer mañana o en qué significaba esa mirada de tu jefe, vuelve con la atención al cuerpo y a su interacción con la tarea. Hazlo con amabilidad y siendo consciente que justo ese es el ejercicio de la meditación.
- **Permite el pensamiento.** No podemos evitar pensar, la mente en blanco es una quimera. Lo que intentamos es observar los pensamientos con cierta distancia: como si fuesen trenes que vemos sentados desde un banco de la estación, pero que no cogemos y, si nos descubrimos montados en uno, bajamos en la siguiente estación y volvemos a ser observadores.
- **Siente sin juzgar.** Esta es la parte más difícil. No es evitar la emoción, sino convivir con la que está sin necesidad de cambiarla. También observar

los pensamientos sin intentar cambiarlos. Es lo que es ahora, y eso está bien.

- **No saltes enseguida a la siguiente tarea cuando termines.** Haz tres respiraciones diafragmáticas por la nariz.
- **Pregúntate «¿cómo estoy?» y «¿qué necesito?»** antes de seguir con tu rutina.

IMPORTANTE: de la misma manera que no se puede meditar mal, tampoco se puede meditar bien. Recuerda, al no haber objetivo, no hay vara de medir. Así que eso que estás haciendo, aunque parezca torpe, es meditar.

Tras una semana haciendo este ejercicio, lo ideal es que lo integres como una forma de hacer esa actividad en tu rutina. Y, si puedes entrar en modo ser en más de una actividad, mejor.

¿Por qué meditar se ha puesto tan de moda?

Una vez que nos hemos reconciliado con nuestra propia compañía en silencio, podemos hablar del otro modo de cultivar el modo ser: **las meditaciones formales**. Sara Teller, en su libro *Neurocuídate* explica que dentro de esta categoría podemos diferenciar principalmente **dos tipos** de meditación:

- La meditación **basada en la atención focalizada** donde centramos la atención en un punto: un objeto (como la llama de una vela), una parte del cuerpo (como la punta de la nariz) o un sonido repetido (como un mantra).

- La meditación **basada en la atención abierta**, donde ampliamos el foco atencional hacia un conjunto de sensaciones. Un ejemplo es el escáner corporal, donde se «observan» las sensaciones (dolor, tensión muscular, emociones...) sin intervenir en ellas.

Además, podríamos añadir un **tercer tipo**: las prácticas **basadas en la atención dual**, como la meditación autógena. En este tipo de meditación, la atención se divide entre una fórmula verbal (por ejemplo, «mi brazo derecho pesa») y la sensación correspondiente en el cuerpo.

Es decir, las posibilidades son muchas. Ninguna es mejor ni peor. La clave está en encontrar aquella con la que tú te sientas más cómodo, y eso va a depender de tus preferencias, de tu contexto y también de tu momento vital.

Lo que sí quiero adelantarte es que algunas de estas prácticas han sido mucho más estudiadas que otras. Por lo que es importante tener en cuenta que no es lo mismo ausencia de evidencia que evidencia de ausencia. Es decir, que no haya evidencia de beneficio no significa que no lo haya, solo que no se ha estudiado lo suficiente.

Siendo espejo

¿Y qué se ha demostrado en esos estudios? ¿Meditar es la panacea que algunos prometen?

Vamos a verlo, pero para entender mejor lo que se sabe actualmente sobre meditación, nos ayudará diferenciar entre:

- **Cambios funcionales** (lo que ocurre en nuestro cerebro mientras meditamos). Al meditar el cerebro se activa así:

  1. Cuando centramos la atención en un estímulo concreto (como la respiración) se activa la red de control ejecutivo de la atención, con la corteza prefrontal (CPF) al mando. **Esta zona vigila que sigamos haciendo lo que nos propusimos hacer.** En meditadores principiantes, se activa mucho más, ya que necesitan más vigilancia para no distraerse; en cambio, a medida que el cerebro se entrena en la práctica meditativa, esa necesidad de supervisión disminuye.
  2. Lo natural (por no decir inevitable) es que, al poco tiempo de empezar a atender a la respiración, **la mente se distraiga**: se cuela un pensamiento o un recuerdo, el foco se dispersa y el cerebro entra en su red por defecto.
  3. Nos quedaremos ahí durante un tiempo, pero en algún momento (más temprano o más tarde dependiendo de la experiencia) **nos daremos cuenta de que estamos divagando**. En esta consciencia de distracción, entra en juego la red de saliencia, con dos protagonistas clave:

     - **La corteza cingulada anterior** (CCA) que ya conocemos, actúa como un **vigilante del error**, haciendo consciente lo que no lo era. Evalúa si lo que está ocurriendo requiere un cambio de foco.
     - **La ínsula**, es un área puente entre la emoción y la razón, y que también se encarga de la idea del yo. En su parte posterior **recoge lo que el cuerpo nos cuenta**: cómo late el corazón, cómo en-

tra el aire, si hay malestar y cómo es la postura corporal.

Cuando **estas dos áreas se sincronizan**, se abre una ventana de visión hacia **nuestro interior**. A esta activación, Nazareth Castellanos la bautizó como **«el espejo del cerebro»**, ya que refleja su propio estado en la consciencia.

4. Cuando vemos la distracción en el reflejo, la CPF vuelve a activarse: **nos recuerda que hemos elegido atender**, y nos devuelve a la respiración.

Y, comienza de **nuevo el ciclo**: respiración, distracción, darse cuenta, volver.

En ese ir y venir, el cerebro canta. En las primeras fases de la meditación, el cerebro va reduciendo su ritmo y aparecen con mayor frecuencia las ondas alfa, ese ritmo que vamos perdiendo cuando ganamos años y que es marcador de concentración.

Pero, aunque todos anhelamos ese foco sostenido, conviene recordar que **el verdadero logro no es no divagar**. Con la experiencia no evitarás la distracción, **sino que la detectarás antes**.

Y ese gesto, el de volver,
es el músculo que entrenamos cuando meditamos.

Moshe Bar, neurocientífico experto en divagación, observó en sus estudios que cuanta más práctica meditativa tenemos, mayor es el número de momentos de divagación conscientes: no es que nos distraigamos más, sino que, con la práctica, aprendemos a identifi-

El cerebro meditador

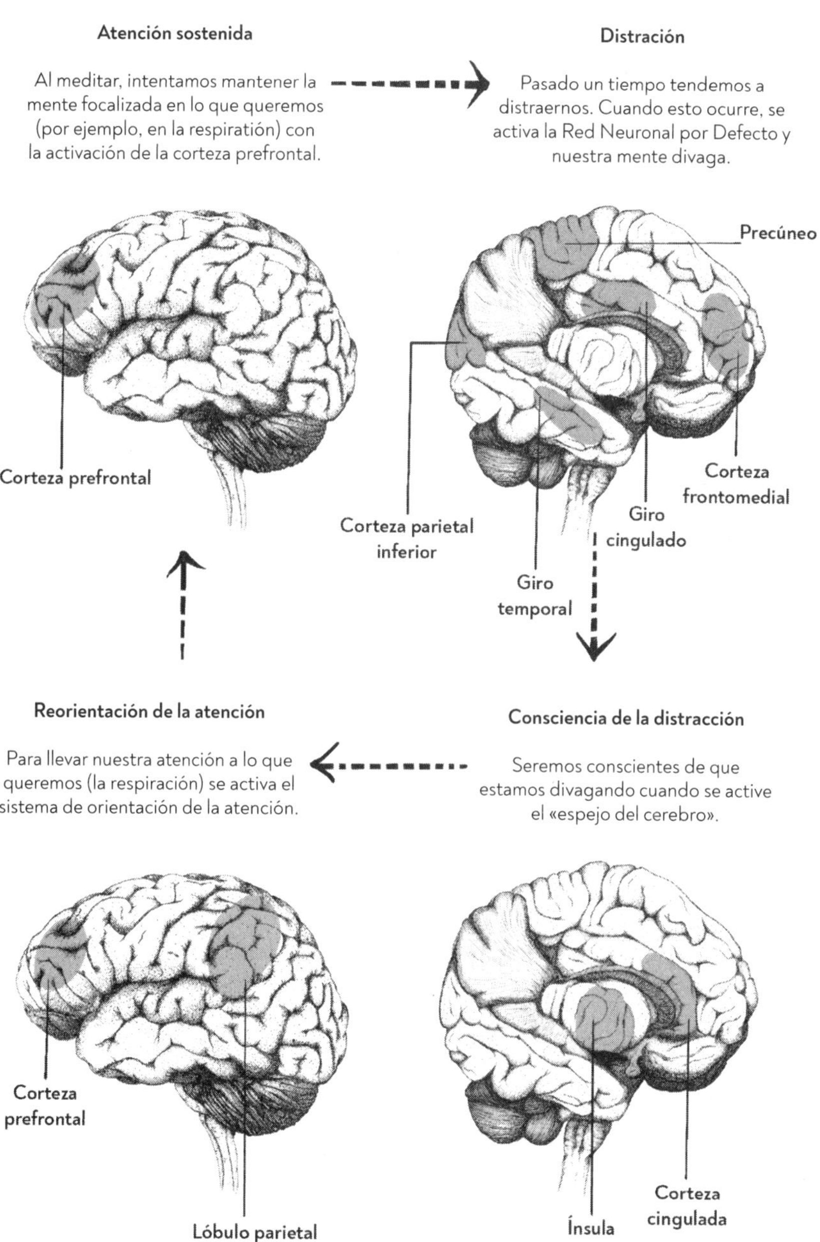

FUENTE: adaptada de Ricard, M., Lutz, A., & Davidson, R. J. (2015). «En el cerebro del meditador». *Investigación y Ciencia*, (460), 18-25.

carlo mejor. Así que intenta no frustrarte cuando te descubras pensando en «tengo que poner una lavadora»: en esa consciencia está el trabajo.

- **Cambios estructurales** (lo que ocurre en nuestro cerebro cuando meditamos de forma habitual). A nivel estructural —en la propia arquitectura del cerebro—, la meditación habitual **genera cambios medibles**. Y lo más interesante es que estos cambios se trasladan a la vida cotidiana.

  En 2005, un estudio en la Universidad de Harvard fue pionero en demostrar que la meditación puede modificar el cerebro y, desde entonces, han ido apareciendo numerosos estudios que lo confirman. Una de las revisiones más citadas fue llevada a cabo por uno de los científicos referentes en el campo de la meditación, Yi-Yuan Tang. En ella, tras analizar 30 estudios de neuroimagen, se observó que, independientemente del tipo de meditación practicado, ciertas áreas cerebrales aparecían sistemáticamente modificadas. Sus hallazgos fueron respaldados por una investigación posterior que analizó 78 estudios de neuroimagen y que llegó a conclusiones similares.

  ¿Qué cambia exactamente? Cuando la práctica es habitual, la CPF aparece con mayor grosor en distintas regiones, lo que sugiere un mayor reclutamiento de recursos atencionales, es decir, **más capacidad para concentrarnos** en lo que hacemos. También se ha observado un mayor grosor y activación en la CCA, que se traduce en **mayor consciencia sobre las distracciones** cuando aparecen. Por su parte, la ínsula se ve fortalecida, afinando nuestra capacidad interoceptiva de **detectar las sensaciones corporales**. Además, estos cambios afectan a muchas más estructuras, como al hipocampo.

Ahora bien, en una revisión más reciente, Brandmeyer encontró que no todas las meditaciones son iguales. La **meditación de atención focalizada** activa las áreas relacionadas con el control y la regulación de la atención. En cambio, **la meditación de atención abierta** activa redes asociadas al control del pensamiento y a la vigilancia interoceptiva. Y, dentro de este último grupo, las **prácticas compasivas** activan áreas somatosensoriales vinculadas con la empatía y la conexión corporal. Así que puedes escoger el tipo de meditación según tus necesidades:

- ✓ **Mejorar la concentración**: meditación de atención focalizada.
- ✓ **Aumentar la consciencia** de los pensamientos y las sensaciones: meditación de atención abierta.
- ✓ **Aceptar el malestar** como parte de una vida humana: meditación compasiva.

Lo sé. Estos resultados son impresionantes. Pero antes de ponerte en modo zen, quiero que sepas que todo tiene un precio, y, el precio de la meditación es... **la constancia**. Los cambios neuronales no aparecen tras pocas semanas de meditación. Los estudios más sólidos han observado modificaciones cerebrales tras al menos **ocho semanas** de práctica regular, con sesiones diarias de **entre 15 y 30 minutos**. Así que, para obtener beneficios palpables en el día a día, hay que mantener una pauta meditativa lo suficientemente larga como para que el cerebro se lo tome en serio.

Porque sí, el cerebro cambia.
Pero solo lo hace si considera que
le merece la pena la inversión de energía.

El arte de que te importe todo una m* durante un ratito

Hasta ahora he hablado hasta el hartazgo de la parte atencional de la meditación: observar, divagar, volver, divagar... Así en un bucle infinito. Pero antes de cerrar este capítulo, necesito poner el foco en la cara B de la práctica. En lo que hace que la meditación no sea simplemente atender de manera focalizada a, por ejemplo, un partido de fútbol. Vamos a hablar de **la aceptación**.

Lo sé, he dicho *LA* palabra. A mí también me daba urticaria. Cada vez que alguien me soltaba un «acéptalo, fluye», me sentía defectuosa por no tener de serie ese botón de *be water, my friend.*

Ahora, años más tarde, soy consciente de que **me lo habían explicado mal**. No es un botón. Es un camino. Y uno bastante incómodo. Cuando hablamos de aceptar, el mensaje no es «ríndete», sino **«observa lo que hay»**. Luego, si puedes y quieres, ya decidirás si lo cambias o no. Pero primero, date permiso para simplemente observar. No hace falta que te guste lo que ves, ni que lo disfrutes. Solo que te permitas estar ahí como espectador, sin subirte a los vagones de pensamiento ni de emoción.

Aceptar es darte cuenta de que puedes convivir con la incomodidad, que no somos alérgicos a ella (aunque nos hayan vendido que sí), y que podemos escoger qué batallas nos compensa pelear.

¿Cómo nos ayuda la meditación a esto?

Siempre me llamó la atención que, en las prácticas formativas de *mindful eating* (comer con atención plena), se utilizase **una pasa**. Durante este ejercicio la idea es estar presentes en la experiencia de comer la fruta mientras somos conscientes de las sensaciones que nos provoca. Pero... ¿por qué se eligió la pasa para este ejercicio y no otro alimento más deseado, como una fresa o un caramelo?

Su elección no fue arbitraria, sino que fue escogida por considerarse uno de los alimentos más neutros del mundo: un *meh* que ni gusta ni disgusta. La idea es que al no arrastrar deseo ni rechazo, ayuda a mantener el foco en la experiencia y no en la expectativa.

Pero, después de impartir varios talleres sobre esta práctica, tengo la sensación de que más que neutra, para muchas personas es aversiva. Y, cuando esto ocurre, lejos de cambiar la elección frutal a la persona, me encanta utilizarla como metáfora de aceptación y ensayar su capacidad de presencia neutra ante algo desagradable.

Fomentar la aceptación es importante cuando meditamos porque la actitud de **«atender al momento presente sin juzgar»** se refleja tanto en la función como en la arquitectura cerebral. Resulta que, cuanto más entrenamos esta actitud, más se fortalece la red frontolímbica: la que une la CPF (esa área que supervisa la atención y donde reside nuestra consciencia) con el sistema límbico (donde vive, entre otras, la amígdala: esa almendra emocional).

Habíamos visto que la amígdala tenía conexiones con la CPF que le permitían secuestrarla cuando la emoción era muy fuerte, para poder responder de forma rápida y eficiente. Pues bien, la red frontolímbica representa el camino inverso: cuando se activa nos permite nombrar lo que sentimos y ponerlo en contexto, distinguir entre lo que pensamos y lo que está ocurriendo, e incluso anticipar las consecuencias de actuar impulsivamente. Esta distancia no apaga ni evita la emoción; nos permite poder sostenerla sin que nos desborde.

Y la aceptación durante la meditación
es una forma de activar ese camino.

En este sentido, varios estudios mostraron que, en personas sin entrenamiento meditativo, la amígdala tiene más capacidad de secuestrar la CPF. Pero en meditadores, la relación entre CPF y amígdala cambia: empiezan a coordinarse. Como si pasaran **de tener discusiones constantes a mantener una especie de diálogo asertivo**.

Esto sucede por tres razones: el camino de la red frontolímbica se refuerza, la CPF se vuelve más activa y gruesa, y la amígdala eleva su umbral de respuesta (es decir, **baja su nivel de dramatismo**). Además, cuando llevamos cierto tiempo de práctica, nuestras neuronas cambian de canción y aparecen las ondas theta, un ritmo más lento y amplio que se vincula a la observación interna y a la regulación emocional.

Así, los programas de meditación han demostrado que estos cambios aparecen tras unas **ocho semanas de práctica** constante, y que no se quedan en la esterilla: **se cuelan en tu día a día**.

Ojo: esto no significa que dejes de sentir, lo que ocurre es que dejas de reaccionar como si todo fuera una emergencia. **Porque cuando la amígdala no salta cada cinco minutos, uno puede permitirse el lujo (el verdadero lujo) de que ciertas cosas le empiecen a importar un poco menos.** Y es ahí es cuando, con algo de suerte, podríamos empezar a *be water*.

EJERCICIO

Siendo espejo

Si ya llevas una semana practicando la atención plena en alguna actividad diaria, te apetece y tienes tiempo (RECUERDA: una tarea que entra por otra que sale), vamos a probar la **meditación formal**.

Puedes escoger entre las prácticas comentadas, aunque se recomienda empezar por la atención focalizada (a la respiración o a un punto del cuerpo). Además, ten en cuenta que la práctica debe durar unos 20 minutos para favorecer los cambios cerebrales.

Recupera las claves del modo ser del ejercicio anterior porque aquí también se aplican. Además:

- Busca un lugar lo más tranquilo posible.
- Escoge una postura cómoda: sentado (en el suelo o en una silla) o tumbado.
- Te ayudará crear una rutina: siempre en el mismo sitio y horario.

¿Qué cosas debes tener en cuenta si introduces este hábito? Meditar es practicar la presencia sin intención de cambiar nada. Y esto es profundamente contraintuitivo para quienes vivimos en una cultura que mide el valor de cada acción por sus resultados.

Para entender el camino sin focalizarnos en la meta, el poemario visual *La doma del buey*, del maestro zen Kakuan Shien, nos puede ayudar.

Al principio, el aprendiz de meditación busca su buey (su mente salvaje). Cuando lo encuentra, lo atrapa, lo monta y, finalmente, lo suelta (no necesita controlarlo porque camina a su lado).

Aunque pensemos que el viaje se termina ahí, la **última etapa** no es quedarse en la montaña (dentro de uno mismo), sino volver al mercado, a la vida compartida.

Así, este relato nos recuerda que la meditación no busca vivir hacia dentro, sino que pone en valor la autoconsciencia para favorecer la vida en comunidad que es un continuo y que, como veremos en el siguiente capítulo, es vital.

9

DEL CUERPO AL VÍNCULO: TRES CAMINOS PARA SOSTENERNOS

> Reprimí la histeria que sentí, alcé la cabeza y me afiancé en el taburete.
>
> CHARLOTTE BRONTË, *Jane Eyre*, 1847

Quise dejar hueco en las páginas de este libro (que ya sabes que es un poco diferente a otros libros de hábitos) para incluir algo que casi nunca aparece: **la regulación emocional**.

Aunque esto no es un hábito, sí que es un conjunto de recursos que nos benefician si nos acompañan de forma habitual.

Cuando visitamos el segundo pilar, hablamos de la importancia de reconocer las emociones y entender el mensaje de necesidad que nos traen. Ahora que puedes identificarlas y describirlas, quizá te preguntes: **¿qué hago con esto?**

Este capítulo nace de esta pregunta. De la necesidad de pasar **de la escucha a la respuesta**. Así que, en las siguientes páginas, vamos a analizar cómo podemos regular nuestras emociones a través de tres grandes bloques (el **cuerpo**, la **mente** y los **vínculos**);

y siempre recordando que, no buscamos dejar de sentir, sino surfear cuando hay oleaje.

Cuerpo

«Ya está bien. Cálmate, Noelia», me dije entre dientes.

Estaba sentada al volante de un minúsculo coche rojo con las manos sudorosas. A mi lado, mi profesora de autoescuela mantenía su media sonrisa que yo apenas podía procesar, porque sentía en la nuca la mirada del examinador mientras decía con desgana: «Era la otra derecha».

Tenía dieciocho años, era mi segundo intento, y me el miedo atravesaba:

Miedo a decepcionar.

Miedo a no poder conducir nunca.

Miedo a atropellar a alguien.

Mi cuerpo me comunicaba esta emoción: hombros encogidos casi hasta las orejas, sudor frío y respiración atrapada en el pecho. Todo decía «peligro», y solo la fuerza de voluntad me mantenía allí, apretando el volante con desesperación.

Por su parte, mi mente intentaba desconectarse de aquel cuerpo que no nos estaba ayudando a conseguir el objetivo: aprobar. Así, escuchaba en mi cabeza un mantra de fondo («cálmate, cálmate»), invocando tranquilidad como quien hace una danza tribal para pedir lluvia.

Un semáforo en rojo. Paré y solté un suspiro.

Mientras veía al hombrecillo de luz verde, mi mente divagante activó un recuerdo: una clase de yoga de mi madre. Ella es instructora de yoga, y aquella tarde mostraba a sus alumnas cómo respirar. Las jubiladas la miraban sarcásticas, como si sus setenta años no fueran prueba suficiente de que sabían hacerlo. Mi madre, paciente, explicaba la respiración yóguica: el pranayama.

Con los peatones terminando de cruzar pensé: ¿qué puedo perder? Me concentré en la respiración, siguiendo lo explicado meses atrás: «Inhala por la nariz hasta el abdomen, exhala despacio». En ese momento no lo sabía, pero estaba haciendo un ejercicio de respiración diafragmática.

Verde. Arranqué. Y, poco a poco, noté que, aunque el miedo no desaparecía, se volvía más habitable. Cada vez que mi mente intentaba anticipar las rutas, volvía a anclarme en la respiración y en el tráfico.

Pasado un rato, fui consciente de la fuerza con la que estaba sujetando el volante. Aflojé la tensión y casi automáticamente llevé los hombros atrás con un suspiro.

Así, fueron pasando los minutos, largos como horas, hasta que por fin aparqué, apagué el motor y giré la cabeza. Mi profesora me recibió con una sonrisa que, esta vez sí, pude devolver.

Mi examen de conducir es uno de los recuerdos más claros de cómo el cuerpo me calmó mientras la mente, pese a sus esfuerzos, solo podía quedarse en la superficie.

Al crecer en un contexto que entiende el organismo como una dualidad mente-cuerpo, desde niños **hemos aprendido a regularnos buscando el porqué de la emoción**, razonando y poniendo por delante los argumentos.

Sin embargo, hay momentos en los que mantener la «cabeza fría» es sencillamente imposible.

En estos momentos, entender lo que nos pasa no siempre nos ayuda a calmarnos, porque **la emoción no habla en prosa**. Habla en inhalaciones, en exhalaciones, en pausas y en posturas. Y, si queremos que nos escuche**, debemos responder en su idioma**.

La llave del cuerpo

Estábamos a 41°C y solo nuestra fuerza de voluntad (y el termo con agua fresca que llevaba en la mochila) nos permitían mantener un mínimo de atención en aquel *free tour* por los templos de Bangkok. El grupo estaba liderado por Somchai, un guía local que había aprendido español por su cuenta gracias a su afición a las telenovelas.

Durante dos horas, Somchai nos contó la historia y la arquitectura de su ciudad y nos habló de su cultura y de sus tradiciones. Así, expresó su desconcierto ante el entusiasmo repentino que estaban despertando en occidente las bondades de la respiración. Los pocos recursos neuronales que me quedaban en ese momento (saltando entre la idea de un helado de coco y la promesa de aire acondicionado) se las arreglaron para registrar en mi memoria una de las mejores frases que he escuchado en defensa del poder de la respiración:

> «Nadie duda de que la comida afecta a nuestra salud, y solo comemos tres veces al día. Tampoco nos sorprende que beber tenga su influencia, y lo hacemos cada 90-120 minutos. Pero si hablamos del poder de la respiración, ¡ya pensáis que me pongo místico! ¿Y cómo no va a influir, si respiramos cada cuatro segundos?».

En nuestra cultura hemos ignorado la influencia de la respiración en el cuerpo, asumiéndola como algo tan cotidiano que la hemos reducido a un intercambio de gases: si una persona oxigena bien, respira bien. Punto.

Pero la respiración es algo más. Es una función corporal con una particularidad única: ocurre sin que tengamos que pensar en ella, pero podemos controlarla si queremos. Por eso, se convierte en una llave maestra que **abre la puerta entre el cuerpo automático y el cuerpo consciente**. Y en ese umbral está la clave de su capacidad de regulación emocional.

Esta doble naturaleza (consciente e inconsciente) no pasó desapercibida en las tradiciones antiguas. Los hindúes, cuando hablan de respirar no se refieren simplemente a inhalar y exhalar, sino a practicar pranayama: *prana*, **energía vital**; *yama*, **regulación**.

Respirar, sí, pero con dirección e intención.

Sin embargo, no fue hasta 2017 cuando la Universidad de Stanford publicó el primer estudio que evidenciaba el impacto de la respiración sobre el cerebro y, en concreto, sobre nuestra salud emocional. De ahí, que el asombro de Somchai fuese comprensible: el gran descubrimiento neurocientífico de los últimos tiempos era un saber presente en las tradiciones hinduistas y budistas desde hacía milenios.

Y, aunque se hizo esperar, este estudio nos llevó a pensar que quizá **sabíamos respirar para mantenernos vivos, pero no para vivir bien**. Además, abrió nuevas preguntas como: ¿hasta dónde llegan los beneficios de la respiración? Y, sobre todo, ¿cómo podemos experimentarlos?

Érase una vez... la respiración

Varios estudios han demostrado que la respiración influye en cómo atendemos, percibimos, sentimos y aprendemos. Pero... ¿cómo lo hace?

Todo empieza en el complejo de pre-Bötzinger, un grupo de neuronas del tronco encefálico que, como un marcapasos, se activa durante la inspiración, la exhalación y en la apnea antes de volver a inspirar. Su descubrimiento sorprendió: ¿por qué el cerebro vigila tanto una función automática, con el gasto energético que supone?

La respuesta la supimos al conocer que este complejo estaba conectado con el *locus coeruleus* (LC), el núcleo del que hablamos en el capítulo anterior, clave en la regulación del nivel de alerta mediante la liberación de noradrenalina.

A través de sus conexiones, la respiración deja de ser un mero intercambio de gases e influye en complejas funciones cerebrales como:

- **Atención y memoria.** Al inhalar, el LC activa la corteza prefrontal (CPF), sintonizándola en alfa y favoreciendo la atención focalizada y el aprendizaje.
- **Emoción.** Al exhalar, el cuerpo reduce la alerta a través de la conexión cerebro-diafragma-corazón, silenciando la amígdala.

Así, si controlas la respiración, puedes utilizar su impacto corporal a tu favor. Vamos a ver cómo.

Usemos la puerta principal

Algo que parece obvio, que la boca es para comer y la nariz para respirar, en la práctica, no lo es tanto. Resfriados, alergias, contaminación del aire o desviaciones del tabique, hacen que gran parte de la población respire mayoritariamente de forma bucal. Pero aquí, tanto el *pranayama* como los estudios más recientes coinciden en que **la respiración más eficiente es la nasal**.

Cuando inspiramos por la nariz, no solo captamos oxígeno:

Activamos un circuito cerebral
ligado a la emoción y la memoria.

¿Recuerdas que el olfato se procesaba de manera diferente al resto de sentidos? Pues bien, todo empieza en la parte superior de tu cavidad nasal, en el epitelio olfativo, donde millones de neuronas detectan partículas odoríferas del aire. Estas neuronas envían la información directamente al **bulbo olfativo** y, desde ahí, sigue dos rutas. Una de ellas va directa a la amígdala y al hipocampo.

Varios estudios han mostrado que, al inspirar nasalmente, estas tres estructuras se sincronizan: baja la activación de la amígdala y se activa el hipocampo (en un ejercicio de gimnasia cognitiva comparable a resolver sudokus). Esta ruta, al saltarse el relevo del tálamo (ese Gandalf que filtra los demás sentidos), hace que al respirar por la nariz activemos **una ruta directa de modulación emocional**.

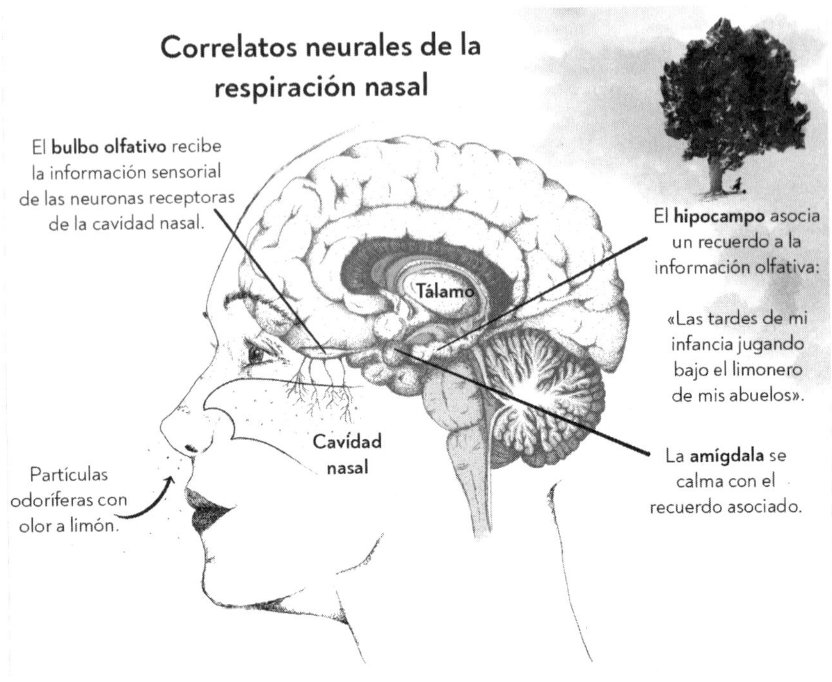

Como el picante en México

Todo lo comentado hasta ahora sobre la respiración ocurre cuando simplemente la dejamos ser.

Pero ¿qué sucede cuando le ponemos consciencia?

Para mí, la consciencia a la respiración es como el picante en la comida mexicana: no es la base, pero es lo que la hace completa. Así que, sí, cuando le ponemos atención a la respiración, es cuando ocurre la magia.

Hoy en día contamos con pruebas sólidas a favor de que la respiración consciente puede generar cambios en áreas cerebrales relacionadas con la atención, la memoria y las emociones.

En lo que respecta a la atención, no es casualidad que la mayor parte de los estudios sobre meditación se realicen focalizando la atención en la respiración. Este foco promueve el anclaje atencional gracias a la liberación de noradrenalina en el LC, y facilita su mantenimiento con la melodía en alfa, esa canción de concentración.

Por su parte, a nivel emocional, **la respiración consciente atenúa la respuesta fisiológica al estrés**. Una revisión de 2023 confirma este efecto: a través de la activación neuronal explicada en la meditación, disminuye la activación del sistema nervioso simpático (el que nos prepara para luchar o huir) y se potencia el parasimpático (el de la calma y digestión).

Vísteme despacio que tengo prisa

La respiración aparte de ser consciente, si es **lenta, es mejor**. Como bien dijo mi guía tailandés: **respiramos demasiado rápido**. Concretamente, cada cuatro segundos. Y, lo ideal es que un ciclo respiratorio (inhalar y exhalar) tenga una duración de, al menos, diez segundos.

Los estudios recientes coinciden en que, cuando bajamos este ritmo, activamos preferentemente regiones cerebrales como la CPF, el sistema límbico, y áreas motoras y parietales. ¿El resultado? **Mejora la atención**, se **facilita la regulación emocional** y se **incrementa la capacidad interoceptiva**.

En el estudio de la lentitud de la exhalación, destaca el trabajo del profesor Masaoka y su equipo en la Universidad de Tokio, quienes comprobaron que las **exhalaciones más largas y profundas se asocian con un aumento del bienestar**, mientras que una respiración más rápida y superficial se correlaciona con estados ansiógenos.

La respiración como el perreo: hasta abajo

Cuando hablamos de respiración profunda, no nos referimos a inhalar más aire, sino a **la respiración diafragmática**. En ella, la inhalación se siente como una ola que empieza llenando el abdomen, continúa expandiendo las costillas y al final, asciende al pecho. Al exhalar, el recorrido se invierte: el abdomen cae, las costillas se recogen y el pecho se vacía. Como una marea que llega y luego se retira con calma.

Este patrón respiratorio tiene **implicaciones directas en cómo nos sentimos**. En un estudio de 2017, se observó que, si lo practicamos durante 20 minutos al día, durante 8 semanas: **mejora la atención sostenida**, **reduce los niveles de estrés** percibido y **disminuye el afecto desagradable**. También se ha asociado con una mayor variabilidad de la frecuencia cardiaca y un mejor tono vagal, dos indicadores clave de regulación emocional.

Así que quiero que te quedes con esta idea: cada vez que respiras así, estás enviando un mensaje claro a tu cuerpo y a tu cerebro: **«estamos a salvo»**.

Las dos narices

¿Sabías que ahora mismo estás respirando más por una fosa nasal que por la otra? Y no, no es que tengas mocos. Es un mecanismo natural del cuerpo llamado **ciclo nasal**, en el que, de forma automática, una fosa se abre un poco más que la otra y se van turnando a lo largo del día, como si se pasaran el testigo en un ciclo que puede durar de 90 minutos a cuatro horas.

Pero aquí viene lo interesante: este vaivén no solo optimiza la respiración, sino que influye en la actividad cerebral. En 2024, un estudio mostró que **la respiración unilateral** activa de forma diferenciada los hemisferios cerebrales:

- **Respirar por la fosa derecha.** Aumenta la actividad del hemisferio izquierdo, especialmente, en frecuencias beta y gamma asociadas a la atención y el pensamiento lógico. Además, potencia el sistema nervioso simpático, nos activa.
- **Respirar por la fosa izquierda.** Activa más el hemisferio derecho, con predominio de ondas theta, vinculadas a procesos emocionales y autorreferenciales. Y, nos lleva a la calma al activar el sistema nervioso parasimpático.

En línea con estos hallazgos, los resultados preliminares del equipo de Nazareth Castellanos apuntan a que muchas personas tienen una fosa nasal favorita, y esa preferencia (aunque sea inconscientemente) podría tener un eco en su cerebro.

La importancia de los silencios

Entre la exhalación y la siguiente inhalación hay un espacio natural donde solemos hacer una apnea. Ese pequeño silencio respiratorio se ve afectado por el estrés, ya que la amígdala puede inducir una apnea emocional (es la culpable cuando te quedas sin aliento ante una mala noticia).

Nazareth Castellanos en sus investigaciones observó que **cuanto mayor es la activación amigdalina, mayor es la duración de la apnea, y menor el bienestar subjetivo**. Además, es importante la variabilidad de la duración de esta pausa, ya que cuando el cuerpo no puede predecirlo, interpreta que algo no va bien y se pone en alerta.

Ahora que ya conoces su impacto, solo respira

Si has llegado hasta aquí, estoy segura de que ya no dudas de que la respiración es algo más que un acto automático. Sabes que puedes beneficiarte de ella haciéndola nasal, lenta y profunda, adecuando la fosa nasal al momento e, incluso, regulando los espacios donde aparentemente no estás respirando.

De esta forma, la respiración se convierte
en una herramienta de bolsillo,
una llave a la regulación emocional
con la que cuentas siempre,
independientemente de la situación.

Para empezar a ponerlo en práctica, voy a compartir contigo una herramienta que te será de utilidad por su sencillez y por la rapidez de sus efectos.

EJERCICIO

El suspiro del cuerpo

El **suspiro fisiológico** es una de las técnicas más eficaces para reducir la respuesta cardiaca al estrés, ya que utiliza la relación cerebro-diafragma-corazón.

- **Al inhalar**, el diafragma baja y los pulmones y el corazón se expanden. Como consecuencia, la sangre del corazón fluye más lenta y al notarlo, el cerebro sube el ritmo cardiaco.
- **Al exhalar**, el diafragma sube y los pulmones y el corazón se comprimen. La sangre acelera y, en respuesta, el cerebro baja las pulsaciones.
- Por lo que, alargar la exhalación reduce el ritmo cardiaco y nos calma.

Además, como al estresarnos oxigenamos peor, podemos compensarlo haciendo una doble inhalación.

Teniendo esto en cuenta, el patrón respiratorio de calma sería:

- **Inhala (2 segundos).**
- **Pausa (bloquea la entrada de aire).**
- **Haz una segunda inhalación (2 segundos).**
- **Exhala (8 segundos).**

Repite el patrón 6-10 veces.

Tu cuerpo ya conoce esta **llave tranquilizadora**: aparece justo antes de dormirte o cuando lloras y empiezas a calmarte. Y, ahora que también la conoces tú, puedes usarla a voluntad.

IMPORTANTE: los tiempos representan el mínimo para que la respiración sea lenta. Si se te quedan cortos, puedes ampliarlos, manteniendo siempre la proporción.

Dales su espacio

El cuerpo y la mente están en constante diálogo. Si hablamos de emociones, una de las vías más poderosas de comunicación es **la postura corporal**.

El trabajo de Wilder Penfield, en el siglo XX, fue clave para descubrir esta conexión: observó que cada parte del cuerpo tiene una representación específica en las cortezas cerebrales sensitivas y motoras. Estos hallazgos marcaron un antes y un después en neurociencia, hasta el punto de asentarse como incuestionables: el cuerpo, en el cerebro, estaba parcelado.

Sin embargo, la ciencia avanza cuando alguien se atreve a preguntar lo que a otros les parece obvio. Así, en 2023, el equipo del doctor Gordon se planteó: ¿y si, además de esas representaciones fragmentadas, existiera una región capaz de integrar el cuerpo como un todo?

Utilizando neuroimagen, identificaron tres áreas que se activaban durante la planificación de acciones globales, como mantener la postura o coordinar el cuerpo entero. Así, hoy sabemos que **el cuerpo registra constantemente su propia postura**.

¿Y por qué es importante? Porque la postura constituye un vínculo directo con las emociones. Cuando nuestro cerebro registra la postura, se activan las cortezas somatosensoriales primaria y secundaria (SI y SII), y la ínsula. Estructuras que también intervienen en cómo interpretamos el mundo (SI y SII) y en la construcción de la idea del «yo» (ínsula).

Por eso, la postura influye en ambas dimensiones, como un espejo interno.

En relación con la interpretación del mundo, un famoso estudio pedía a los participantes que leyesen chistes. La mitad tenía un bolígrafo entre los dientes (si lo pruebas, verás que fuerza una expresión sonriente), mientras que la otra mitad lo sostenía con los labios (forzando una de enfado). ¿El resultado? Los sonrientes puntuaban los chistes como mucho más graciosos.

En cuanto a la autopercepción, se ha visto que adoptar una postura corporal encogida, activa patrones neuronales propios de la tristeza. Del mismo modo, se activan redes vinculadas a la alegría con una postura erguida: hombros y pelvis hacia atrás. Esta influencia es bidireccional: **el cuerpo refleja lo que sentimos** (en parte para que los demás también lo sepan), y la postura es registrada por la ínsula, que contribuye a mantener el estado emocional que la provocó.

Entonces, seguro que pensarás: «pues para dejar de estar triste, hackeo el cerebro con una sonrisa». Durante años, se defendieron estos abordajes para regular emociones. Pero hoy sabemos que se quedan cortos: no eliminan la emoción, solo la aplazan. Es como aguantarse las ganas de ir al baño: el malestar no se va, solo espera. Y si dura demasiado, surge una incoherencia entre lo que sentimos y lo que mostramos, una disonancia que el cerebro detecta como amenaza y que, lejos de calmar, aumenta el estrés.

Los estudios actuales muestran que **para transitar una emoción necesitamos que el cuerpo acompañe lo que sentimos**, que haya una **coherencia entre sentir y expresar**: dejar que los hombros caigan si te sientes triste o que la mandíbula se apriete si es enfado. Dar espacio a esta congruencia, incluso cuando resulta incómoda, nos ayuda a sentir la emoción para dejarla avanzar.

Y una vez que la emoción haya sido sentida, podemos usar herramientas corporales (abrir el pecho, sonreír) para transitar hacia la calma neutra que acompaña a los estados más agradables.

Así que recuerda:
sentir primero, ajustar después.
No al revés.

EJERCICIO

Sin careta
y con una tristeza prestada

Durante el día transitamos por diferentes emociones y no siempre podemos expresarlas corporalmente: ese enfado con un cliente; no preocupar a tu madre o padre con la tristeza que achacas a una crisis existencial, proteger a tu hijo de tus propios miedos... El cuerpo va callando estas emociones. Pero también las acumula. Y, en algún momento, necesitan salir.

Tener un entorno seguro para ello ayuda. Pero, con o sin personas cerca, una o dos veces al día (en casa, en el metro o en el baño de la oficina) te propongo lo siguiente:

1. **Un pequeño escáner corporal.** ¿Sostienes la respiración? ¿Estás con cara de póquer por inercia? ¿Tienes el ceño fruncido? ¿Dónde sientes tensión? ¿Estás apretando la mandíbula?
2. Durante unos minutos, **deja que el cuerpo «se exprese sin filtros»**. Si el pecho quiere hundirse, permite que lo haga. Si los brazos pesan, suéltalos. Si sientes ganas de cerrar los ojos o suspirar, hazlo. No corrijas nada.
3. **Observa.** ¿Qué notas al dejar de fingir? ¿Aparece alguna emoción?
4. **Transición a la calma:**

    - Inhala y al exhalar, suaviza el rostro.
    - Inhala y al exhalar, coloca los hombros hacia atrás, abriendo el pecho.
    - Inhala y al exhalar, apoya las manos sobre las piernas o, si estás de pie, deja que cuelguen.
    - Inhala y al exhalar, estira los dedos de los pies, conectándote con el suelo y enviando un mensaje corporal de calma a tu cerebro.

Este ejercicio nos aporta breves descansos frente a la exigencia de tener buena cara. Sin embargo, han sido varias veces las que me he encontrado en consulta con dos obstáculos frecuentes:

- **No hay un entorno seguro donde expresarse.** Aquí hay muchos matices y variables, por lo que las generalizaciones son peligrosas. Pero te dejo una reflexión: **necesitamos sentirnos seguros para mostrar vulnerabilidad en algún sitio**, ya sea tu casa, tu grupo de amigos, tu pareja o tu equipo de vóley. Ambientes donde, aun con miedo, puedas quitarte la careta.

Quien te quiere bien,
te quiere por ser, no por hacer.

Y en el «ser» cabe todo: cuando estamos **motivados y radiantes**, y también cuando estamos tristes y taciturnos (aunque preocupe). **Por eso te invito a probar: quítate la careta y observa qué pasa. Es importante porque**, como explico en consulta: **la vulnerabilidad son las tablillas del puente colgante que representa un vínculo**. Si no podemos mostrarnos vulnerables, ese puente pierde sus tablillas. Y sin ellas, ya no es un lugar de paso, **sino una cuerda que lejos de unir, termina atándonos**.

- **Intentas expresar lo que sientes, pero no puedes.** A veces llegamos a un punto de bloqueo. La emoción está ahí, presionado, pero el cuerpo no sabe por dónde soltarla. Quieres llorar y no te sale.

Estamos tan agotados de sentir y reprimir que, con el tiempo, se forma una especie de cuello de botella emocional. ¿Recuerdas un capítulo de *Los Simpson* donde los médicos descubren que el Sr. Burns está lleno de virus, pero como todos intentan entrar al mismo tiempo por la misma puerta, ninguno logra pasar? Pues, a veces, sucede lo mismo con tus emociones: todo quiere salir a la vez, y la consecuencia es que nada puede moverse, generando una anestesia emocional.

Una de las alternativas para deshacer este nudo, con base científica y utilizada con mucha frecuencia, es **ver una película triste. Sí, no es masoquismo: es regulación emocional.**

Los estudios de Gross y Levenson mostraron cómo el llanto inducido por películas emotivas activa las mismas regiones cerebrales que el dolor. Además, Hanich y su equipo encontraron que exponernos a ver dramas facilita que sintamos la emoción de *being moved* (sentirse conmovido), una combinación de tristeza, placer estético, altruismo y conexión interpersonal. **Permitimos que nos arroye toda esta emocionalidad con mayor probabilidad viendo una película porque ocurre en un marco seguro**: la oscuridad de la sala de cine o la intimidad de tu sofá, donde estás tú, tus emociones y los personajes de la historia.

Así, con este cinturón de seguridad, el cuerpo puede hacer lo que en otros contextos no le permitimos: encoger esos hombros, suspirar, y quizá soltar el nudo en la garganta con un sollozo. **Y ese llanto, aunque parezca ajeno, tiene un efecto regulador.**

En este sentido, un estudio de 2025, concluyó que cuando el llanto surge ante una película se produce una sensación de alivio, ligereza e incluso de renovación emocional posterior. Así que una tarde viendo *el Rey león, La tumba de las luciérnagas, Siete almas* o, si no tienes mucho tiempo, un capítulo de *This is us*, no se podría decir que es terapéutico... pero casi. Puede ayudarte a encontrar la salida de esa emoción que estaba atrapada. Porque, a veces, solo necesitamos prestarle una historia al cuerpo para que se exprese. **Luego, con el hueco hecho, ya vendrán las palabras.**

Mente

Llevábamos varias sesiones trabajando sobre su ansiedad: analizando detonantes y estrategias desde el cuerpo, la mente y los vínculos para surfear las olas. En sesiones previas habíamos hablado mucho de lo que le pasaba, pero poco de lo que le había pasado. Había recuerdos encapsulados que yo permitía esquivar mientras construíamos un presente capaz de sostener los futuros terremotos.

Ese martes fue diferente. Tras unos minutos, Jorge me dijo que había pasado el fin de semana con su padre. Al notar que entraba en terreno pantanoso, se refugió enseguida hablando del trabajo. Pero ambos éramos conscientes del elefante rosa que había entrado en la habitación.

La relación con su padre era un núcleo de malestar. Cada vez que iba al pueblo, los ataques de ansiedad se activaban con cualquier chispa: una contestación, una mueca, un gesto suyo...

Seguimos conversando sobre otros asuntos, pero el elefante no se movía. En una pausa, le pregunté directamente sobre él. Y, tras un silencio, dijo:

—Cada vez que me enfado con él, hay una escena que no me puedo quitar de la cabeza: el día que mi madre se fue. Tenía diez años. Mi padre nos hizo levantarnos a mis hermanos y a mí a las seis de la mañana para que intentásemos convencerla de que se quedara. No sirvió de nada. Desde entonces me siento culpable.

— Esa culpa puede indicar que te sentiste responsable de resolver la situación. ¿Sabrías decir qué te hizo creer que era responsabilidad tuya?

Pasados unos segundos, dijo:

—Mi padre me miraba como si esperase que yo lo fuese a arreglar.

Nunca lo había dicho en voz alta y, aunque estas primeras palabras no cambiaron el recuerdo, sí empezaron a cambiar la relación que Jorge tenía con él. **Dejó de estar enquistado en el cuerpo y pasó a ocupar un lugar narrable.**

Así, de manera progresiva, empezamos a hablar más de ese niño. Del que necesitaba un padre y acabó cuidándolo. Del que, sin saberlo, seguía enfadado con él: por ese abandono, por la injusticia de haberse hecho cargo y, sobre todo, por todo lo que nunca se nombró. Había mucho por decir.

Pero al menos, habíamos empezado.

La importancia de las palabras

Cada uno de nosotros carga con heridas. Las hay profundas y las hay superficiales; algunas cerradas como cicatrices que cuentan historias, y otras que todavía supuran sin que sepamos bien por qué. Cuando una herida condiciona el presente (cuando duele demasiado o cuando se cuela en lugares donde no fue invitada) es importante, si puedes, trabajarla con un profesional de la salud mental. **No para borrar lo vivido, sino para poder mirarlo desde otro lugar.**

Pero aquí, con el deseo de que el conocimiento sea algo compartido y no reservado a unos pocos, quiero hablarte de algo que todos podemos utilizar, sobre todo, para hacer frente a esos rasguños del día a día: esa pelea con tu mejor amiga que no sabes si fue un malentendido o una decepción, esa inseguridad que hace que te compares con tu compañero de trabajo, o esa discusión en la mesa familiar en la que no sabes por qué entras al trapo si ya sabes cómo se ponen.

Por eso, en este apartado quiero hablarte del efecto que tiene en nuestro cerebro recordar y traducir a palabras lo que te pasa.

Réquiem por un recuerdo

Cada vez que hablamos de lo que nos ha dolido, algo cambia. Y no, no estoy siendo metafórica: nuestro cerebro, literalmente, cambia.

La memoria es una función cognitiva compleja que durante años se ha situado en el hipocampo. Pero, como todas, esta afirmación tiene letra pequeña. Uno de los grandes enigmas actuales de la neurociencia es **dónde se encuentran los recuerdos cuando no los estamos recordando**, porque en realidad no lo sabemos. Lo que sí sabemos es que, cuando un recuerdo se reactiva, se activa el hipocampo. Concretamente, los recuerdos más antiguos (los de la infancia) activan las capas más profundas, mientras que los más recientes, las capas superficiales.

Además, como sabes, ninguna estructura cerebral trabaja sola. Y el hipocampo no es la excepción. Aunque a veces sentimos que recordar es como rebobinar una cinta VHS para proyectarla en el cine de nuestra consciencia, lo cierto es que sería más preciso decir que, **cada vez que recordamos, hacemos un remake**. Una reconstrucción de la película original, inevitablemente influida por el director que somos hoy.

Para producir esta nueva versión, diferentes estructuras cerebrales trabajan en conjunto. El hipocampo aporta, como no, el guion, organizando la narrativa de lo vivido. La amígdala, a su vez, se encarga de que los actores no solo repitan sus frases, sino que las sientan como propias: une la emoción de quienes fuimos con el *acting* de quienes somos ahora. Y la corteza prefrontal ventromedial se convierte en ese espectador que da sentido personal a lo que está viendo, preguntándose: ¿qué representa ahora esta escena para mí?

El trabajo en equipo de esta red es lo que permite que, cada vez que traemos un recuerdo al presente, este **se actualice y se vuelva a almacenar**. Este proceso, conocido como **reconsolidación**, explica por qué un mismo hecho puede recordarse con matices distintos según el momento emocional, cognitivo y contextual desde el que lo estemos evocando.

Sin embargo, a veces esta licencia imaginativa del recuerdo se vive como una traición cerebral. ¿Cuántas veces te has interrogado sobre si lo estás recordando correctamente? Pero, aunque no lo veamos así, en realidad, esta flexibilidad es una oportunidad: significa que no somos rehenes de lo vivido, ni del olvido. Y de este último dependemos más de lo que nos gustaría admitir.

En este sentido, tenemos cierta capacidad para escoger cómo y cuándo aprendemos o generamos nuevas memorias, pero, ninguna sobre lo que olvidamos. Y olvidamos muchísimo. Lo curioso es que **los recuerdos con alta carga emocional se resisten a este barrido** y por eso, inevitablemente, acaban teniendo más peso en nuestra percepción de lo vivido. No lo digo yo, lo dice la ciencia.

Estudios recientes estiman que olvidamos alrededor del 80 % de la información que aprendemos (es decir, de aquello que vivimos mientras prestamos atención). Si, como vimos en el capítulo anterior, pasamos la mitad del día en piloto automático (sin atención), del 50 % del tiempo restante, solo retenemos una quinta parte. Así que, lo que recordamos representa apenas un 10 % de lo vivido. Y ese porcentaje mínimo es el que usamos para reconstruir el pasado. Es fuerte, ¿no?

Nos exigimos fidelidad a la realidad, pero es una falacia: ser objetivos con el pasado es, por biología, imposible.

Por eso, ante un recuerdo emocionalmente complejo, que será difícil de olvidar por su carga afectiva y que, además, no podemos borrar a voluntad, el hecho de **poder alterarlo es un privilegio** enorme.

Siendo conscientes de esto, ahora entenderás por qué los psicólogos insistimos tanto en narrar los recuerdos: **visitar el pasado lo reorganiza emocionalmente**. Porque, a veces, al hacerlo, se alivia un poco del peso que tenía. Esto es lo que ocurre muchas veces en terapia. Pero también puede ocurrir cuando hablas con una amiga o mientras escribes en tu diario.

Así, cuando hablamos de regulación emocional, no podemos obviar el relato. Porque las emociones se respiran y, cuando ya hay espacio, también se escriben o se cuentan. El objetivo no es borrar lo que dolió, sino **darle su lugar para que deje de ocupar todos los demás**.

EJERCICIO

Querido yo

Vamos a iniciar una práctica de escritura reflexiva para poder observar y observarte, sin juicios ni expectativas. Para hacerlo:

1. **Busca un oasis de silencio.** Solo necesitas tu cuaderno, tu bolígrafo de confianza y unos minutos sin interrupciones. Si quieres, acompaña esta práctica de algo que te dé calma: una infusión, una manta o una vela.
2. **Elige una de estas preguntas y escribe durante diez minutos sin parar.** Durante la escritura, es importante salir de las descripciones de la situación y adentrarte en lo que sientes (no se trata de escribir bonito ni claro; es un espacio para escuchar por escrito lo que ya vive dentro):

    - ¿Cómo me encuentro hoy?
    - ¿Qué parte de mí he sentido más o menos presente últimamente?
    - ¿Hay algo que necesite y que aún no he puesto en palabras?

3. **Sostente.** Cuando acabes, escribe una frase final como si te la dijeras al espejo. Ejemplos:

   - Estoy aquí.
   - No tengo todas las respuestas, pero empiezo a escucharme.
   - Escribir esto ya ha sido suficiente por hoy.

4. **Cierra con una pausa.** Quédate un minuto en silencio o haz cinco respiraciones diafragmáticas antes de guardar el cuaderno.

Vínculos

El 28 de abril de 2025 se fue la luz en toda la península ibérica. En Galicia, el apagón duró unas quince horas. Sé que esto es frecuente en otros países, pero aquí fue la primera vez y nos pilló a todos por sorpresa.

Cuando sucedió estaba sola en casa, y lo que al principio entendí como algo sin mayor importancia, empezó a preocuparme a medida que pasaban las horas.

Al terminar de trabajar, con el fin de reducir mi incertidumbre, bajé al jardín comunitario. Nunca había visto tanta gente reunida allí: niños corriendo, familias improvisando pícnics, perros paseando y vecinos compartiendo linternas ante la noche inminente.

Soy relativamente nueva en la urbanización, por lo que tuve que romper el espacio privado de un grupo de desconocidos para preguntar si sabían algo de lo que sucedía. Al hacerlo, me sentí rara, **como si entrara en un lugar que no me correspondía** (aunque, dadas las circunstancias, **fui bienvenida**). Una vez acompañada, sentí cierto alivio. Pero, a los pocos minutos, con la necesidad de obtener información ya cubierta, emergió otra preocupación: mi pareja, a más de cien kilómetros, sin efectivo ni coche. ¿Cómo volvería a casa?

Sentía como mi cuerpo se iba activando, impulsado por el pensamiento rumiante que potenciaba la preocupación, y empecé a sentirme incómoda en el grupo, ya que no compartían mi estado emocional, sino que, legítimamente, disfrutaban de un atardecer sin trabajo ni pantallas. Así que, en lugar de comunicarles mis miedos (no tenía tanta confianza), me despedí agradeciendo su adopción momentánea, volví a casa, dejé un pósit en la nevera por si mi pareja regresaba, y salí en busca de seguridad.

Sin planificarlo, terminé frente al portal de una amiga que es familia, con quien compartí el confinamiento de 2020. Al vernos nos abrazamos, y sonrió diciendo: «Otro acontecimiento dramático juntas». Entre frases para ponernos al día, le conté mi preocupación, que escuchó con atención.

¿Se resolvió el problema? No.
¿Me sentí mejor después de contarlo
y recibir su abrazo? Sin duda.

Pasados unos minutos, más calmada, regresamos a mi piso, trazamos un plan para el día siguiente y nos acompañamos hasta que anocheció.

En momentos de incertidumbre, cuando la situación nos desborda, tendemos a agruparnos. Sucedió ese lunes. Pero también sucedió al dejar ese trabajo, cuando perdiste a esa persona querida, en tu primera ruptura amorosa, e incluso en tu infancia, cada vez que corrías a unos brazos seguros tras un susto.

Así que sí, aunque parte de la calma viene de dentro, estamos diseñados para sentir en comunidad. Nuestros cuerpos se regulan cuando están cerca de otros.

Como diría Simba: somos clan

En realidad, no descendemos del más fuerte, sino del que supo pedir ayuda, cooperó y generó vínculos. Y esa herencia sigue en nuestras células.

Por lo que, más allá de nuestro cuerpo y nuestra mente, nos entrelazamos en un sistema social que actúa como extensión de nuestro sistema nervioso. Y la emoción es el mensaje que permite el vínculo entre nosotros: **sentimos para saber qué necesitamos, sí, pero también para que el otro lo sepa.** Por eso, regularnos en comunidad es una estrategia biológica y tendemos a ella.

El impacto que tienen los vínculos en nuestra salud es tan potente que incluso los más leves cuentan. Las interacciones aparentemente superficiales (saludar al vecino o compartir unas risas con la panadera) tienen **efectos protectores en nuestra salud** ya que refuerzan la pertenencia: nos recuerdan que estamos aquí y que alguien nos ve.

Pero, aunque ser visto es necesario, no es suficiente.

Seguimos necesitando vínculos profundos y seguros, dos características que suelen ir de la mano. Cuando perteneces a un entorno con relaciones significativas, a un clan, el cuerpo lo reconoce y responde en consecuencia, mejorando tu salud física y mental: se fortalece el sistema inmunitario, mejora el estado de ánimo, la calidad del sueño y la atención y, además, se mantiene la reserva cognitiva, la capacidad del cerebro para mantener su funcionalidad a pesar de que sufra un deterioro o daño, como una enfermedad neurodegenerativa.

En cambio, cuando no hay este tipo de vínculos, o no sentimos pertenencia, nuestra salud se pone en riesgo: el aislamiento social y la percepción de soledad (es decir, sentirse solo, aunque no se esté) aumentan la probabilidad de muerte en un 33 % y un 26 %, respectivamente.

Y, a pesar de tener estos datos sobre la mesa, seguimos perpetuando la oda al individualismo en nuestra gestión emocional. **¿Cuándo empezamos a pensar que podíamos con todo solos?**

Te lo adelanto: el problema no está en ti, es estructural.

Todo empieza en nuestros primeros años. En nombre de una autonomía mal entendida, hace no tantos años se promovía una crianza que justificaba ignorar las conductas de protesta infantil (como el llanto o los gritos), bajo la premisa de que el niño debía aprender a calmarse solo. Como si la empatía fuese sinónimo de malcriar.

Hoy sabemos que un niño pequeño no dispone aún del andamiaje cerebral necesario para autorregularse y que ese rol le corresponde al adulto. Si ignoramos su protesta, lo que aprende es que no será escuchado haga lo que haga, y esto constituye la antesala perfecta para la creación de vínculos de apego inseguros, cuyos ecos resonarán a lo largo de su vida.

Con estas huellas tempranas, **llegamos a la adolescencia**, donde el cuerpo parece adulto, pero el cerebro aún no lo es. En esta etapa tendemos a salir del núcleo familiar, pero no para estar solos: sino para **buscar apoyo entre quienes comparten nuestra intensidad emocional**, nuestros pares.

A nivel cerebral este periodo implica reorganizaciones profundas: el sistema límbico está especialmente sensible al reconocimiento social y al rechazo, mientras que la CPF (encargada de la evaluación racional) aún se encuentra en maduración (hasta bien entrada la veintena, tardando un poco más en los hombres). Así que, cuando pienses que ese veinteañero «no tiene dos dedos de frente», recuerda que aún no tiene todas las conexiones listas. *«Non é cen»*, como diría mi abuela.

Sin embargo, a pesar de la necesidad de vínculo, algunos jóvenes carecen de los recursos suficientes para establecer relaciones en las que se sientan seguros, y, ante esta incomprensión, pueden tender al aislamiento.

Finalmente, **el eco del individualismo sigue resonando en la adultez**, sostenido por un sistema cultural que nos separa poco a poco. Esta sensación de falta de pertenencia se va volviendo endémica especialmente por el efecto de dos variables:

Por un lado, el mundo cambia tan rápido que, cuando parece que lo entiendes, ya estás desactualizado otra vez. Antes, la vida de nuestros tataratatarabuelos era parecida a la de nuestros tatarabuelos, lo que ayudaba al entendimiento mutuo: las referencias pasaban de una generación a otra sin necesidad de traducción. Ahora, me cuesta seguirle el ritmo a mi hermana (a la que le llevo doce años), y me veo gastando una semana en descifrar qué significa *potaxie*, sabiendo que, cuando lo entienda, ella ya estará a otra cosa. La velocidad con la que se mueve la información es brutal. Una semana sin ver las noticias y parece que te has ido del país tres meses. Las palabras se popularizan, alguien se hace viral, un nuevo escándalo político y unas cuantas violaciones de derechos humanos, todo en un mismo *scroll*. La consecuencia es que **entender al otro requiere un esfuerzo adicional**. Y, cuando ese esfuerzo de traducción se vuelve la norma, la posibilidad de encuentro se debilita.

Por otra parte, no tenemos tiempo. El poco tiempo libre se divide entre el autocuidado (con la presión de esa lista interminable de hábitos) y la vida social. Y, sin darnos cuenta, vamos priorizando hacer informes o ir al gimnasio, cediendo terreno social, por lo que el aislamiento se va colando en esos mensajes que borras antes de enviar para no molestar o en planes cancelados porque no te da la vida... Así, a la larga, esas redes de apoyo van perdiendo profundidad hasta quedar relegadas a tomar un café para «ponernos al día», pero pocas veces para conectar.

Pero, aunque vivamos tendiendo a la autosuficiencia, **el cuerpo no olvida: sigue esperando un clan.** Pero ¿por qué?

Cerebro social

Desde que nacemos, mostramos preferencia por cualquier estímulo que implique conexión con otros: rostros, sonrisas, caricias... Nuestro cerebro prioriza el vínculo social como algo necesario para sobrevivir a través una red que se conoce como **«cerebro social»**.

Entre las estructuras más implicadas destacan las que se encargan de la emoción (la amígdala) y, además, lo que en neurociencia llamamos «sociómetro», compuesto por:

- La **corteza cingulada anterior** (el detector del error) nos avisa si nuestra conducta encaja socialmente.
- La **ínsula** involucrada en la evaluación del riesgo social.

Estas dos estructuras se activan conjuntamente ante el rechazo, también llamado **«dolor social»**, porque activa el mismo patrón cerebral que el dolor físico.

Es decir, cuando nos excluyen, el cerebro interpreta que hay peligro de supervivencia.

Esta reacción nos indica que el cerebro **trata los vínculos como una prioridad biológica**, no solo en la infancia cuando dependemos de cuidados, también a lo largo de toda la vida.

Y, para que estos vínculos se mantengan en el tiempo, el cerebro social nos da una capacidad clave: la de comprender al otro, **tanto emocional como racionalmente**.

Porque, así el objetivo ya no es solo asegurar nuestra propia supervivencia, sino ayudar en la del otro. Esto se consigue con **la empatía**, un tipo de simbiosis cerebral que mejora nuestras probabilidades de estar (y seguir estando) con otros.

Hoy en día, muchos tenemos la sensación de que la empatía brilla por su ausencia. Pero, en realidad, no escasea porque hayamos dejado de sentir, lo que ocurre es que cada vez tenemos menos espacio para detenernos a comprender; y saber cómo funciona esa conexión puede ayudarnos a reconectar con ella.

Validemos rajar del jefe como regulación emocional

Si, tras recibir una bronca injusta de tu jefe, te cruzas en el pasillo con tu compañera y le cuentas lo ocurrido, fantaseando con dejar el trabajo y mudarte a Bali como nómada digital, no estás simplemente quejándote. En realidad, estás activando un **mecanismo biológico de regulación emocional** que se sostiene en la empatía.

Este proceso **arranca** en el sistema nervioso gracias a las neuronas espejo, que se activan cuando observamos en otra persona una acción, una emoción o una expresión familiar. **No hace falta haber vivido exactamente lo mismo, pero sí que nos resulte reconocible**. Al verla, estas neuronas reflejan en nuestro organismo lo que el otro siente, lo que genera una resonancia emocional en nuestra propia amígdala.

Y este reflejo emocional se combina con la capacidad de entender racionalmente al otro. Para que haya empatía, debe haber teoría de la mente: la capacidad de atribuir a otras personas pensamientos, intenciones o emociones distintas a las propias (una especie de lectura de pensamiento).

Por eso, rajar de tu jefe con alguien que ha vivido algo parecido invita a que surja una regulación natural, sin esfuerzo. Su sistema nervioso reconoce lo que estás contando y el tuyo responde al sentirte comprendida. **Esa sintonía emocional, llamada corregulación, calma el sistema nervioso al permitirnos descargar tensión y ajustar la perspectiva.**

Cuando sucede, me gusta imaginar que el cuerpo del otro, por unos instantes, funciona como andamio del nuestro, sosteniéndonos mientras recuperamos el equilibrio.

Y es que su cuerpo nos sostiene, literalmente. Porque, además del reflejo emocional, las últimas investigaciones apuntan a que también existe una resonancia física. Estudios con *hyperscanning* (una técnica de neuroimagen que permite registrar la actividad cerebral de dos o más personas al mismo tiempo mientras interactúan en tiempo real) han mostrado que, cuando dos personas están emocional o cognitivamente alineadas (hablando o mirándose), sus cuerpos se sincronizan en: la frecuencia cardiaca, la expresión facial, la respiración e incluso las ondas cerebrales. Este fenómeno se llama sincronización interpersonal, y explica por qué a veces lo que necesitas no es una solución; es un **«te entiendo»**.

EJERCICIO

¿Cuáles son tus andamios?

Es importante permitirnos observar con honestidad cómo es nuestro clan, ya que esto nos ayuda a identificar si estamos en una situación de aislamiento, si nos percibimos solos o si, por el contrario, sentimos que contamos con una red de apoyo protectora.

Por eso, en este ejercicio haremos una radiografía de tu sistema social que te ayude a detectar si existe alguna necesidad.

1. **¿En el último mes, hubo algún momento en el que sintieras malestar** (por enfado, incertidumbre, tristeza...)**?**

- ¿A quién acudiste?
- ¿Te sentiste comprendido o acompañado?
- ¿Qué cambios notaste en tu cuerpo después de ese contacto?

2. Ahora, **cambia de perspectiva**:

   - ¿Quién suele acudir a ti cuando no está bien?
   - ¿Sientes que puedes comprenderlo?
   - ¿Qué notas en tu cuerpo?

3. **Dibuja tu andamios.** Vamos a visualizar tus vínculos, desde tus relaciones estrechas hasta las más superficiales (como esa amiga del trabajo con la que compartes el café o esa vecina que siempre te hace reír).

En una hoja en blanco, dibuja cinco círculos concéntricos. Comienza escribiendo en el centro el nombre de las personas que sientas más cerca emocionalmente y, en las capas más exteriores, a quienes ocupan un papel más periférico. Observando el ejercicio (las respuestas a las primeras preguntas y la representación de tus andamios), responde:

- ¿Qué tipo de vínculos predominan? ¿Son simétricos o unilaterales?
- ¿Hay alguna figura en la periferia que te gustaría recuperar?
- ¿Falta alguien que te gustaría que estuviese?

Quienes forman parte de ese círculo y regulan tu sistema nervioso son quienes, de un modo u otro, **te aportan calma y seguridad**. Reconocerlos y recordar cómo te sientes a su lado puede ayudarte a tomar perspectiva y ofrecer cierta resistencia a esa tendencia al aislamiento hacia la que todos, de algún modo, navegamos.

Observar también **lo que molesta** (vínculos que estabas priorizando sin reciprocidad o, al contrario, que estabas desatendiendo y sí eran prioritarios) nos permite actuar en coherencia, teniendo en cuenta lo que necesitamos y lo que hay.

10

LOS TEMPLOS DE LA HOMEOSTASIS

> Y no ignoro que todas las islas, incluso las conocidas, son desconocidas mientras no se desembarca en ellas.
>
> JOSÉ SARAMAGO, *El cuento de la isla desconocida*, Debolsillo, 2022

En su libro *La levedad de las libélulas*, el investigador en bioquímica, Carlos López-Otín recuerda que un cuerpo sano es, ante todo, un cuerpo en silencio, haciendo referencia a **la calma que aparece cuando el sistema encuentra su punto de equilibrio**. Ese equilibrio no significa que no haya fallos (porque, sin duda, los hay), sino que **es capaz de estabilizarse tras cada huracán**. Eso es la **homeostasis**: un sistema de autorregulación fisiológica que nos sostiene en medio del cambio.

En ese vaivén diario hay tres «templos», pilares que sostienen buena parte de la capacidad de nuestro cuerpo para reequilibrarse: el **sueño**, la **alimentación** y el **movimiento**. Estos templos no exigen dinero, pero sí tiempo, atención y algo de escucha; son lugares de cuidado cotidiano que, si los habitamos con constancia, nos ofrecen refugio. Sin embargo, muchas veces no nos gusta visitarlos, ya que se han convertido en terreno fértil para la **autoexigencia**: dormimos con culpa, comemos con juicio y nos movemos por castigo o recompensa.

Este capítulo no pretende darte una receta para hacerlo «mejor». Es, más bien, una invitación a revisar tu relación con las tres deidades de la salud.

- **Morfeo**, el dios griego del sueño, que nos enseñará la importancia de priorizar el descanso;
- **Deméter**, la diosa helénica de la agricultura y la fertilidad, que nos recordará la diferencia entre alimentarse y vivir nutridos;
- **Hanuman**, el dios hindú de la fuerza, la agilidad y la vitalidad, que nos mostrará cómo podemos recuperarlas si recordamos que alguna vez las tuvimos.

Así, visitando sus templos descubriremos que cuidarse no es una lista de mandatos inalcanzables, simplemente es **un regreso a lo esencial**.

Morfeo

Era septiembre y antes de empezar mi jornada laboral postvacacional, le di al *play* a una charla donde un hombre hablaba con aplomo sobre las bondades de levantarse a las cinco de la mañana. Mientras lo escuchaba, me vino a la cabeza otra de sus aportaciones años atrás: una oda a la pausa, a soltar la productividad y a recuperar el silencio para volver a lo esencial. Sin embargo, allí estaba ahora, en un escenario corporativo, hablando de rutinas matinales como si el alma pudiera programarse en bloques de veinte minutos.

¿En qué momento habíamos pasado de una pausa contemplativa a una pausa productiva?

Lo preocupante es que este discurso nos salpica cada día. Aparece cuando dormir sin despertador un domingo se convierte en un lujo del que sentirse culpable, recordado por las fotos posteadas de tu amigo que, mientras tú aún babeabas la almohada, ya ha ido a la biblioteca, ha hecho una ruta en bici y ha limpiado su casa. También cuando sientes esa mezcla extraña entre admiración y malestar al saber que Tamara se quedó despierta hasta las tantas para terminar un informe que tú aún tienes pendiente. Así vamos normalizando la idea del sueño como herramienta para **afinar el rendimiento**.

Mientras masticaba mi bol de frutas, pensaba que nunca podría entrar en el club de las cinco de la mañana. No solo porque en ese momento lo único que anhelaba era dormir una hora más; sino porque, simplemente, no soy matutina. Me llevó tiempo entender que eso no me hacía ser defectuosa. Y que, en un mundo que ensalza madrugar como virtud moral, tenemos que admitir que los búhos jugamos con un poquito de desventaja.

El reloj más importante no es el que está en tu muñeca

La mayoría nos organizamos siguiendo **un reloj y un calendario** prestados: me muero por una siesta, pero tengo que salir a hacer recados; sé que me costará dormir, pero salgo a correr cuando anochece porque no tengo otro hueco en el día; sé que mañana madrugo, pero no puedo evitar ver otro capítulo más por miedo a los spoilers en la oficina; etc.

Todos hemos estado ahí, pero, **si intentamos mantener un ritmo ajeno mucho tiempo** cuando no está en hora con el propio, **nos acaba pasando factura**. Nuestro cuerpo ya trae su propio reloj de serie que marca todos nuestros ciclos: ritmos que se repiten una y otra vez, y que nos organizan para poder prepararnos con antelación.

Algunos de estos ritmos los notamos fácilmente: sabemos que cada pocos segundos respiramos, que vamos a tener que comer y beber varias veces al día y que tras unas dieciséis horas despiertos nos entra sueño. Pero vivimos rodeados de estos ritmos e influyen en casi todo: desde cuándo tenemos hambre hasta cuándo estamos más concentrados.

La ciencia que los estudia es la **cronobiología** y para entenderlos mejor, los agrupan según su duración:

- **Ritmos infradianos:** *infra diem* ('por debajo del día'). Duran menos de 24 horas como la respiración o el latido del corazón.
- **Ritmos ultradianos:** *ultra diem* ('más allá del día'). Duran más de 24 horas, como el ciclo menstrual.
- **Ritmos circadianos:** *circa diem* ('alrededor del día'). Duran unas 24 horas, como el ciclo sueño-vigilia.

Todos los ritmos están interrelacionados
y contribuyen a mantener la homeostasis corporal.

Si hablamos de **ritmos circadianos**, tenemos varios **relojes distribuidos por el cuerpo**: en órganos como el hígado, el páncreas, los pulmones o la piel; pero también dentro de sus células, en el propio ADN, donde habitan unos genes conocidos como *clock* (reloj). Estos relojes periféricos se ajustan mediante señales como la temperatura, el movimiento o la alimentación.

Pero para que no vaya cada uno por su cuenta, **todos siguen una referencia común**: un reloj maestro que nos sincroniza con el ciclo luz-oscuridad, el núcleo supraquiasmático (NSQ). Esta diminuta estructura está situada en el hipotálamo, y recibe información directa del quiasma óptico, una región justo detrás de los ojos que capta la presencia de luz ambiental.

Para enviar el mensaje al resto del cuerpo y coordinar el ciclo sueño-vigilia, el NSQ desencadena una cascada de señales químicas en la que destacan dos protagonistas que o bien nos mantienen dormidos o nos despiertan: **la pastilla azul** y **la pastilla roja**.

La pastilla azul: la melatonina que nos invita a soñar

Cuando percibimos la luz anaranjada de la puesta de sol, esa información es captada por el NSQ, que conecta con la glándula pineal, una pequeña estructura situada en el centro del cerebro. Durante el día, esta glándula secreta serotonina, pero ante la señal del ocaso, la transforma en melatonina.

La melatonina, pese a lo que la publicidad nos pueda llevar a pensar, **actúa como mensajera del descanso**, no como somnífero. Es una señal moduladora que va incrementando hasta alcanzar su pico en mitad de la noche transmitiendo un mensaje de «buenas noches»: desciende la temperatura corporal, ralentiza el ritmo cardiaco, la digestión se vuelve más lenta y la musculatura se afloja. Además, el cerebro cambia de partitura y comienza a entonar melodías con ondas cerebrales lentas. Así, la percepción del entorno va disminuyendo, como si alguien apagase con suavidad los interruptores de la consciencia.

La pastilla roja: el cortisol que nos devuelve al mundo

Cuando amanece, entra en escena el cortisol. Es como un primer sorbo de café que marca el inicio del estado de vigilia: aumenta la glucosa en sangre, afina la atención y eleva la tensión arterial.

En condiciones ideales, el cortisol sube cuando se acerca la hora de despertarse, alcanzando su mayor concentración 90 minu-

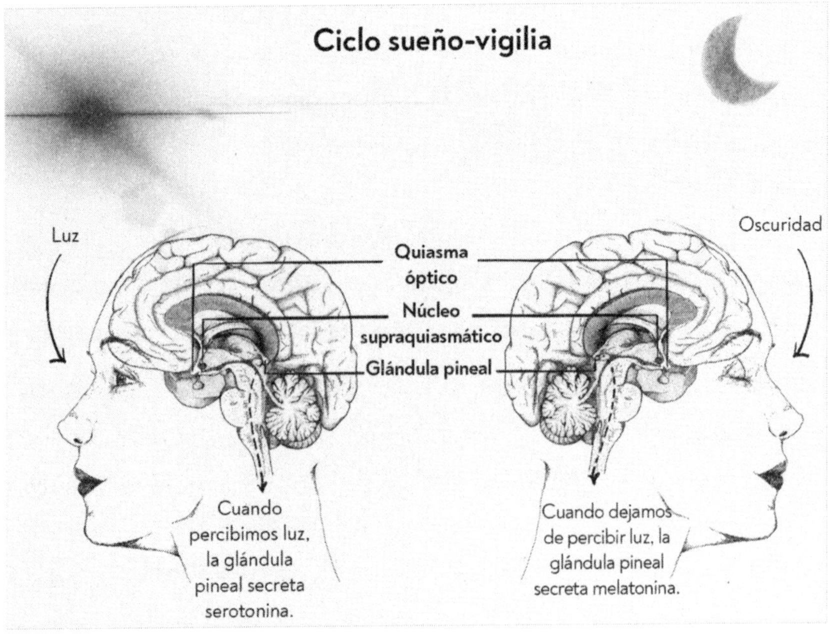

tos después de que te hayas levantado y movido, y luego desciende gradualmente a lo largo de la jornada.

Cuando todo está sincronizado, sentimos esa sensación de dormir bien y funcionar con energía durante el día.

Pero ese ritmo se puede romper si:

- **La melatonina llega tarde o escasamente.** Por falta de luz natural, exceso de pantallas o simplemente por el estrés que la bloquea.
- **El cortisol empieza a aparecer cuando no toca.** Por horarios cambiantes, pensamientos rumiativos a medianoche, ritmo de vida, etc.

En estos casos, el reloj maestro se desajusta y, con él, todos los relojes periféricos pierden la referencia. Si esto se mantiene, el cuerpo empieza a susurrar: fatiga, irritabilidad, insomnio, niebla mental, problemas digestivos o inflamación.

Bitácora de las aves fisiológicas

Aunque los humanos somos animales diurnos, **no todos funcionamos igual**: hay variaciones en el horario de los picos de cortisol y melatonina que no dependen solo del entorno, sino de nuestra herencia genética.

Todos sabemos qué signo del zodiaco somos, pero me sorprende la escasa atención que le damos a conocer nuestros signos biológicos: cosas como nuestro grupo sanguíneo... o nuestro cronotipo (esa inclinación horaria tatuada en nuestros genes). ¡Con lo beneficioso que es disponer de este conocimiento!

Por eso mi objetivo es que conozcas tu ave fisiológica.

Sí, has leído bien. Cuando hablamos de cronotipos, la clasificación popular **diferencia entre alondras y búhos**. Pero hay un tercer tipo que, lejos de ser anecdótico, representa a dos tercios de la población: el intermedio.

- Las **alondras** rinden mejor por la mañana y se apagan temprano.
- Los **búhos** se activan por la tarde, con picos de concentración y creatividad cuando el resto está bajando la persiana.
- Los intermedios se encuentran en el centro, con un ritmo más adaptable. Como este cronotipo es el más común, aquí los he bautizado como **gorriones**.

Estas **predisposiciones son biológicas** y nos informan de las preferencias de nuestro cuerpo. Y aunque tienen un rango de adaptación, no es infinito. Hoy sabemos que los cronotipos varían con la edad: son más marcados en la infancia y, sobre todo, en la adolescencia. En la adultez se suavizan y la mayoría **acabamos siendo gorriones**.

Por eso es útil saber qué ave somos: para adaptar nuestras rutinas cuando se pueda y, sobre todo, para dejar de juzgarnos por no encajar en ritmos que no van con nosotros. **No todas las rutinas son para ti. Y eso está bien.**

EJERCICIO

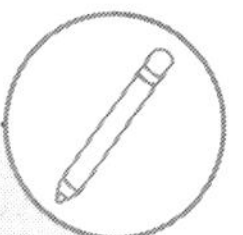

De búhos a alondras

Una forma sencilla de saber cuándo funciona mejor tu cuerpo es observar **cómo varía tu temperatura corporal** a lo largo del día (ya que sigue un patrón circadiano).

La temperatura central alcanza su punto más bajo justo antes de despertar de forma natural. Luego sube progresivamente hasta llegar a un pico durante las horas de mayor actividad y, después, vuelve a bajar para prepararse para el descanso. Lo interesante es que ese pico de mayor temperatura corporal cambia según tu cronotipo:

- Las alondras acostumbran a alcanzarlo entre las 14:00 h y 16:00 h.
- Los gorriones suelen registrarlo entre las 16:00 h y las 18:00 h.
- Los búhos, en cambio, llegan a ese pico entre las 18:00 h y las 20:00 h.

PRÁCTICA. ¿Conoces en qué momento del día funcionas mejor?

1. Consigue un termómetro (mejor si es digital).
2. Durante tres días, en tu vigilia mide tu temperatura cada hora y anótala en la fila correspondiente de la tabla de la página siguiente. Pasados los tres días, calcula la media.

	DÍA 1	DÍA 2	DÍA 3	MEDIA
1 h				
2 h				
3 h				
4 h				
5 h				
6 h				
7 h				
8 h				
9 h				
10 h				
11 h				
12 h				
13 h				
14 h				
15 h				
16 h				
17 h				
18 h				
19 h				
20 h				
21 h				
22 h				
23 h				
24 h				

3. Ahora, en el **eje horizontal** de la gráfica donde se representan las horas del día, elige el periodo en el que hiciste las mediciones (por ejemplo, de 9 h a 22 h).
4. Coloca un punto por cada franja horaria, utilizando los valores medios que has registrado en la tabla durante tres días.
5. Une los puntos, así podrás visualizar el ciclo de tu temperatura. El horario del pico más alto de temperatura te indicará **tu cronotipo**.

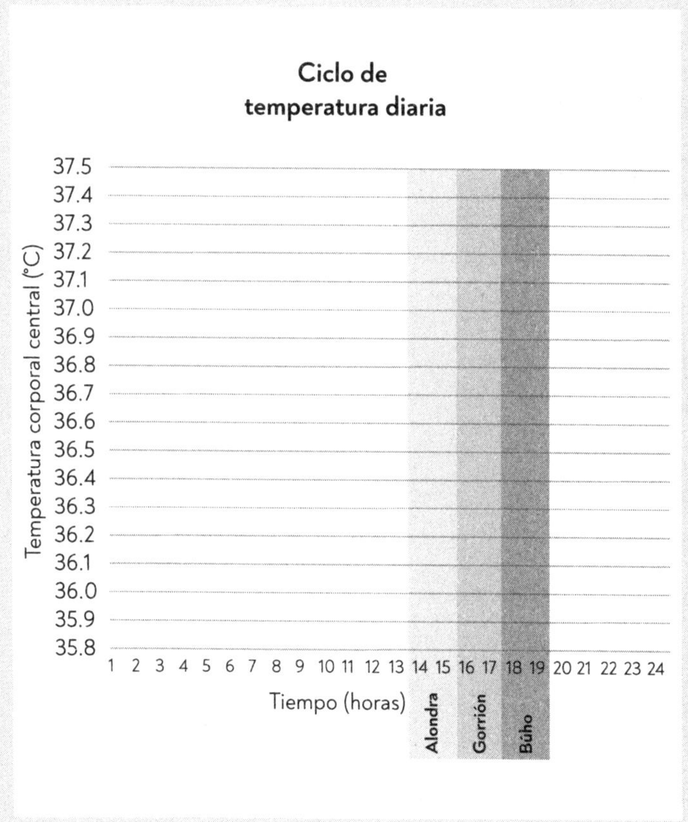

El **objetivo** de este ejercicio es hacerte la rutina más fácil, sabiendo en qué momento del día estás más activo. Lo ideal es que puedas adaptar el reloj social a tu reloj interno, priorizando las tareas que más pereza te dan o que requieren más exigencia en esa ventana de mayor energía.

Y recuerda, no hacemos esto para ser más productivos, el objetivo de este ejercicio es habitarnos con un poco más de coherencia.

El templo del sueño

Aunque el cerebro solamente representa el 2 % de la masa corporal, consume el 20 % de la energía total. Para soportar este gasto, las células gliales nutren las neuronas de manera muy eficiente al inicio de la jornada, pero a medida que pasan las horas, se complica este mantenimiento, porque la actividad neuronal va generando residuos. Entre ellos, la adenosina se va acumulando y uniendo a los receptores neuronales, lo que genera de manera progresiva una sensación de cansancio que, en última instancia, se vuelve somnolencia.

Por eso, **cuando coinciden varios factores** (concentraciones altas de melatonina y de adenosina que inducen somnolencia, bajos niveles de cortisol y ambiente fresco, con poco ruido y oscuro), **el cerebro se prepara para descender las escaleras de Morfeo**.

Bajando las escaleras

Cada noche, descendemos distintos peldaños de consciencia que, desde la neurociencia, se clasifican en: sueño REM (por sus siglas en inglés *rapid eye movement*) y sueño no REM (NREM).

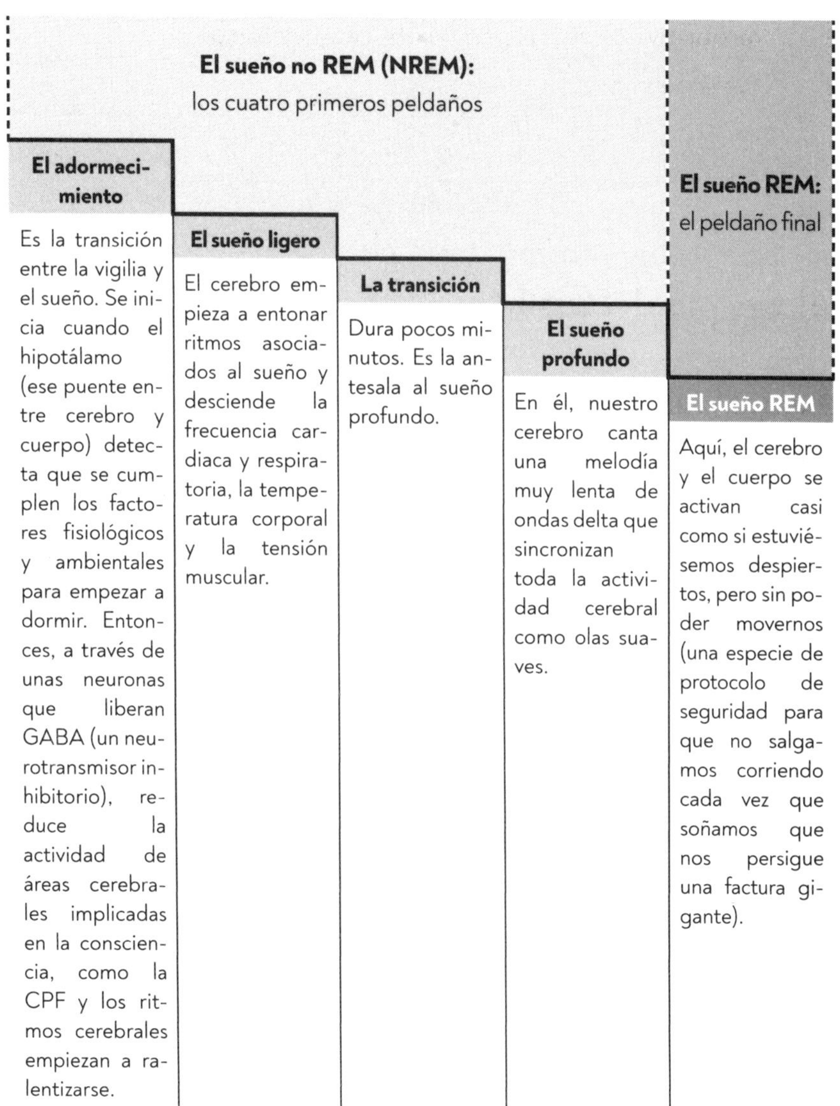

Durante la noche **bajamos y subimos, una y otra vez, estas escaleras**, en ciclos de entre 60 y 90 minutos. Lo más natural es despertarnos cuando estamos en los dos primeros peldaños, por lo que los microdespertares son muy comunes y, si despertamos del todo en ese momento, es menos probable que aparezca la sensación de no haber descansado.

De ahí, salen **las famosas ocho horas**: permiten completar al menos cinco ciclos, lo mínimo necesario para que el sueño cumpla sus funciones reparadoras. Aunque hay diferencias individuales, e influyen factores como la edad y el sexo (los niños y las mujeres dormimos más), se podría decir que el 95 % de **los adultos necesitamos dormir entre 7 y 9 horas**.

Esta misma lógica se aplica a las **siestas**. Lo ideal: 20-30 minutos o 90. Si nos quedamos entre medias corremos el riesgo de despertarnos en fases profundas con sensación de pesadez.

Morfeo: tu enfermera Joy privada

El sueño cumple varias funciones, pero destacan dos. Por un lado, optimiza nuestras conductas al sincronizarlas con las franjas de luz, donde somos más eficientes (imagina el despropósito de tener que cazar de noche con nuestra fisiología). Por otro lado, repara y pone a punto el cuerpo para afrontar un nuevo día. Como cuando entrabas en un centro Pokémon con tus criaturas agotadas y, tras unos segundos, salían listas para ganar la siguiente batalla.

Estas funciones de mantenimiento suceden, sobre todo, en la **fase de sueño profundo y REM**.

En el sueño profundo se produce una limpieza cerebral.

El equipo de la investigadora Maiken Nedergaard sugiere que, al reducirse el aporte sanguíneo a las neuronas (porque están menos activas y necesitan menos nutrientes), se deja más espacio al líquido cefalorraquídeo, un fluido que limpia las sustancias sobrantes del día.

Además, en esta fase también se produce la hormona del crecimiento, implicada en el desarrollo (de ahí que en la infancia y adolescencia se duerma más), y en la reparación de los tejidos (no es casualidad que las personas con síndromes de dolor crónico, presenten niveles más bajos de esta hormona).

Por su parte, **el sueño REM** sigue siendo un misterio en muchos aspectos. No se sabe a ciencia cierta por qué ocurre, pero conociendo el cerebro, está claro que, si dedica tantos recursos a esta fase, es por algo. Las hipótesis más recientes apuntan a que cumple dos funciones principales:

- **El aprendizaje.** Durante el sueño REM se hace un barrido de aquello que no necesitamos conservar, eliminando en torno al 80 % de lo aprendido. El otro 20 % (preferentemente lo que tiene carga emocional) se consolida.
- **La gestión emocional.** Es aquí donde el cerebro resignifica experiencias vividas o ensaya cómo responder ante situaciones futuras. El neurocientífico Matthew Walker compara el sueño con un «terapeuta nocturno» con el que representamos aquellas escenas que nos pesan. Con esa simulación interna, nos exponemos a la experiencia y suavizamos su carga emocional.

Las normas del templo

El sueño se construye durante el día: no aparece solo, es una consecuencia. Por eso, a continuación, te dejo unas pautas para cuidarlo bien:

- **Escucha tu cuerpo.** Cuando empieces a tener sueño, vete a la cama (no esperes a terminar el capítulo), porque si en esa ventana de minutos no le haces caso a Morfeo, tardará en volver unos 30 minutos.
- **Horarios fijos.** Tu cuerpo necesita previsibilidad para empezar a secretar melatonina (por lo que es beneficioso mantener los horarios el fin de semana).
- **Luz natural.** Exponerte al menos 10 minutos al sol ajusta tu reloj interno al entorno, promoviendo cortisol por la mañana y melatonina por la noche.
- **Luz artificial.** Por la mañana, si no puedes salir, usa luces blancas colocadas en lo alto. Por la tarde y sobre todo después de la puesta de sol, usa luces cálidas y bajas (como lámparas de mesilla).
- **Pantallas.** La luz azul de estos dispositivos electrónicos inhibe la secreción de melatonina y ni las gafas con filtro azul ni su «modo noche» nos protegen realmente (son un placebo con mucho marketing). Para evitar su efecto solo nos queda dejar de usarlas al menos dos horas antes de dormir.
- **Oscuridad total para dormir.** Mantiene la producción de melatonina.

- **Temperatura.** El cuerpo necesita bajar su temperatura para dormir. Por eso, ese pie valiente fuera de la manta nos regula. Dormimos mejor en habitaciones frescas (18-19 °C) y con mantas.
- **Limpieza del espacio.** Si convives con el desorden en tranquilidad, este *tip* no es para ti. Si no eres de esos afortunados, una habitación neutra, sin demasiado ruido visual, favorece la calma (no tener la ropa en la silla evita el pico de cortisol al verla).
- **Restricción de actividades.** La cama solo es para dormir o para las actividades sexuales. Generar una asociación clara entre cama y descanso ayuda al cerebro a conectar con el sueño cuando estamos en ella.

    Si te gusta leer o llevar a cabo alguna actividad relajante antes de dormir, es perfecto. Estas rutinas de preparación del sueño son beneficiosas, pero si te cuesta conciliar el sueño hazlas en un sillón de la habitación o en el salón.

    Muy relacionado con lo anterior, si pasan 20-30 minutos y no logras conciliar el sueño, lo más recomendable es levantarte y dirigirte a la zona donde sueles realizar tus rutinas de preparación para dormir (como leer). Cuando vuelva la somnolencia, regresa a la cama.

    Todo esto ayuda a reforzar la asociación entre cama y sueño, y a no vincular la cama con la frustración de no dormir.
- **Actividad física.** Muévete cada día, pero evita entrenamientos muy intensos al final de la tarde porque te activarán.
- **Comida.** Cenar muy tarde o muy pesado interfiere en la calidad del sueño, pero irse a la cama con hambre también es-

panta a **Morfeo**. Lo ideal es dejar unas dos horas entre la cena y el momento de acostarte y evitar estimulantes a partir de las 12 del mediodía.

- **Oasis.** Busca pequeños momentos para regular el cortisol a lo largo del día.
- **Rumia mental.** Tener una libreta en la mesilla para anotar ideas te ayudará a dejarlas ir por unas horas.

EJERCICIO

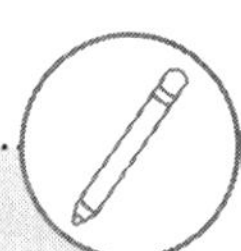

Desafío Morfeo

Ahora mismo:

- ¿Cuánto tardas en conciliar el sueño?
- ¿Cuántos despertares nocturnos sueles tener?
- ¿Cuántas horas duermes, aproximadamente?
- En una escala del 0 al 10 (donde 0 es nada y 10 es completamente), ¿cuánto de descansado te sientes al día siguiente?

Si tienes insomnio (que no es solo no dormir o dormir poco, sino dormir sin sentirte «reparado»), es importante que sigas con el ejercicio. Si no es tu caso, puedes saltártelo.

En esta práctica te propongo **una pequeña misión**: durante los próximos quince días, pon en práctica las pautas que acabas de leer (si no puedes aplicar todas, no pasa nada, las que puedas sostener ahora mismo). **No hace falta que lo hagas perfecto.**

Prioriza estas cinco áreas, que son las que más impacto tienen sobre el ritmo sueño-vigilia: horarios, exposición a la luz, condiciones de la habitación (oscura y fresca), restricción de actividades, movimiento y comida.

Después de estos quince días, **revisa las respuestas a las preguntas** y observa si hay algún cambio, aunque sea sutil. A veces, los primeros indicios no están en las horas que dormimos, sino en cómo despertamos.

Y si, a pesar de todo, el sueño sigue sin llegar y el descanso se convierte en una batalla diaria, te recomiendo buscar ayuda psicológica profesional para abordar lo que puede haber detrás.

Deméter

Conocí al monje en un pueblo diminuto del Himalaya. Vivía en primera fila de selva, en una casita blanca de tejado plano que, aunque inacabada, le servía cada mañana para beber chai, saludar al sol y meditar. Tras ese oasis matinal, solía bajar las escaleras y abrir su hogar a los vecinos, que hacían cola en la puerta. Algunos venían en busca de consejo, otros a resolver disputas y un pequeño grupo, simplemente, a ser escuchado.

Durante unos días, mi grupo y yo fuimos testigos de su labor comunitaria, así que no me sorprendió cuando, una tarde, mientras paseábamos por la orilla del Ganges, me dijo: «Creo que yo también soy un poco psicólogo».

Salvando la distancia cultural, no era desacertada la comparación. Su tarea principal consistía en escuchar, comprender y sostener a la persona ayudándola a convivir con sus circunstancias y vínculos. Lo que sí me sorprendió fue lo que dijo después: «Cuando un vecino es infeliz, lo primero que le pregunto es qué come. ¿En tu país también los tratáis así?». Ante mi negativa, me miró y, tras una pausa, añadió: «Si no comes lo que te gusta, es normal estar mal. Por eso, ese es siempre el primer paso».

Sin desmerecer el valor psicoterapéutico occidental, hay una verdad innegable en dar espacio a la alimentación dentro del proceso. En los últimos años, de hecho, hemos avanzado hacia una visión más integradora de la salud, en la que las distintas especialidades ya no se entienden como compartimentos estancos.

En relación con la alimentación, la última década ha traído un creciente cuerpo de evidencia científica sobre el vínculo entre salud mental y salud digestiva. Un enfoque que hoy nos parece innovador, pero que **lleva siglos integrado en otras formas de entender el bienestar** y que ni siquiera necesitamos buscar en la medicina ayurvédica: basta con recordar que en nuestra tradición hipocrática ya se reconocía que la alimentación, el entorno y el modo de vida eran inseparables de la salud.

Así, reconociendo saberes que una vez fueron nuestros y recordando que el cuerpo susurra siempre en el mismo idioma (aunque sean palabras diferentes), vamos a hablar de **alimentación y bienestar**.

El templo de la alimentación

Antes de empezar este apartado, quiero aclarar que lo que comparto a continuación se basa en mi experiencia como psicóloga y neurocientífica. En ese sentido, exploraremos este templo observando cómo la alimentación se vincula con el cuerpo, la mente y el entorno.

Esta información no pretende sustituir el acompañamiento de profesionales especializados en nutrición, psicología o medicina digestiva en casos de alergias, intolerancias, enfermedades digestivas o trastornos de la conducta alimentaria (TCA).

Una vez dicho esto, vamos a empezar hablando, cómo no, del **contexto**.

El punto de partida

En los últimos años, la presión estética y la oda a la salud han convertido la alimentación en un *trending topic* de la cultura popular: calculamos y clasificamos cada bocado.

Sin embargo, pese a esta avalancha de información nutricional, pocas veces nos preguntamos cosas como: ¿por qué no tolero el picante y en aquel viaje a México me sentó genial? o ¿por qué todos creemos que nuestra abuela hace la mejor empanada?

Estas preguntas nos recuerdan que reducir la alimentación a un simple aporte energético es quedarnos en la superficie.

> En la alimentación confluyen creencias, cultura, contexto, emociones y memoria.

Sin embargo, cuando hablamos de **hábitos saludables** volvemos a centrarnos solo en el componente fisiológico, descontextualizando y deshumanizando este acto. Seguimos buscando un ideal de alimentación perfecta sin asumir que, al quitarle esos matices, se vuelve inaccesible.

Esto hace que cuando hablamos de comida, aparezcan las etiquetas: esto es sano, esto engorda, esto es *detox*... Cada alimento parece sumar o restar puntos en dos marcadores: el de la salud y el del cuerpo que anhelamos. Lo que conlleva una doble presión.

En este contexto, para conseguir una buena puntuación, **vamos clasificando los alimentos en buenos y malos**. Y aunque esta lógica nos da cierta sensación de seguridad, también nos pasa factura: nos mantiene en alerta a diario y nos genera culpa si fallamos.

Por eso, no es sorprendente que este **clima de exigencia nutricional** haya sido el caldo de cultivo perfecto para que surgiera un conjunto de normas compartidas culturalmente que nos indican cómo alimentarnos «bien».

Vamos a llamarlo **«el cuarteto del buen comensal»** y analizar qué mitos esconde:

1. <u>El póquer de los alimentos: *all-in* a las proteínas, las grasas solo si son «buenas» y los carbohidratos, ni tocarlos.</u> Hemos convertido la alimentación en una partida de cartas. Sin embargo, este reparto de papeles no solo es culturalmente problemático, sino que también es fisiológicamente insostenible. La evidencia científica actual defiende el equilibrio. Un buen ejemplo es el Plato de Harvard, que representa cómo debería distribuirse una comida, priorizando la calidad de los alimentos y donde todos los macro-

nutrientes tienen algo que aportar en función de las demandas individuales:

- 50 % de verduras y frutas.
- 25 % de carbohidratos integrales.
- 25 % de proteínas.
- Grasas en cantidad moderada.
- Agua como bebida principal.

2. Huye de los ultraprocesados. A la hora de elegir qué comer, muchas veces se activa una alarma ante los ingredientes impronunciables o envases demasiado brillantes. Esta reacción no surge de la nada: es fruto de una hipervigilancia alimentaria creciente que busca proteger nuestra salud frente a un marketing centrado en el deseo.

   El arma principal son los alimentos ultrapalatables (muy agradables al paladar) que combinan grasas con sabores salados o dulces, lo que potencia la percepción del sabor. Esta mezcla los hace especialmente «reforzantes» y, aunque la evidencia científica no permite hablar aún de adicción, varios estudios han demostrado que modulan el estado emocional, generando alivio ante el malestar. Aunque su efecto no dura más de tres horas, es suficiente para que el sistema aprenda: este alimento me da placer, lo voy a recordar para utilizarlo cuando sienta malestar.

   Como explica la bióloga Tamara Pazos en su libro *Este libro te hará vivir más (o por lo menos mejor)*, si un alimento es ultrapalatable y además contiene azúcar, su efecto es más potente. Por eso, cuando estamos tristes, no nos basta con una loncha de gouda, sino que preferimos una hamburguesa completa. El consumo de estos alimentos genera un aumento muy rápido de los niveles de azúcar en sangre que nuestro cerebro repite **de manera frecuente**. Un pico ocasional no implica nada, pero si se repite, el sistema nervioso lo toma como referencia de nivel de azúcar estándar y te pedirá otra dosis para mantenerlo.

Así, podríamos pensar que la mejor opción es no consumir estos alimentos. Sin embargo, hoy sabemos que **restringirlos no solo genera una mayor fijación hacia ellos**, sino que varios estudios subrayan que es un **factor de riesgo para desarrollar un TCA**.

Por lo tanto, quiero que sepas que el riesgo no está en el helado del domingo, ni en la pizza del viernes. Lo que hace que el patrón de alimentación sea sano es **el consumo base y la flexibilidad**.

3. Los números nunca mienten. Más de uno nos hemos pasado el día con la báscula en la encimera, restando calorías y multiplicando pasos. Yo también, por eso conozco la sensación de control que da, pero también sé cómo se transforma en culpa y ansiedad cuando se va poniendo el sol, tienes hambre y no te queda «margen de ingesta».

   Compramos esta norma por su lógica aparente y su facilidad de aplicación: sencilla, cuantificable y con metas a corto plazo. Pero siento decirte que la ciencia cada vez encuentra más matices que la cuestionan.

   Hoy sabemos que **no todos los cuerpos son iguales**: la tasa metabólica basal (la energía mínima que necesita tu cuerpo en reposo) varía entre personas y cambia con la edad, la calidad del sueño, el nivel de estrés o la historia de dietas previas. Además, **no todas las calorías se meta-**

bolizan igual: influyen su procedencia, tu microbiota o tu entorno hormonal.

Además, la monitorización constante de la ingesta y del gasto energético se ha identificado como un marcador de riesgo para el desarrollo y mantenimiento de TCA. Cuando los números no encajan, aparecen los «recursos»: andar un poco más, comer un poco menos al día siguiente o alargar el entrenamiento. Conductas compensatorias que, aunque se aplauden socialmente como disciplina, esconden realmente un conflicto interno entre deseo y culpa.

Así, **la necesidad constante de cuadrar la balanza**, lejos de ser sinónimo de salud, se convierte en un circuito de vigilancia y agotamiento que termina alejándote del cuerpo que quieres cuidar.

4. Comer de más es fallar. Tras una comilona, solemos someter a nuestro cuerpo a examen, asumiendo el suspenso y flagelándonos por el descontrol. En ese tercer grado, poco importa si tenías hambre o si estabas de celebración.

   Pero, he de decirte que la evidencia científica es menos dramática que tu juicio cuando hablamos de excesos puntuales. Cuando existe un patrón alimenticio habitual suficiente, variado y flexible, los aumentos esporádicos en la ingesta (como los de las vacaciones) tienden a compensarse de forma espontánea mediante mecanismos fisiológicos como la regulación del apetito o variaciones en la actividad física no planificada.

   Eso sí, no todos los cuerpos responden igual. La velocidad y eficacia con la que se produce esta autorregulación dependen de factores genéticos, ambientales y sociales.

Una vez expuestos, nos damos cuenta de que estos cuatro mandatos que prometen bienestar no conocen tu historia, tu cuerpo ni tu ambiente.

Además, tampoco consideran **el contexto compartido donde comer bien cuesta más** (el precio del producto fresco lo ha convertido en un privilegio), dándonos así la responsabilidad total de una elección que, en realidad, es una cuestión de clase.

Pero nosotros, ciegos a estas carencias individuales y contextuales, seguimos los mandatos. De esta forma, nos hemos convertido en la generación que más atención ha puesto en lo que deberíamos comer, y, al mismo tiempo, también somos testigos de cómo, cada año, aumentan los TCA, los casos de colon irritable y el malestar vinculado a la comida.

Visto así, este enfoque no parece acercarnos a la salud a través de la alimentación, sino más bien alejarnos de nuestro cuerpo y necesidades. Así que, te pregunto… **¿y si volviéramos a lo básico?**

La importancia de vivir nutridos

Alimentarse no es solo una cuestión de nutrientes; **implica sentirnos tranquilos, seguros y satisfechos** en el acto de comer.

Por eso, la salud digestiva y la salud mental no pueden pensarse por separado: ambas se condicionan.

Un caso paradigmático de esto es el de Ainoa. Cuando la conocí, llevaba varios años sin poder entrar en un restaurante sin un plan de contingencia. En el bolso cargaba con una lista de alimentos ricos en histamina, un analgésico de rescate y un pequeño bote de enzimas digestivas. Si no podía consultar la carta con antelación desde casa, simplemente no iba.

Desde hacía unos años, había desarrollado migrañas muy intensas. La culpa recaía en el queso curado, el atún, y en una docena más de sospechosos habituales que se consideran alimentos ricos en histamina. Su digestión había pasado a ocupar el centro de su vida: lo que comía definía lo que podía hacer después. Y lo que podía hacer después determinaba, en cierto modo, quién era ahora.

Tras varias sesiones de evaluación conjunta (desde la psicología en coordinación con un profesional especializado en nutrición clínica), y habiendo recibido atención médica adecuada, sus síntomas persistían. Su malestar no podía explicarse únicamente por la carga histamínica. Había otra variable: la hipervigilancia con la que estaba escaneando su cuerpo en busca del síntoma. Lo que había comenzado como una adaptación lógica para protegerse del dolor se transformó en una celda invisible.

Así, empezamos a trabajar en la reintroducción progresiva de alimentos, regulando su sistema de alerta. Tras unos meses acompañándola en este proceso, un día me llegó un mensaje. Al abrirlo, vi una foto de un desayuno y, debajo, un texto que decía: «No he mirado la carta antes de ir ☺».

Volver a lo básico

Puede que, como Ainoa, tu relación con la comida sea compleja y a veces te genere malestar. Cuando algo nos altera tendemos a controlarlo...

Pero aquí te propongo algo distinto: volver a las bases.

A una forma de **alimentarse con menos teoría y más sentido común**. Un regreso a lo esencial: a alimentos frescos y de temporada (siempre que sea posible). Comer con la tele apagada y los sentidos encendidos. Con tiempo y pausa. Escuchando si hay hambre o saciedad. Y dejando espacio para el placer: para el color en los platos y para mojar pan. En resumen: comer sin miedo y sin necesidad de hacerlo a la perfección.

Lo sé. Probablemente te entren las dudas y estés pensando: «¿Cómo que, sin reglas, Noelia? Si ya con reglas me cuesta, si suelto el control, no quiero ni imaginar las consecuencias».

El fisiólogo Leslie Beidler, especializado en la percepción del gusto, lo resumiría en: «La sabiduría del cuerpo es burlada por la locura de la cultura». Es decir, la civilización ha alterado tanto nuestras necesidades alimentarias, que se nos ha olvidado que somos más sabios de lo que creemos. Y que, aunque suene paradójico, recuperamos el control justo cuando dejamos de apretarlo.

Llevando esto a la práctica, destaca el trabajo de las nutricionistas Evelyn Tribole y Elyse Resch que, hartas de ver a sus pacientes saltar de dieta en dieta sin resultados, propusieron dejarlas y volver a escuchar al cuerpo.

La idea puede sonar sencilla, pero implica reaprender a **comer desde dentro** (conectando con las señales de hambre, saciedad y satisfacción), y convivir con el miedo de no tener el control. Las autoras la llamaron **«alimentación intuitiva»**, y hoy contamos con evidencia sólida que respalda su impacto positivo y estable en la salud: mejora la imagen corporal, la autoestima y la regulación emocional, reduce los atracones y la rigidez, y estabiliza el índice de masa corporal.

Este enfoque no parte de la prohibición, sino de la reconexión. Para ello, las autoras propusieron diez principios, de los que he seleccionado tres que considero esenciales para empezar:

- **Honra tu hambre.** No la disfraces con agua ni la retrases con café. El hambre **no es el enemigo, es un mensaje**. Y conviene responderlo a tiempo, con alimentos que incluyan todos los tipos de nutrientes. Si se ignora, el cuerpo acaba tomando el control: se debilita la escucha y la ingesta se vuelve más compulsiva.
- **Respeta tu saciedad.** Necesitas confiar en que puedes comer hasta sentir que **el cuerpo diga «ya es suficiente»**. Esto es complicado y requiere paciencia, porque a veces quieres un poco más, por placer o simplemente porque aprendiste a dejar el plato limpio.

Para poder atender a estas dos señales corporales, conviene entenderlas desde el cuerpo. El mecanismo arranca con la grelina, una hormona que libera el estómago cuando está vacío, viaja por la sangre hasta el hipotálamo y apaga la señal de saciedad, activándose, así, el mensaje de hambre.

Conforme el estómago empieza a llenarse, los receptores de sus paredes envían señales de saciedad al cerebro (aunque la eficacia de este mecanismo depende del tamaño y de la sensibilidad del estómago).

Por eso, el cuerpo cuenta con un mecanismo complementario: la leptina. Esta hormona se secreta en el tejido graso e informa al hipotálamo de que estamos llenos. En principio, cuantas más células grasas haya, más leptina, y, por lo tanto, más saciedad. Aunque no siempre es así. En los últimos años se ha visto que existen muchas diferencias individuales: hay personas que por genética producen menos cantidad; o la producen, pero no llega al cerebro.

A nivel conductual, para responder a las señales de hambre y saciedad, los estudios subrayan la importancia de la atención y del tiempo durante la ingesta. Y, aunque esta percepción depende del grado de conexión corporal, debemos tener en cuenta que se necesitan al menos 20 minutos para detectar la saciedad. Por eso, evitar distracciones (como las redes o la tele) y proteger el tiempo cuando comemos, no es una costumbre anticuada, sino una necesidad fisiológica que protege la relación saludable con la comida.

- Y, por supuesto, **deja espacio para el placer**. En la relación con la comida, la sospecha hacia el placer se intensifica: la exposición constante a alimentos muy sabrosos junto con la presión por cumplir reglas dietéticas ha hecho que entendamos el placer como amenaza. Cuando esto sucede, tendemos a seguir normas externas. Pero debemos recordar que **el placer es brújula y nos orienta hacia decisiones sostenibles** en el tiempo. Además, cuando disfrutamos, se desactiva la amígdala y se enciende el sistema nervioso parasimpático, lo que favorece la digestión.

Si aplicamos estos tres principios, iremos haciendo las paces con la necesidad de comer.

Pero, una vez entendido y aplicado este enfoque, conviene dar un paso más y observar los otros matices de la alimentación.

¿Qué estábamos dejando fuera cuando creíamos que alimentarse era solo comer?

La sinfonía culinaria

El sabor no es un sentido que funcione en solitario.

Cuando metemos un alimento en la boca, las papilas gustativas detectan si algo es dulce, salado, ácido o umami. Esa información viaja hacia el cerebro, pero antes de llegar a la consciencia, hace una parada en el tálamo, ese pequeño Gandalf que organiza el tráfico sensitivo y decide qué camino seguirá cada estímulo.

Una vez pasada esta estación, llega al sistema límbico, donde se encuentra con la información olfativa y, juntos **se conectan con los recuerdos**: el guiso de tu abuela, la repostería del colegio… **y con las emociones**: nostalgia, asco, etc.

Cuando la experiencia es placentera (por el sabor y por el recuerdo), el cerebro responde, entre otras, con anandamida (ese mensajero del placer sencillo) y dopamina (el deseo hacia otra cucharada). Estas sustancias modifican la experiencia culinaria favoreciendo el bienestar.

Pero no solo los olores o los recuerdos influyen en ella, **el sonido también lo hace**. Los estudios demuestran que el crujido de una patata importa más de lo que creemos en la valoración del sabor y que incluso la música lo modula: la aguda potencia el dulce y la grave, lo amargo.

Por lo tanto, en la mesa vivimos una sinfonía culinaria donde todo se mezcla.

Y si prestamos atención a esta experiencia, la corteza prefrontal entra en juego para registrarla y convertirla en un recuerdo con todos sus matices sensoriales.

Por eso, con los años, un mismo plato puede saber distinto. Su sabor se reparte entre los alimentos que contiene, el mantel a cuadros, la luz del atardecer, los sonidos ambientales... y en cómo estás tú.

Por eso la empanada de tu abuela es la mejor para ti. Por el sabor, sí. Pero también por ser la primera, por lo que te hacía sentir... y, sobre todo, por las personas con las que la compartías.

Así que, ahora sí, **hablemos de los músicos**.

Comer como puente social

En nuestra cultura, la mesa sostiene gran parte de la vida emocional cotidiana. Desde pequeños, aprendemos a hablar en torno a ella: a contar cómo fue el día y a escuchar con la boca llena. Este oasis diario donde compartimos comida, construimos lazos, moldeamos la identidad y nos cuidamos mutuamente es lo que llamamos **comensalidad**.

El sociólogo Claude Fischler estudió este concepto en profundidad y lo definió como uno de los ejes estructurales de la vida social. Sin embargo, en las últimas décadas, el ritmo de vida y la cultura de la dieta lo han ido desgastando.

Por un lado, el modo de vida contemporáneo, que rinde culto al trabajo y a la autosuficiencia, ha diluido los márgenes entre lo laboral y lo personal, reduciendo los espacios compartidos. El trabajo o las responsabilidades nos piden estar más disponibles, haciendo que la hora de comer se desplace o se fragmente (comemos a destiempo o frente a una pantalla) y vuelve anecdótico que coincida con la de quienes conviven con nosotros. Además, la prisa, convertida ya en norma, impide incluso preparar esa comida: un gesto previo que permite un descenso natural del ritmo. Por todo ello, comer se ha convertido en una **tarea funcional más solitaria, apresurada y desconectada que antaño**.

Si a todo esto le sumamos que seguir ciertos planes nutricionales nos alejan de la mesa compartida, el panorama se complica. Aunque hay veces que existen motivos médicos o éticos para ajustar la dieta, debemos estar atentos porque hay algunas elecciones que se presentan como autocuidado y, en realidad, son renuncias relacionales.

Además, no siempre se evita la mesa por la comida, sino por los comentarios que la rodean. Las opiniones sobre cuerpos, raciones o elecciones pueden convertir ese momento en un campo de minas. Por lo que hay que recordar que la comensalidad también se cuida con lo que callamos.

Aun así, pese a que el contexto no nos ayuda, debemos proteger estos espacios sociales.

En este sentido, varios estudios han evaluado el impacto de la comensalidad en la salud física y mental. En situaciones de estrés, comer solos puede potenciar la activación neuronal que responde a una amenaza. En cambio, **comer acompañados calma el sistema nervioso y reduce la inflamación**. Además, la presencia del otro no solo influye en la velocidad, la cantidad o la elección de lo que comemos, sino que también favorece su digestión.

Robin Dunbar, antropólogo y psicólogo británico, sostiene que comer acompañado **se asocia con más vínculos cercanos, satisfacción vital y bienestar emocional**. Y que no hace falta una gran celebración: lo que sostiene la red emocional es la repetición. Así, desayunar en familia o el tapeo poslaboral nos reconfortan al activar el sistema opioide endógeno. Tal vez por eso, las culturas que conservan estas costumbres (como muchas mediterráneas) disfrutan de mejor salud colectiva y mayor longevidad.

En esta línea, un estudio con más de 4.600 ancianos japoneses mostró que quienes comían solos tenían más riesgo de presentar síntomas depresivos y estos, a su vez, aumentaban la vulnerabilidad física y cognitiva.

Con estos datos sobre la mesa, conviene recordarlo: **el placer de compartir comida** no es un detalle cultural, **es un modulador de salud a largo plazo**.

EJERCICIO

El tercer ojo de Deméter

Antes de empezar, **describe en una hoja cómo es tu digestión**. ¿Sueles notar molestias? ¿Ruidos, hinchazón o pesadez? ¿Sientes que tu relación con la comida es incómoda, tensa o confusa?

Si al contestar estas preguntas se evidencia un malestar, te invito a probar este ejercicio durante una semana:

- PASO 1. **Actividad puente:** antes de comer, haz una actividad de transición que te permita cortar el ritmo acelerado de la rutina y entrar en un tiempo de cuidado. Para ello, elige una de estas acciones (u otra similar) y hazla durante 2-5 minutos, sin multitarea:
    - Acaricia a tu gato o a tu perro.
    - Escucha una canción que te guste.

- Lee un poco.
- Habla con alguien.

- PASO 2. **Preparación consciente:** dedica un instante a llenar el plato con intención. Sin prisa. Coloca los alimentos de forma agradable. No es postureo: es presencia.
- PASO 3. **Sensación de hambre:** justo antes de empezar a comer, detente un momento y evalúa cuanta hambre sientes.
- PASO 4. **Sensación de saciedad:** cuando vayas por la mitad del plato, haz una pausa. Evalúa cómo está tu cuerpo. ¿Sigue habiendo hambre? ¿Empieza la sensación de saciedad?

Al final de la semana, pregúntate: **¿ha cambiado algo en mi digestión o mi relación con la comida?**

Hanuman

Hacía años que no me subía a unos patines. De niña practiqué patinaje, pero fue una etapa breve de mi monogamia secuencial con los deportes propia de aquella época. Con el tiempo, dejé de explorar y el ejercicio quedó reducido a reservas de gimnasio cumplidas por inercia.

Últimamente terminaba la semana con **el regusto amargo de no haber hecho lo suficiente** y con la culpa de no cumplir con el ejercicio que «debía» hacer para compensar las ocho horas de oficina.

Cada vez que entraba en el box de entrenamiento sentía que el tiempo transcurría de otra manera, como si estuviera en uno de los planetas de *Interstellar*. La rutina no me encantaba y, además, implicaba demasiados malabares: adaptarme a la hora que consiguiese reservar, coger el coche, aparcar, dos horas de clase, etc. Con ese panorama, era habitual procrastinar alegando cualquier excusa.

Aquel día, excepcionalmente, había ido a una clase de *bodypump* que llevaba posponiendo una semana. Pero ahora estaba agotada. Hacía apenas unos minutos, tumbada en el sofá, me debatía entre levantarme o cancelar mi plan de patinaje, cuando me llamó mi amiga: la presión justa para convencerme.

Poco después me encontraba sobre las ruedas, sintiéndome exageradamente alta e inmensamente inestable. Midiendo cada gesto y anticipando la caída. En algún rincón de mi mente apareció la voz de mi abuela: «Te vas a caer», decía siempre. Y tras el primer tropiezo, el inevitable: «¿Ves?». Un mantra profético que aún resuena, años después, cada vez que intento hacer algo diferente con el cuerpo.

Pero, enfrentándose al miedo, mi cuerpo susurraba: **quiero probar**. Hacía meses que no me apetecía tanto moverme. Y, en ese momento, anhelé la forma en la que me acercaba al movimiento cuando era niña: sin pensar en cómo iba a bajar de los árboles, ni en cómo afrontaría mi primer día de taekwondo. **Me movía desde el placer.** Jugaba.

¿Cuándo había perdido ese compañerismo con el cuerpo, para sentir recelo ante lo impredecible y exigencia por lo esperado?

El templo del movimiento

La evidencia científica es clara: moverse mejora la salud física, la longevidad y el bienestar mental. Sin embargo, a muchos nos cuesta mantener ese hábito en el tiempo. ¿Por qué ocurre esto, si sabemos que nos hace bien?

Como todas las preguntas importantes, la respuesta no es directa. Aunque no hay una única causa, podemos señalar **tres factores clave** que están influyendo: la **fragilización del cuerpo**, la **presión estética** y la **estructura social**.

Cuerpos de cristal

Conforme crecemos, se erosiona nuestra relación con el movimiento, entre advertencias aprendidas y miedos heredados. Estos mensajes vienen de nuestros cuidadores en la infancia, del médico que prescribe «cuidado» sin fecha de caducidad, de la industria que te enseña a desconfiar de lo propio y comprar lo ajeno, o de ese sesgo confirmatorio hacia las desgracias (como recordar a la vecina que se quedó tocada por disfrutar de una tarde en la nieve).

Así, **vamos normalizando una cultura fragilizante del cuerpo adulto**. Del juego y la exploración pasamos a seguir instrucciones con promesa de protección: siéntate recto, levanta el peso así, etc. Esta hipervigilancia corporal se intensifica cuando aparece el dolor y el cuerpo deja de ser un lugar habitable para convertirse en un espacio inseguro.

En la consulta he visto muchas veces cómo el dolor físico se convierte en una cárcel. Por eso quiero detenerme y hablar de uno de los carceleros: **el miedo al movimiento o kinesiofobia**.

Breo, un paciente de treinta años con dolor lumbar persistente, tras meses de peregrinación clínica, no obtuvo una causa clara de su dolor, pero sí una larga lista de advertencias: «Mejor no cargues peso», «Evita saltar», «No puedes correr».

Así, Breo empezó a evitar cada vez más actividades y su sistema nervioso se adaptó a una amígdala que veía el peligro en gestos neutros. Como consecuencia, vivía en una jaula de movimientos cada vez más estrecha.

Como la actividad física es un abordaje terapéutico clave en el dolor, había que romper ese bucle de hipervigilancia y recuperar la movilidad. Coordinada con una fisioterapeuta, le propuse calcular su «mínimo suficiente»: el nivel de movimiento que podía sostener incluso en los peores días. Un equilibrio que no agrava síntomas, pero que tampoco abandona el cuerpo.

Con este planteamiento, empezamos con caminatas y ejercicios suaves de movilidad y respiración. El objetivo no era potenciar el músculo, sino reconstruir la confianza. Pasados unos meses, fuimos adaptando la intensidad y la frecuencia.

Al mismo tiempo identificamos sus predicciones de dolor y revisamos sus mitos sobre el cuerpo: frases como «esa postura es mala» fueron sustituidas por otras más ajustadas a la evidencia actual: «la única postura incorrecta es la que se mantiene en el tiempo».

Como Breo, todos **acumulamos creencias fragilizantes**. El reto es detectarlas y preguntarnos si son límites reales del cuerpo o herencias ajenas. Ya que, con una aproximación progresiva, el cuerpo tiene una enorme capacidad de adaptación y recuperación. Y romper las creencias que se resumen en «ya no tengo edad para esto» es devolverle el permiso para explorar y recuperar la espontaneidad del movimiento que abre las puertas al placer.

Porque, cuando el movimiento deja de ser una amenaza vuelve a ser una herramienta que nos devuelve la sensación de estar listos para la vida.

Además, esta confianza en el propio cuerpo está estrechamente relacionada con **la autoeficacia** (la percepción que tenemos sobre nuestra capacidad para lograr objetivos) que, a su vez, **influye directamente en nuestra autoestima**.

Es por tu bien

No es extraño escuchar o decir la siguiente frase: **«Deberías hacer ejercicio para estar sano»**. A simple vista, no parece sospechosa. Pero si la analizamos, esconde varios mensajes:

- **«Estar sano depende de hacer ejercicio».** Supone asumir una causalidad simplificada.
- **«Hacer ejercicio depende de ti».** Escondido en ese «deberías» que obvia el contexto se ocultan las diferencias individuales y los condicionantes sociales.

Por lo que la conclusión implícita de la frase, que a priori no vimos, es la siguiente: **si no estás sano, es culpa tuya**.

Este silogismo está culturalmente legitimado porque encaja a la perfección con la lógica neoliberal que atraviesa el discurso del autocuidado. Sostiene, la idea de que, si no lo haces, es porque no quieres. Desde ahí, las recetas de hábitos saludables se encargan de reforzar la relación de sacrificio con el ejercicio bajo la promesa de salud.

Así, acabamos creyendo que cuidar el cuerpo a través del movimiento depende solo de nuestra voluntad. Y que, si lo hacemos bien, obtendremos lo prometido; pero que, si no es así, el fallo será nuestro.

Por lo tanto, todos nos ponemos en marcha para alcanzar la salud. Pero... ¿buscamos realmente la panacea o hay otra motivación detrás?

La salud es un **concepto difícil de definir y aún más de medir**. No puede evaluarse en el día a día porque, aparte de su complejidad y multifactorialidad, sus métricas objetivas (como las analíticas) no son de bolsillo. Por eso, hemos construido atajos culturales que asocian la salud a ciertos rasgos.

Estos indicadores físicos son fácilmente identificables (basta con pasarse por las redes para ver qué imagen encarna hoy el discurso saludable) y están tan normalizados que los asumimos ciertos sin cuestionar que **reflejan simplificaciones a favor de la imagen normativa del cuerpo**. Así, la delgadez se equipara a salud y el exceso de grasa, a negligencia; blanqueando un discurso gordófobo y anulando el análisis crítico que permitiría desmontarlo.

Radiografiando el problema, estudios como el de Prichard y su grupo indican que un porcentaje preocupante de hombres y la mayoría de las mujeres hacen ejercicio para alcanzar una imagen corporal socialmente validada, más que por salud. Esto revela hasta qué punto hemos interiorizado la obligación de cumplir con el estándar físico y cómo, motivados por la necesidad de pertenencia, afinamos la mirada para detectar cualquier rasgo de nuestro cuerpo que no encaje.

Como respuesta a esta expectativa de alcanzar un ideal corporal, nació el movimiento *body positive*, que defiende la representación de la diversidad corporal, desvincula los estándares físicos como sinónimos de salud y promueve la aceptación del cuerpo.

Pero... **¿y si nunca llegamos a aceptarnos del todo?** A veces, incluso la aceptación puede convertirse en exigencia. Con el fin de disminuir esta presión, el ***body neutrality*** no exige que te encante tu cuerpo, porque si esto no sucede, también está bien. Esta corriente defiende que habitar el cuerpo no implica amarlo, sino dejar de pelearte con él: si te apetece ir a la playa, que prevalezca más el plan que la forma en la que te sientes con tu cuerpo ese día.

Así, como recoge Tamara Pazos en su libro *Este libro te hará vivir más (o por lo menos mejor)*, ambas perspectivas se complementan para ofrecer una mirada sensible a la complejidad de habitar un cuerpo en un mundo que no deja de juzgarlo. Y, tenerlas en cuenta, puede ayudarnos a acercarnos al movimiento desde otro lugar, **con una motivación orientada a la funcionalidad**.

El caso del gymbro sedentario

¿Una persona que va todos los días al gimnasio dos horas es sedentaria? De entrada, todos diríamos que no. Pero... ¿sabemos realmente qué significa el sedentarismo?

Consiste en permanecer sentado o tumbado durante al menos cuatro horas al día (exceptuando el sueño). Dicho así, ¿quién no lo es? Basta con un viaje en tren o una tarde de series para serlo. Además, la mayoría lo duplicamos en cada jornada laboral. Pero... ¿por qué es un problema?

Nuestro cuerpo ha evolucionado para moverse. Para adaptarse a entornos cambiantes activando distintos grupos musculares y regulando la circulación en función del movimiento. Estar ocho horas en una silla al día desafía esa expectativa biológica. Y eso tiene consecuencias: empeora la circulación, se debilita la musculatura postural, etc.

Hoy, sabemos que **ser sedentario es una bandera roja para la salud**. Pero, aun así, casi todos lo somos.

Y lo más perverso es que, además, nos culpamos por ello.

Nos hacemos responsables de mantener ese patrón como si se tratara de una elección personal. Pero ¿se puede responsabilizar a alguien de ser sedentario por pasarse cuatro horas viendo Netflix si antes ha estado ocho encajado en una silla por obligación?

Tener presente esta pregunta nos ayuda a no caer en la trampa de creer que el sedentarismo es un fallo individual, cuando en realidad es una consecuencia estructural.

Para entender mejor su impacto, conviene diferenciarlo de la **inactividad física**, que es no practicar ejercicio de forma regular o estructurada. Hace unas décadas, la mayoría de la población no se organizaba para «hacer deporte», pero se movía más en su día a día: muchos trabajos implicaban esfuerzo físico, la compra se hacía en el mercado y, en general, se caminaba más. No practicaban ejercicio como tal, pero se llevaba una vida poco sedentaria.

Hoy, ocurre lo contrario: el trabajo se concentra en oficinas, la compra se gestiona por una aplicación y nos desplazamos en patinete eléctrico. En este escenario, aunque vayamos al gimnasio o hagamos una ruta los fines de semana… **seguimos siendo sedentarios el resto del tiempo**.

Entonces… ¿podemos compensar el sedentarismo con la actividad física? Un estudio de 2016 concluyó que **sesiones diarias de 60-75 minutos** de actividad física podrían contrarrestar parcialmente los efectos del sedentarismo ocupacional.

Pero, teniendo en cuenta el ritmo de vida actual, ¿es realista reservar esa energía y ese tiempo cada día sin aumentar el estrés? Probablemente no.

Además, un estudio posterior subrayó que no basta con moverse una hora al final del día si has estado diez horas seguidas sentado: **es más importante repartir el movimiento** a lo largo de la jornada.

Por lo tanto, dejemos de fustigarnos por no cumplir con esas horas compensatorias, y empecemos a dividir responsabilidades: **a ser coherentes con el tiempo libre y la energía que tenemos**, adaptando el nivel de actividad que podamos sostener; y a movernos para que las cosas cambien a mejor. ¿Por qué? Porque opciones hay. Solo falta conciencia colectiva para introducirlas.

Y mientras esa conciencia crece podemos empezar a **romper la inercia con pequeñas decisiones individuales**: elegir las escaleras en lugar del ascensor o salir a tomar el café a la calle en lugar de beberlo de la máquina del pasillo. Al mismo tiempo, podemos contribuir desde lo colectivo, comunicando las necesidades (incorporar pausas activas, equipamiento adaptado como mesas regulables…) directamente en los espacios donde sí se pueden negociar condiciones. Todo esto sin olvidar que el cambio empieza por lo cultural, dejando de glorificar la hiperproductividad y la priorización del trabajo frente a las otras esferas de la vida.

Y ahora que ya conoces los factores que dificultan la consolidación del ejercicio como hábito (la fragilidad aprendida, los ideales corporales que moldean nuestra motivación y el sedentarismo cultural), la pregunta que surge es inevitable:

¿Cómo podemos integrar el movimiento en la vida cotidiana sin convertirlo en una carga más?

Los ecos de los eslóganes motivacionales

Hemos crecido entre anuncios que nos susurraban: «¡Tú puedes!». Por eso, no sorprende que hayamos normalizado discursos sobre el ejercicio físico que disfrazan de motivación lo que, en realidad, es exigencia.

Hoy, esta narrativa se cuela diariamente en retos virales o en publicaciones de conocidos que te recuerdan que tú no estás entrenando, y, a su vez, hacen que te olvides de que el movimiento se aleja de la salud cuando se convierte en otra forma de demostrar que puedes con todo, donde no hay espacio para excusas ni contextos.

Este discurso me lleva, de nuevo, a mi infancia y a comparar dos situaciones que me hacían sentir de formas muy distintas en relación con la actividad física. Una era acompañar a mi madre a sus clases de aeróbic en el pueblo: me encantaba quedarme hasta el final, alargando las despedidas entre risas, sudor y coreografías improvisadas. La otra, eran mis clases de ballet, donde inventaba excusas para no ir. Allí, si me quejaba en medio de un estiramiento, la profesora solía preguntarme: «¿Es dolor o molestia? Porque no es lo mismo». Esas palabras, junto a su mirada expectante, siempre hacían que me decantase por la molestia, reduciendo así la validez de mi queja y dándole al malestar un puesto preferente como compañero inevitable del movimiento.

Esta doble cadencia sigue presente hoy. Hemos aprendido a valorar el movimiento según cuánto cueste, cuánto canse, cuánto duela o cuán de moda esté. Como si solo fuera legítimo si nos genera agujetas, demuestra fuerza de voluntad o nos da likes.

Este entendimiento militarizado del ejercicio opera en un contexto donde **confundimos el hacer con el ser**: no hago suficiente deporte, ergo, no soy suficiente. Y así, lo que empieza siendo un acto (hacer ejercicio o descansar) acaba colándose en nuestra percepción de identidad. Si no entrenas, eres vago. Si paras, no tienes fuerza de voluntad. Si duele y te quejas, no eres lo bastante fuerte.

Esto se perpetúa porque parte de lo que creemos ser depende de lo que vemos reflejado en los ojos del otro.

Y en un contexto social que refuerza la disciplina, el terreno está abonado para que la autoexigencia florezca.

Cuando tenemos acceso constante a las vidas editadas, incluso sabiendo que no son del todo reales, la comparación se cuela y con ella aparece la culpa. Para anestesiarla, nos apuntamos al gimnasio en enero o a un reto de 30 días. Así, perpetuamos y legitimamos el esfuerzo como valor moral, haciendo que siga girando la rueda e ignorando su coste: menos descanso, disfrute, vida social u horas de sueño. **Lo que importa es que lo hagas.**

Pero, paremos un momento. Sal de la rueda y pregúntate: ¿de dónde nace tu impulso de moverte? **¿De la exigencia o del placer?** Porque… ¿y si ese malestar que asocias al deporte no fuera inevitable? ¿Y si esa incomodidad glorificada es la que activa tu evitación y sabotea la constancia que tanto anhelas?

Cuando moverse deja de ser una penitencia

Para aterrizar el hábito del movimiento, quiero que recuerdes el primer pilar de este libro: **la sencillez del inicio**. Lo traigo de vuelta porque, en este hábito, más que en ningún otro, necesitamos apoyarnos en él. Sin embargo, solemos ignorarlo, y cuando llegan los huracanes (etapas de caos), el ejercicio suele ser lo primero que soltamos. Por lo que, para proteger este hábito, lo primero que debemos preguntarnos es: ¿cuánto necesitamos movernos?

Aquí, el sentido común va de la mano de la ciencia: **es preferible una rutina sencilla que se mantiene en el tiempo** a un plan perfecto que apenas se ejecuta. El mínimo movimiento necesario para cuidar la salud es menos de lo que crees. Según los estudios recientes, necesitamos **30-45 minutos seguidos de ejercicio aeróbico (cardio) al día**, a una intensidad moderada.

Una vez que sabemos esto, para facilitar la **consolidación del hábito** debemos tener en cuenta:

- **Que te guste lo que haces.** Y esto no tiene por qué coincidir con el deporte de moda del mes. El placer debe estar presente para que la propia actividad física sea reforzadora en sí misma, y no dependa solo de esa motivación social que a veces se nos cuela. Así, esos 30 minutos puedes dedicarlos a dar un paseo a ritmo ligero, nadar o a una clase de baile.
- **Que no implique mucho cambio en tu rutina.** Incluir la ventana de actividad en una rutina que ya hagas facilita su mantenimiento. Por ejemplo, ir a trabajar caminando.

¿Pero nadie piensa en el ejercicio de fuerza?

Por supuesto que sí. El ejercicio anaeróbico (donde entran las rutinas de fuerza) ayuda a prevenir lesiones, a mantener la masa muscular y la salud ósea, y a sostener funciones básicas como levantarte del suelo. Hasta ahí, todo bien. El problema viene cuando una recomendación razonable se convierte en el nuevo mantra del bienestar físico y genera más presión. Con esto no digo que no entrenes fuerza, sino que lo hagas desde la coherencia. ¿Se adapta a tu rutina para poder sostenerse? ¿Te gusta?

Muchas veces, entre la exigencia de una rutina perfecta y **la constancia más plausible de actividades que encajan más contigo** (como el yoga, la escalada o el pilates), lo más razonable es elegir lo segundo.

Salud cerebral y ejercicio

Moverse no solo influye en el cuerpo: **también afecta a la estructura y función cerebral**. Para que se produzca un solo movimiento, miles de neuronas se activan en sincronía sin que seamos conscientes. El director de orquesta es el cerebro, que, antes de que hagamos nada, ya está preparando la acción: se activan estructuras como los ganglios basales y el cerebelo, donde se almacenan patrones de movimiento aprendidos (como los que usamos al conducir), y se envían estas señales a través de las motoneuronas hacia los músculos.

Pero el cerebro no solo dirige el movimiento: también **lo registra, lo interpreta y se ve modificado por él**.

Al hacer deporte no solo crecen los músculos, también las neuronas

Cuando nos movemos, nuestros músculos e hígado liberan determinadas moléculas, como el IGF-1, que atraviesa la barrera hematoencefálica (la frontera protectora del cerebro) y estimula la síntesis del factor neurotrófico derivado del cerebro (*BDNF*, por sus siglas en inglés). Pero... ¿qué es este factor?

Si imaginamos el sistema nervioso como un bosque, **el BDNF sería su fertilizante**. Y, durante el ejercicio, independientemente de tu edad, este fertilizante **refuerza las conexiones neuronales** en varias regiones cerebrales **y favorece**, además, **la creación de nuevas neuronas**, especialmente, en el hipocampo, nuestro centro de memorias. Aunque aún queda por precisar el vínculo entre el BDNF y una mejora en el rendimiento cognitivo, varios estudios han mostrado que **una sola sesión de ejercicio puede mejorar el recuerdo**.

Además, durante y después del ejercicio, el cerebro experimenta una pequeña **tormenta neuroquímica**: aumenta la liberación de serotonina, implicada en la regulación del **ánimo**, el **sueño** y el **apetito**; se incrementa la dopamina, que está vinculada con la **motivación**; y los niveles de endorfinas, que inducen **sensaciones placenteras** y **reducen el dolor**, también suben.

Asimismo, como el ejercicio es un estresor «bueno», activa la liberación de noradrenalina, lo que **mejora la atención** y el nivel de activación corporal. Además, funciona como un simulacro que entrena al cuerpo para activarse y recuperar la calma. Con el tiempo, esto se traduce en una **mayor tolerancia al estrés diario**, que nos prepara para cuando lleguen mayores vendavales.

Lo interesante es que no hace falta entrenar como un atleta

para activar estos procesos. En realidad, una sesión de ejercicio genera un pico transitorio de estas sustancias comentadas.

Pero lo verdaderamente valioso sucede
cuando el movimiento se convierte en un hábito.

Distintos estudios han mostrado que **30 minutos de ejercicio aeróbico moderado** (ese mínimo que comentamos antes), realizado al **menos tres veces por semana**, eleva de forma sostenida los niveles de BDNF y modula los neurotransmisores. Y esto mejora estructural y funcionalmente el cerebro: **aumentando la densidad de la CPF** (vinculada a la toma de decisiones y la regulación emocional) **y del hipocampo**; y **reduciendo la reactividad de la amígdala**. Además, varios estudios confirman el efecto protector del cardio en los síntomas depresivos.

El **ejercicio de fuerza**, por su parte, también **disminuye los síntomas depresivos y ansiógenos**, pero la evidencia, de momento, es menor. Teniendo esto en cuenta, las últimas investigaciones sugieren que una combinación de ambos sería lo óptimo.

Con estas bondades podríamos pensar: cuanto más ejercicio, más listos y felices, ¿no? Pues, como en casi todo en la vida, **la clave está en el equilibrio**. Porque sí, el ejercicio es medicina, pero como cualquier fármaco, tenemos que tomarlo en la dosis justa.

Menos es más

Los estudios más recientes indican que la relación entre movimiento y salud sigue el **efecto hormético**: una dosis moderada aporta beneficios, pero el exceso puede ser perjudicial.

En un estudio con más de 70.000 personas, evaluadas durante siete años, se encontró que el mayor beneficio en la prevención de la demencia se alcanzaba cuando las personas caminaban una media de 9.826 pasos al día. Sin embargo, cuando se superaban los 10.000 pasos, el efecto neuroprotector descendía. Además, con 3.800 pasos ya se conseguía la mitad del beneficio total y el efecto se potenciaba cuando se incluían en el paseo pequeños intervalos más intensos (como subir una cuesta).

Ahora bien, el exceso de ejercicio no solo reduce el beneficio, sino que puede ser perjudicial. En esta línea, los estudios llevados a cabo por el doctor Peter Schnohr y su equipo mostraron que entrenar más de 4,5 horas semanales de forma muy intensa podría ser contraproducente para la salud.

Es decir: no hace falta convertir tu cuerpo en un campo de entrenamiento militar para cuidarlo, ya que el beneficio está en lo coherente.

EJERCICIO

Reencuentro con el movimiento

Este ejercicio no trata de exigirte más; su finalidad es recordarte que el movimiento es algo que quizá puedas reencontrar en tu cotidianeidad.

Así que, recupera la rutina que describiste al inicio del libro, esa que reflejaba **cómo transcurre un día habitual** para ti.

Con ella delante..., <u>¿dónde puedes encajar 30 minutos seguidos de actividad física moderada?</u>

1. **Detecta ventanas de actividad.** Tal vez puedas caminar en un trayecto que sueles hacer en coche o metro, aprovechar un rato entre tareas para una clase de pilates, o transformar una actividad pasiva (como leer) en activa (hacerlo en la bici estática).

   Además, si puedes incorporar uno o dos minutos de mayor intensidad, mejor: subir cuestas, usar escaleras o aumentar la resistencia en la bici.
2. **Exponte al movimiento.** Una vez elegido el espacio, mantén la actividad durante quince días. Anota tu estado de ánimo antes y después de cada sesión (poniéndole nombre a la emoción).
3. **Ten presente el placer.** No lo conviertas en un deber y observa qué actividades te hacen disfrutar.

ANTES DE CONTINUAR...

EJERCICIO

Tu mínimo suficiente

Si la sencillez es el inicio, la coherencia es la ruta.

Hemos visto cómo, para proteger el equilibrio necesitamos reconocer la importancia del silencio, aplicar herramientas de gestión emocional y tener accesibles nuestros tres templos de la homeostasis: el del **sueño**, el de la **alimentación** y el del **movimiento**.

Ahora bien, antes de lanzarnos a establecer objetivos dentro de estos espacios de cuidado, conviene recordar algo fundamental: no todos jugamos la partida en la misma mesa ni tenemos las mismas cartas.

- **La mesa de la partida: el contexto importa** (y mucho). He acompañado a pacientes que solo podían meditar en el baño, porque con un pequeño de dos años, era su único momento a solas. Otros acababan de mudarse a una ciudad nueva, y su círculo de apoyo se limitaba a la pantalla del móvil. Para algunos, comer conscientemente era una quimera en los treinta minutos reglamentarios de la oficina y, cuando hablábamos de movimiento, muchos vivían en las afueras de la ciudad, porque la vivienda en el centro era inasumible e ir caminando al trabajo era una bonita ilusión.

  Cuando el entorno no acompaña, sostener una rutina saludable requiere un esfuerzo añadido. Debemos reconocerlo y tenerlo en cuenta para ser justos con nosotros mismos.

- **Las cartas que tenemos ahora.** Tu estado corporal y tu momento vital van a influir inevitablemente. Y si no lo hacen, es probable que estés ignorando el segundo y el tercer pilar: la conexión con el cuerpo y la coherencia con tus valores actuales.

  Si estás atravesando uno de esos huracanes que lo agitan todo, no es coherente añadir más exigencias a la lista y debemos ser consecuentes con ello.

Por todo esto diseñé este ejercicio: una **herramienta para establecer coherencia** entre tu contexto, tus cartas y tus hábitos.

PRÁCTICA

Ahora que, siguiendo los ejercicios de este libro ya has probado los diferentes hábitos de autocuidado, ¿cuál es el mínimo de ellos con el que puedes comprometerte sin que sea en una carga?

Ese mínimo es profundamente personal por lo que **solo lo puedes definir tú**. Tal vez sea priorizar ocho horas de sueño y caminar veinte minutos al día. O quizá bailar una canción antes de la ducha y escribir cada mañana lo que llevas en la cabeza. O tal vez sea priorizar los oasis de silencio que te anclan al presente y reservar los sábados para quedar con esas personas que son hogar.

Con esto en mente, entre las siguientes áreas (silencio, escritura, vínculos, sueño, alimentación o movimiento) debes elegir **tres mínimos básicos** que puedas sostener durante al menos quince días.

Puedes usar estas frases como guía:

- **Vínculos.** *Mi mínimo suficiente sería...* Por ejemplo: «Tomar algo los viernes con mis personas seguras».
- **Sueño.** *Mi mínimo suficiente sería...* Por ejemplo: «Mantener una hora fija para acostarme todos los días entre semana».
- **Movimiento.** *Mi mínimo suficiente sería...* Por ejemplo: «Bajar andando a por el pan cada mañana».

RECUERDA

- El **mínimo suficiente** no es lo mejor que puedes hacer, sino lo menos que puedes hacer sin tener que dejar de cuidarte.
- Es un compromiso contigo, **tu «no negociable»**. Está fuera de las expectativas ajenas o propias. Así que, si aparecen los «debería», vuelve aquí y recuerda por qué te permites estar en tu mínimo suficiente, que esto es cuidado y que está bien.
- Puedes pegarlo **en la nevera**, anotarlo **en el móvil** o reservar un hueco **en tu calendario**. Lo importante es que lo reconozcas como prioritario. Y, sobre todo, como suficiente.
- **Si algún día no lo cumples, no pasa nada.** Y si se mantiene más días, revísalo: puede que necesites ajustarlo.

CUARTA PARTE

La no-meta

11

ESCUCHA LA MÚSICA DE FONDO

En todo estás e ti ês todo,
Pra min y en min mesma moras,
Nin m'abandonarás nunca,
Sombra que sempre m'asombras.

ROSALÍA DE CASTRO, *Follas novas*, 1880

Si has llegado hasta aquí, no te sorprenderá que la parte final de este libro no sea una meta, sino la constatación de que el camino se hace caminando. Esta conclusión ya se anticipaba en ese «Has venido a vivir» con el que nos conocimos y que nos acompañó durante estas páginas.

Al **inicio**, describimos el lugar desde el que estábamos sobreviviendo en la rutina. Tanto a nivel individual como colectivo, nos encontrábamos atrapados en una paradoja: sintiéndonos responsables de nuestro cuidado y deseando salir del malestar, pero, al mismo tiempo, sin control real sobre las decisiones que tomábamos. Así, normalizábamos la sensación de no llegar nunca, de no ser suficientes y de estar siempre fallando. En definitiva, de ser un desastre.

Una vez contextualizados, en la **segunda parte** del libro empezamos a desandar el camino. Volvimos a las bases. A esos pilares que, sin prometer soluciones mágicas, podían sostenernos: la sencillez como inicio, la conexión con el cuerpo, la coherencia con nuestros valores y el placer como norte. Para que cuando llegue el próximo huracán, no nos asuste tanto, porque ya sabremos volver. Con las bases claras, la pregunta fue obvia: ¿y ahora qué?

En la **tercera parte**, hablamos de hábitos. Materializamos en gestos aquello que nos equilibra: el silencio para escucharnos menos y sentir más, la convivencia con las emociones, los beneficios de ser clan y la visita a nuestros templos privados que protegen todo lo demás: el del sueño, la alimentación y el movimiento. Hablamos de estas herramientas sin receta, para que, teniendo en cuenta tus pilares, pudieses establecer tu mínimo suficiente: lo que priorizas (incluso cuando hay huracanes) porque te hace sentir bien.

Así que ahora, antes de despedirme, quiero hablarte de la música de fondo. Algo que no siempre escuchas, pero que agradeces que esté ahí. Llegó el momento de **reflexionar sobre la flexibilidad, el *dolce far niente* y la espiritualidad** que han estado, están y estarán presentes durante todo el viaje.

Una carta a todos mis yoes

«¿Y si te permites cambiar de opinión?».

Esa frase, me golpeó más fuerte que todos los argumentos que llevaba días repitiéndome. Me pilló en pleno bucle: culpa por fallar, vergüenza por cambiar de rumbo y justificaciones para convencerme de que no era una mala persona.

En teoría lo sabía, ¡claro que se puede cambiar de opinión! Pero cuando llevas años funcionando desde la expectativa (propia y ajena), se evita cualquier giro y, si no queda más remedio, se acompaña de justificaciones mientras digieres la culpa.

Hacía escasos días que había tomado una decisión difícil. Dos años antes, había dicho que «sí» a algo que ahora sabía que no era para mí. Y, aunque era consciente, me costaba dejarlo ir sin sentir que traicionaba a una versión de mí misma y que, además, decepcionaba al resto.

La frase volvió a sonar en mi cabeza: «Permítete cambiar de opinión».

Esta vez, al no pillarme por sorpresa, pude sostenerla un rato en la mente. Al tomar un poco de distancia, pude ver que, en realidad, pitonisa no era, pero me estaba exigiendo haberlo sido. ¿Cuánto tiempo llevaba juzgándome por cambiar de opinión, sin tener en cuenta que, cuando tomé aquella decisión, había hipotecado a una Noelia futura cuyas circunstancias desconocía?

Sentí enfado al observar de frente la autoexigencia injusta que me ahogaba. Pero sabía que ese enfado me permitiría seleccionar lo que, ahora, tocaba soltar: reconocerme la valentía por exponerme al juicio ajeno; aceptar las consecuencias y ver cómo convivir con ellas; y, finalmente, preguntarme qué necesitaba ahora.

Así que, en los meses siguientes, **mi palabra favorita fue «permiso»**. Y empecé a repetírmela como si la estuviera aprendiendo por primera vez:

Permítete cambiar de opinión.

Permítete equivocarte.

Permítete decepcionar.

Y, en definitiva, **permítete ser**.

Nadando a contracorriente

Ahora sabes que **ser flexible es más un sinónimo de adaptación** que de rendición y que vivir en coherencia implica, muchas veces, saber cuándo reajustar el rumbo.

Sin embargo, una cosa es entenderlo y otra muy distinta es practicarlo. **¿Por qué nos cuesta tanto cambiar?**

En la resistencia a la flexibilidad influyen varios factores, pero principalmente:

- **A nivel individual**, cada uno construye una imagen de sí mismo sostenida en ciertas creencias: ideas sobre quién es o cómo actúa. Esa narrativa se apoya, en parte, en lo que hace: sus rutinas y elecciones. Por eso, cuando un cambio conductual desafía esa idea del yo (como dejar de correr maratones o leer menos libros), no solo se tambalea una decisión concreta, sino que se cuestiona algo más profundo: **la identidad**.

  Para protegerla, entra en juego **el sesgo de consistencia**: la tendencia a mantener nuestras decisiones o creencias estables, incluso cuando contamos con información que las contradice. Este sesgo actúa como una **estrategia de autopreservación**: nos ayuda a percibirnos como íntegros. Esto nos beneficia porque si nuestra identidad se tambalea demasiado rápido, corremos el riesgo de no reconocernos… o de dejar de ser reconocidos por los demás.
- **A nivel relacional**, el mismo sesgo opera como regulador de nuestra imagen social. No solo queremos ser coherentes para nosotros, sino también parecerlo. Por lo que, la incomodidad de la incongruencia interna se amplifica cuando

hay testigos o implicaciones sociales. Como consecuencia, la coherencia se convierte en una especie de capital relacional: si somos predecibles, somos confiables; pero cuando alguien se comporta de forma inesperada (incluso aunque sea beneficioso), solemos desconfiar.

Por lo tanto, aunque no siempre seamos conscientes de este sesgo, **asumimos que cambiar implica**, en muchas ocasiones, **decepcionar**: tanto a uno mismo como a quienes nos habían colocado en el lugar del ejemplo. En función del coste emocional del duelo por lo que creíamos ser y de nuestra tolerancia a la incertidumbre sobre las posibles consecuencias relacionales del cambio, **muchas veces sentimos que no compensa exponernos**.

El problema es que esta tendencia a la coherencia rígida puede convertirse en una forma de sufrimiento.

Porque, cuando nos obligamos a sostener una decisión que ya no nos representa, nos alejamos de lo que somos hoy para seguir defendiendo lo que fuimos ayer. Y a largo plazo, eso desgasta al desconectarnos de nuestras necesidades presentes (que no siempre son las mismas que hace seis meses o seis días). Y para volver a ellas, **el punto de partida es el cuerpo**.

De esta forma, conocer tu propio lenguaje corporal te ayuda a detectar más rápido cuando una rutina que antes calmaba empieza a pesar y evita que el cuerpo tenga que gritarlo. Esto te da margen para responder con flexibilidad, incluso si el peaje es la decepción, porque tal vez sea la mejor (o la única) forma de cuidarte en ese momento.

Y para afrontar ese peaje conviene recordar (como plantea la terapia de aceptación y compromiso) que **la verdadera coherencia es flexible** y se adapta a los valores que sostenemos en el presente y al contexto que habitamos. Por lo que a veces, eso significa parar cuando habías dicho que seguirías. Y, si hablamos de hábitos, la pregunta dejaría de ser: «¿estoy haciendo una rutina coherente?» para ser: «¿estoy haciendo una rutina coherente con lo que ahora me importa?».

No se trata de ser coherente a toda costa,
sino de ser coherentemente humano.

Y eso implica cambiar, pero sabiendo desde dónde. Nuestra responsabilidad no es aferrarnos, sino aprender a distinguir si ese cambio nace de la pereza o del miedo… o si, en realidad, responde a tus necesidades actuales o a tu contexto.

Tal vez soltar la exigencia de hacer *batchcooking* todos los domingos (y que solo lograste cumplir una vez) no sea rendirse, y sea escucharse. Y, quizá, elegir comidas sencillas que puedas prepararte al volver del trabajo, o permitirte comer fuera algún día, no sea un parche, sino una forma más amable y realista de sobrevivir en los días laborales. Una forma que nace de la coherencia imperfecta y real.

Dolce far niente

Cada mañana, el mismo ritual. Me levanto y voy directa a la cocina a preparar el café. Monet, mi gata albina, con heterocromía y sordera de nacimiento, nada más verme me sigue con el rabo erguido por el pasillo, tras un sonoro maullido. Al llegar a la cocina, cada una sabe su lugar: ella se coloca junto a la pila, esperando con paciencia a que abra el agua para dar su primer sorbo, y yo procedo a cumplir su silencioso mandato.

Después de unos minutos, cuando ya se ha saciado, y mientras yo preparo el café se dirige al ventanal. Durante la próxima media hora, sentada en su cama, observará el despertar del vecindario.

Los días que me despierto con algo más de tiempo, disfruto observándola mirar a los niños camino del colegio, a las madres y padres con prisa, y a los abuelos que, aún perezosos, suben las persianas o toman el café en el porche.

Me la imagino proyectando en su mente una película muda matinal, como si estuviéramos dentro de una pecera: todo sucede al otro lado del cristal y sin sonido, lo que amortigua el eco de la urgencia diaria. Como buen felino con un doctorado en vida contemplativa, Monet deja pasar los minutos simplemente disfrutando del sol en el cuerpo, la brisa que entra por la ventana, el olor a café y las vistas.

Y yo, como una ladrona de ladrones, no sé si por imitación o por inercia, me convierto en espejo mientras desayuno. Me permito ese espacio en blanco antes de iniciar la carrera a contrarreloj de la jornada laboral. Unos minutos de disfrute silencioso con olor a café, sin meta ni atención focalizada. Solo mi mente divagante, despertando.

Aterrizando el hedonismo pragmático

Durante el Romanticismo, algunos viajeros europeos regresaron de Italia con una expresión nueva en los labios: *dolce far niente* (la dulzura de no hacer nada). Al parecer, fascinados por la despreocupación y el disfrute del tiempo que observaban en la cotidianidad del país, convirtieron esta frase en el símbolo de **una existencia más pausada, contemplativa y placentera**.

Hoy, estas tres palabras siguen resonando en conversaciones casuales y se escriben en ensayos sobre bienestar. Pero esa dulzura tranquila, tan simple sobre el papel, se nos escapa entre los dedos como si no estuviésemos entrenados para sostenerla. Y es que, en realidad, no lo estamos.

¿Cuándo fue la última vez, fuera de tus vacaciones, que disfrutaste de no hacer nada sin un regusto de culpa?

Vivimos en una cultura hiperproductiva, donde hemos normalizado que el descanso es una herramienta de rendimiento y que el ocio, en adultez, debe justificarse. El filósofo Byung-Chul Han describe este marco como **la sociedad del cansancio**: donde, en nombre de la libertad, acabamos actuando como nuestro propio capataz. Y esto hace que descansar ya no sea solo una respuesta natural al agotamiento, sino también un acto de resistencia frente a las propias exigencias.

Por eso, cuando anhelamos el *dolce far niente* y nos permitimos «no hacer nada», si no «te lo has ganado» aparece inevitablemente la culpa. **Esta emoción no es una enemiga**; simplemente nos recuerda que existe una disonancia entre lo que estamos haciendo (descansar) y la creencia (el valor de algo, y por extensión de alguien, depende de su productividad).

Por eso, aunque a veces logremos iniciar una pausa no productiva (como una siesta, un rato en el sofá, mirar por la ventana o escuchar una canción con los ojos cerrados) pocas veces conseguimos mantenerla. **Conforme el minutero avanza, crece la in-**

comodidad de estar «perdiendo» el tiempo. Y, en función de nuestra tolerancia a la culpa, este malestar creciente termina empujándonos antes o después a llenar el vacío de alguna manera: leyendo, visitando las redes sociales, revisando la agenda o contestando a ese wasap pendiente. Cualquier cosa con tal de no seguir simplemente ahí, dejando que el cuerpo repose mientras la cabeza divaga sin dirección.

Teniendo en cuenta esto, si queremos atender al anhelo del *dolce far niente*, debemos romper el bucle. Y, para ello, es necesario confrontar esa creencia sobre la productividad, asumiendo que el peaje será **exponernos gradualmente a la culpa** cuando descansemos, hasta interiorizar que no dejamos de ser cuando posponemos el hacer.

A este proceso de reconquista, que reivindica el derecho a disfrutar sin culpa de lo cotidiano, lo he bautizado como **hedonismo pragmático**. Porque al soltar la expectativa de que solo los placeres lujosos son válidos, pone en valor esos gestos mínimos y accesibles que nos devuelven la **posibilidad de habitar y disfrutar del presente sin tener que merecerlo**.

Pero… ¿por qué es importante incluir *el dolce far niente* como música de fondo?

Los beneficios del dulce ensimismamiento neuronal

El *dolce far niente* es **un factor protector** de nuestra salud. ¿Recuerdas que nuestro cerebro funcionaba en dos modos? El **modo hacer** (presente cuando estamos en automático) y del **modo ser** (protegido en los pequeños oasis de atención plena).

Como veíamos entonces, a pesar de su mala fama, el modo hacer existe porque cumple funciones adaptativas y beneficiosas. Pero nuestro ritmo de vida favorece que quedemos atrapados en él demasiado tiempo, potenciando sin quererlo el pensamiento rumiativo y, por consiguiente, los estados de ánimo desagradables.

Permitirnos el *dolce far niente* representa una forma de ensimismamiento saludable, donde el *modo hacer* despliega su potencial. Cuando nos regalamos pequeños espacios de descanso placentero y dejamos que la mente divague sin culpa, se activa la red neuronal por defecto, encargada de integrar experiencias pasadas, proyectar escenarios futuros y sostener nuestra identidad. Así, si disfrutamos en esa inactividad, favorecemos la **introspección**, la **imaginación**, la **creatividad** y el **sentido de continuidad del yo**.

Por lo que, reivindicar el hedonismo pragmático en el día a día, con vacíos de actividad placenteros, nos conecta directamente con el bienestar.

Y si, además, somos conscientes de lo que estamos disfrutando y lo agradecemos, amplificamos el placer percibido y **consolidamos su huella en el sistema nervioso**. En este sentido, son diversos los estudios que concluyeron que el agradecimiento actúa como un ancla, favoreciendo la atención hacia los detalles agradables de la vida y ayudando a fijar esas experiencias en la memoria. Incluso favorece la activación el circuito de recompensa, que refuerza la validación del disfrute cotidiano, haciendo que cada vez sintamos menos culpa por parar y que **reclamemos con más firmeza** nuestro derecho al descanso.

La búsqueda infinita

Sí, yo también he renegado muchas veces de la espiritualidad. Probablemente más que la media. De adolescente, fui una chica de ciencias que vivía en una casa que era, a la vez, un centro de yoga: un punto de espiritualidad oriental en un pueblo gallego. Fruto de esa necesidad adolescente de marcar distancias con las figuras de referencia, me aferraba a lo tangible: solo era válido aquello que podía ver, oír, tocar, oler o saborear.

Lo que no sabía entonces era que mi yo adulta, tras más de una década siguiendo el camino de la ciencia, acabaría escribiendo una tesis que, en el fondo, sería una oda al poder de las creencias.

Uno de los objetivos de mi tesis era comprobar la eficacia de un tratamiento en la reducción de los síntomas de la fibromialgia. Tras cinco años de proyecto, recuerdo cómo los compañeros me daban el pésame cuando los resultados mostraron que el tratamiento no había sido más eficaz que el placebo. Sin embargo, yo, **lejos de sentirlo como una derrota, empecé a fascinarme con este efecto**.

A pesar de que el placebo es un fenómeno muy estudiado (sabemos que el cerebro, ante la expectativa de mejora, puede anticiparse liberando endorfinas, dopamina y otras moléculas que promueven la percepción de bienestar), en ciencia sigue siendo un tema que molesta. Se busca controlarlo o suprimirlo, porque lo asociamos al autoengaño. Porque, a pesar de que lo hemos materializado en lenguaje biológico, en cierta manera, desafía el modelo biomédico mecanicista y roza peligrosamente el terreno de la fe. Sí, la fe.

Y cuando hablamos de fe fuera de la religión, el efecto placebo es la punta del iceberg. Convivimos con creencias que moldean nuestra percepción del mundo más de lo que admitimos. Como recoge Liv Strömquist en su novela gráfica *La voz del oráculo*, en el momento más racional de la historia seguimos buscando consuelo en lo intangible. Esta aparente incongruencia, ya la describió Nietzsche al explicar que la humanidad escribe su historia alternando épocas apolíneas (representadas por Apolo, símbolo de la lógica y la razón) y épocas dionisíacas (personificadas en Dionisio, dios del vino, de lo ritual y lo simbólico), balanceándose entre ambas como si respirase: inspiramos razón, exhalamos fe. **Y vuelta a empezar.**

Considerando esta dualidad pendular, quizá estemos viviendo en el extremo de una era hiperracional, a punto de cambiar de dirección. En este sentido, de acuerdo con Liv, aunque ya no recemos a dioses barbudos, somos testigos de como van ganando terreno nuestros oráculos actuales: el horóscopo, el universo con sus «todo sucede por algo» e, incluso, la ciencia. Sí, también la ciencia.

Aunque suene paradójico, el filósofo Bruno Latour ya lo subrayó: en nuestra era racional seguimos creando híbridos entre lo simbólico y lo empírico. Un ejemplo de ello es cuando tratamos el método científico como si ofreciera certezas absolutas, olvidando que su fuerza reside, precisamente, en estar siempre abierto a la revisión. Así, nos cuesta soltar lo que ya habíamos incorporado como cierto, porque más allá de los datos, buscamos coherencia y poder de predicción. Esta resistencia la sentimos, por ejemplo, en el rechazo colectivo inicial a que Plutón dejara de ser un planeta. Pero… ¿por qué nos ocurre esto?

Nuestro cerebro necesita puntos de anclaje, sobre todo, cuando no tenemos el control y lo tiene otro… o, en el peor de los casos, no lo tiene nadie. Por eso, frente a la mayor incertidumbre con la que vivimos (la muerte) lo que más nos calma es pensar que hay algo que nos protege, aunque no sepamos cómo lo hace, porque nos aporta poder de predicción. Ese «algo» puede ser la baja estadística de accidentes de avión o el efecto protector de los hábitos saludables. Y al creer en ello, nos sentimos traicionados cuando el mundo no cumple su parte del trato: hay un terrible accidente aéreo o un *runner* muere de un infarto.

Por eso, en favor de nuestra calma, **la fe funciona como una pastilla placebo**. En este sentido, varios estudios han mostrado que diferentes formas de fe reducen el estrés, mejoran la capacidad de afrontamiento y, a largo plazo, aumentan la esperanza de vida. Este efecto puede deberse a que la fe amortigua el golpe de la incertidumbre a través de una reinterpretación que reduce la rumia y nos da una sensación de pertenencia a algo más allá de nosotros mismos. Y cuando hablamos de esto último, entramos en otro terreno, **el de la espiritualidad**.

La casa del águila

Menos de veinticuatro horas después de entregar la tesis, estaba en un avión rumbo a México. Iba en ese estado raro en el que la felicidad se enreda con el miedo, consecuencia de haber alcanzado aquello que durante años había marcado todo mi esfuerzo. En aquel momento, sentía **cómo** un vacío incómodo se desplegaba en mí, susurrando: **«¿y ahora qué?»**.

Huyendo de él, mi madre, una amiga y yo atravesamos en coche el centro del país. En una de nuestras paradas, en San Andrés Cholula, nos topamos con una feria. Tras unos minutos paseando, mis compañeras se detuvieron en una carpa donde un señor mayor ofrecía lecturas del horóscopo azteca. Tras unos minutos de análisis, mi madre parecía destinada a ser maestra y Lulú, nuestra amiga, a ser trotamundos.

Aunque no creo en los horóscopos, en ese momento sentí la necesidad de escuchar alguna idea nueva que me ayudara con ese **«¿y ahora qué?»** que no dejaba de repetirse en mi mente. Así que, tras comprobar mi fecha de nacimiento en un tablero circular, el nahua me miró y dijo:

—*Cuauhtli Calli*. La casa del águila. La que vive en contradicción: cuando está en lo tangible, en casa, anhela volar. Pero cuando vuela, siente el vértigo de lo no explicable y busca tierra.

Como aquella sentencia me pareció menos clara que las que había dado a mis acompañantes, la decepción se me debió reflejar en la cara, porque el hombre sonrió y me preguntó a qué me dedicaba. Cuando le dije que era psicóloga e investigadora, únicamente añadió:

—La ciencia y la espiritualidad estarán **buscando el equilibrio toda tu vida**. Tienes que aprender a vivir en contradicción.

Contra todo pronóstico, aquel desconocido había puesto en palabras algo que llevaba tiempo notando. Desde los resultados de la tesis, **empecé a interesarme por las lagunas en neurociencia** que otros saberes antiguos ya habían señalado y que ahora, saliendo del modelo biomédico, los científicos empezábamos a traducir en conocimiento (como ese poder de las creencias biologizado en el efecto placebo o las bondades de la meditación). Al escucharlo así, fue como si esa incongruencia interna por fin se hiciera visible. Y ahí empecé a preguntarme: **¿de verdad tengo que elegir?**

Como os comenté, durante mucho tiempo, si alguien me hubiese preguntado si era una persona espiritual, hubiese respondido que no. Pero, en aquella plaza mexicana, empecé a preguntarme: «¿qué es para mí la espiritualidad?».

Cuando me planteé esta cuestión, descubrí lo difícil que era despegar esa palabra de los prejuicios que le había ido pegando con el tiempo. Así que, **para empezar**, hice lo más simple: **le pregunté a personas cercanas**. Y para mi sorpresa, las respuestas fueron muy diversas: para algunas, tenía que ver con conocerse a uno mismo; para otras, con la relación con Dios; para unas pocas, con el altruismo; y para muchas, con una conexión difícil de nombrar con la naturaleza, con el cuerpo o con algo que no sabían explicar.

A pesar de estas diferencias, observé que todas las respuestas hablaban de lo mismo: del vínculo.

Con esa base, pude empezar a construir mi propia definición, pero necesitaba afinarla más. Así que buceé en la literatura científica y encontré a la doctora Tracy Balboni, especialista en cuidados paliativos. Ella definía **la espiritualidad** basándose en tres ideas clave:

- Que es una capacidad humana **innata**.
- Que es **dinámica**, puede activarse más en ciertos momentos de la vida.
- Que **implica una búsqueda**, no tanto para llegar a un destino, sino para caminar en una dirección.

Con el puzle casi completo, la última pieza llegó meses después, cuando me crucé con el trabajo de la psiquiatra Lisa Miller. Para ella, la espiritualidad no es solo una creencia: **es una forma**

de percibir, una sensibilidad que nos permite experimentar **unidad, pertenencia y conexión con algo** más allá de nosotros.

Con este matiz, entendí por qué me costaba tanto explicarlo. Estaba intentando traducir con palabras algo que solo había sentido el cuerpo. Así que en ese momento supe que, para mí, la espiritualidad ocurre cuando **dejamos de sentirnos isla y percibimos que formamos parte de algo** más grande. Y que esa percepción (y la consciencia de estar viviéndola) puede colarse **también en lo cotidiano**.

Empecé a mirar hacia atrás y a reconocer los momentos en los que esa sensación se había presentado sin avisar. A veces en contextos tradicionales (como una meditación), pero muchas otras en lugares inesperados: cuando la belleza de la naturaleza me sobrecogía, cuando un abrazo me sostenía y comprendía, o cuando, en un concierto, se me erizaba la piel al escuchar sesenta mil voces cantando al unísono. Instantes en los que, sin saber muy bien por qué, dejaba de ser solo yo.

Si bien esta es mi definición, antes de seguir, te invito a que te preguntes qué es para ti. Porque si bien la espiritualidad es una capacidad que todos tenemos, la forma que adopta depende tanto **del contexto y de las experiencias** de cada cual, que sus matices son infinitos. Además, conocer tu propia definición es interesante porque, aunque la forma sea única para cada uno, todo parece indicar que **su efecto en la salud es compartido**.

La ciencia de lo intangible

Hasta hace poco, apenas se había investigado **el efecto de la espiritualidad en la salud mental** o en el cerebro. Seguramente por una mezcla de recelo científico a rozar lo místico y de dificultad metodológica para hacer medible algo tan subjetivo.

Una de las primeras en atreverse fue la doctora Lisa Miller. Ella y su equipo, en 2012, pudieron observar que en las personas que se percibían como espirituales, el riesgo de padecer depresión era hasta un 90 % menor. La autora aclara que esto no se debe a que la espiritualidad resuelva los problemas, sino a que **amplía el foco atencional**. De esa manera, dejamos de estar encerrados en la rumiación individual y observamos con más distancia, reduciéndose así la sensación de responsabilidad y culpa hacia aspectos que no controlamos. Y, desde ahí, empezamos a confiar.

Tiempo después, el mismo equipo diseñó un estudio para evaluar el efecto de la espiritualidad en la estructura cerebral. Analizaron a más de cien familias (la mitad con una alta consciencia espiritual y la otra mitad, sin ella). Los datos mostraron que quienes cultivaban esta dimensión presentaban **un mayor grosor en la corteza prefrontal** (relacionada con la consciencia y la regulación emocional) que, precisamente, suele estar mermada en personas con depresión, lo que podría explicar en parte su **efecto protector**.

Además, en estudios posteriores, se encontraron **otras áreas** que también podrían estar implicadas en la espiritualidad. Por ejemplo, la desactivación del **lóbulo parietal posterior izquierdo**, una zona vinculada a la percepción del yo, se ha interpretado como una especie de **pausa del ego** que permite experimentar la **sensación de unidad con otros** o trascendencia. También se ha descrito una menor reactividad del **sistema límbico**, impactando en la capacidad de **regulación emocional**.

Todo este patrón de actividad cerebral asociado a la espiritualidad, Miller lo bautizó de forma divulgativa como **«el cerebro**

despierto», y lo contrapuso al **«cerebro de logro»**, ese piloto automático que nos empuja a coleccionar metas prestadas (una casa, un trabajo estable, hijos o hábitos instagrameables) apagando la búsqueda propia y la mirada crítica.

Ahora, sabiendo las bondades del «cerebro despierto», lo interesante es que no dependen de grandes gestos, sino que pueden **cultivarse en lo pequeño**: en paseos por la naturaleza que te dan perspectiva, en gestos altruistas que te conectan con tu comunidad, o en esos oasis de silencio en los que, aunque sea un instante, logras estar contigo.

EJERCICIO

Baila tus canciones

Al vivir en piloto automático, la música que nos acompaña se apaga. Durante el próximo mes, elige una melodía (**flexibilidad**, ***dolce far niente*** o **espiritualidad**) y escúchala de fondo. Cada semana:

1. **Ponle nombre:** qué significa para ti ahora.
2. **Escúchala:** anota un momento en el que la hayas sentido.
3. **Siéntela:** describe una emoción o sensación corporal que dejó en ti.

Vuelve a este ejercicio siempre que quieras afinar tu escucha.

EPÍLOGO

Hemos venido a vivir humanamente

Cuando entré en el salón de actos, localicé en segunda fila la sonrisa de mi amiga Andrea y me apresuré a sentarme a su lado antes de que comenzara el evento. En cuanto toqué la silla, me giré hacia ella, le devolví la sonrisa… y, también, su libro, que llevaba semanas secuestrado en mi casa.

—Lo siento, soy un desastre —susurré.

Ella sonrió, me abrazó y dijo:

—¿Quién no?

Sus palabras quedaron suspendidas en mi mente. Y, en esa pausa antes de la ponencia, me perdí en mis pensamientos.

Llevaba ya unos meses inmersa en la escritura del libro. Las primeras páginas las había reservado para reflejar la percepción socialmente compartida de no ser suficientes, alimentada por nuestro contexto de autoexigencia. **Después de varias líneas de texto, había concluido que: aunque no podemos escapar de nuestro entorno, reconocer esta sensación** como una banderita roja que nos avisa cuando perdemos el equilibrio **nos ayuda a convivir con ella** de una manera más amable. De esta forma, cuando aparece, quizá nos está diciendo que nos estamos poniendo un traje que no es el nuestro; o que atravesamos uno de esos huracanes vitales, en los que volver a lo mínimo y sostenernos hasta que escampe… **es autocuidado**.

Además, al reconocerla podemos compartirla con las personas cercanas, tejiendo así una red que nos sostenga. En ese espacio compartido, el «¿y quién no?» deja de ser consuelo para convertirse en resistencia: nos humaniza, humaniza la vida y se opone a un sistema de logros que nos ahoga.

Sintiendo cómo este hilo del pensamiento se alejaba, volví al presente justo cuando Carlos López-Otín, entre reflexiones sobre la salud y anécdotas del hombre de Vitruvio, concluía mis pensamientos en: **«Lo importante no es mantenerse vivos, sino humanos»**.

Porque ¿cuándo dejó de ser lo mismo?
¿Cuándo desaprendimos qué es vivir?

Y es que, de la consciencia de ese desaprendizaje, nació la idea de este libro. Así, tú y yo nos conocimos sintiendo que sobrevivíamos, persiguiendo hábitos ajenos con la promesa de vivir más. Pero, sin darnos cuenta, estábamos perpetuando la sensación de estar viviendo menos.

A lo largo de estas páginas, cada uno emprendió su vuelta a las bases, a lo sencillo, a la vida. Y, como si Thoreau nos hubiese acompañado, dejo que sus palabras cierren este viaje de regreso:

«Fui a los bosques porque quería vivir deliberadamente; enfrentándome solo a los hechos esenciales de la vida, y ver si podía aprender lo que la vida tenía que enseñar, no fuera que cuando estuviera por morir descubriera que no había vivido».

Así que sí: **hemos venido a vivir.**

Deliberadamente. Intensamente.

Y, lo que no podemos olvidar: **humanamente**.

BIBLIOGRAFÍA

1. El trabajo después del trabajo, ¿cuándo hemos firmado este contrato?

Avia, M. D., & Vázquez, C. (1999). «Optimismo inteligente». *Aviso, 985*(285), 778.

Baumeister, R. F., & Tierney, J. (2012). *Willpower: Rediscovering the greatest human strength*. Penguin.

Baumeister, R. F., Bratslavsky, E., Muraven, M., & Tice, D. M. (1998). «Ego depletion: Is the active self a limited resource?». *Journal of Personality and Social Psychology, 74*(5), 1252-1265.

Gardner, B., Rebar, A. L., & Lally, P. (2022). «How does habit form? Guidelines for tracking real-world habit formation». *Cogent Psychology*, 9(1): 2041277.

Harvey, David. *Breve historia del neoliberalismo*. Madrid, Akal, 2009.

Hennessy, E. A., Johnson, B. T., Acabchuk, R. L., McCloskey, K., & Stewart-James, J. (2020). «Self-regulation mechanisms in health behavior change: A systematic meta-review of meta-analyses, 2006–2017». *Health Psychology Review, 14*(1), 6-42.

Inzlicht, M., & Schmeichel, B. J. (2016). *Beyond Limited Resources. Handbook of Self-Regulation: Research, Theory, and Applications*, 165.

Kurzban, R., Duckworth, A., Kable, J. W., & Myers, J. (2013). «An opportunity cost model of subjective effort and task performance». *Behavioral and brain sciences, 36*(6), 661-679.

Lally, P., Van Jaarsveld, C. H., Potts, H. W., & Wardle, J. (2010). «How are habits formed: Modelling habit formation in the real world». *European journal of social psychology, 40*(6), 998-1009.

Ortiz Gómez, M. G. (2017). «Industria de autoayuda y gubernamentalidad neoliberal: la reconfiguración del rol ciudadano». *Tla-melaua, 10*(41), 26-39.

Ortiz Gómez, M. G. «¿Neoliberalismo autogestivo? La Cultura de Autogestión para el Desarrollo como una herramienta analítica», *Contextualizaciones Latinoamericanas*, n.º 9, 2013.

Schmeichel, B. J., & Inzlicht, M. (2013). *Incidental and integral effects of emotions on self-control.*

Wallerstein, I. (2006). *Análisis de sistemas-mundo. Una introducción*, México, Siglo XXI.

2. Los susurros del bosque olvidado

Başar, E., Başar-Eroğlu, C., Karakaş, S., & Schürmann, M. (2000). «Brain oscillations in perception and memory». *International journal of psychophysiology, 35*(2-3), 95-124.

Bauer, M., Oostenveld, R., Peeters, M., & Fries, P. (2006). «Tactile spatial attention enhances gamma-band activity in somatosensory cortex and reduces low-frequency activity in parieto-occipital areas». *Journal of Neuroscience, 26*(2), 490-501.

Castellanos, Nazareth. *El espejo del cerebro*. Editorial La Huerta Grande, 2020.

Castellanos, Nazareth. *Neurociencia del cuerpo*. Editorial Kairós, 2022.

Giménez Mas, J. A. (2002). «La profesión médica hoy: nueva llamada de la tradición hipocrática». *Medifam, 12*(9), 49-58.

Gutteling, T. P., Sillekens, L., Lavie, N., & Jensen, O. (2022). «Alpha oscillations reflect suppression of distractors with increased perceptual load». *Progress in Neurobiology, 214*(80): 102285.

Jokisch, D., & Jensen, O. (2007). «Modulation of gamma and alpha activity during a working memory task engaging the dorsal or ventral stream». *Journal of Neuroscience, 27*(12), 3244-3251.

Pavlidou, A., Schnitzler, A., & Lange, J. (2014). «Beta oscillations and their functional role in movement perception». *Translational Neuroscience, 5*, 286-292.

Salmelin, R., & Hari, R. (1994). «Spatiotemporal characteristics of sensorimotor neuromagnetic rhythms related to thumb movement». *Neuroscience, 60*(2), 537-550.

Sancho, L., Contreras, M., & Allen, N. J. (2021). «Glia as sculptors of synaptic plasticity». *Neuroscience Research, 167*, 17-29.

Zhang, Y., & Strogatz, S. H. (2021). «Designing temporal networks that synchronize under resource constraints». *Nature communications, 12*(1), 3273.

4. Primer pilar: la sencillez como inicio

Beatriz, G. G., & Alfonso, E. (2002). «Neuroanatomía del estrés». *Revista Mexicana de Neurociencia, 3*(5), 273-282.

de la Iglesia, H. O., Fernández-Duque, E., Golombek, D. A., Lanza, N., Duffy, J. F., & Czeisler, C. A. (2015). «Access to electric light is associated with shorter sleep duration in a traditionally hunter-gatherer community». *Journal of Biological Rhythms, 30*(4), 342–350. https://doi.org/10.1177/0748730415594096

Honoré, C. (2024). *Elogio de la lentitud (Edición 20.º aniversario): El manifiesto fundacional del movimiento slow*. RBA Libros.

McEwen, B. S. (2007). «Physiology and neurobiology of stress and adaptation: Central role of the brain». *Physiological Reviews, 87*(3), 873–904. https://doi.org/10.1152/physrev.00041.2006

Neubauer, S., Hublin, J.-J., & Gunz, P. (2018). «The evolution of modern human brain shape». *Science Advances, 4*(1), eaao5961. https://doi.org/10.1126/sciadv.aao5961

Samson, D. R., & Nunn, C. L. (2015). «Sleep intensity and the evolution of human cognition». *Evolutionary Anthropology, 24*(5), 225–237. https://doi.org/10.1002/evan.21464

Siegmund, R., Stahlschmidt, L., & Siegmund, D. (2019). «Impact of electric light on sleep in a traditionally living population in Vanuatu». *Scientific Reports, 9*, 11980. https://doi.org/10.1038/s41598-019-53635-y

Sirois, F. M. (2014). «Absorbed in the moment? An investigation of procrastination, absorption and cognitive failures». *Personality and individual differences*, *71*, 30-34.

Sirois, F., & Pychyl, T. (2013). «Procrastination and the priority of short-term mood regulation: Consequences for future self». *Social and personality psychology compass*, 7(2), 115-127.

Steel, P., & König, C. J. (2006). «Integrating theories of motivation». *Academy of management review, 31*(4), 889-913.

Teller, S. (2023). *Neurocuídate: Conoce los secretos de tu cerebro para mejorar tu vida*. Editorial Aguilar.

Yetish, G., Kaplan, H., Gurven, M., Wood, B., Pontzer, H., Manger, P. R., … & Siegel, J. M. (2015). «Natural sleep and its seasonal variations in three pre-industrial societies». *Current Biology, 25*(21), 2862-2868. https://doi.org/10.1016/j.cub.2015.09.046

Zhang, S., Liu, P., & Feng, T. (2019). «To do it now or later: The cognitive mechanisms and neural substrates underlying procrastination». *Wiley Interdisciplinary Reviews: Cognitive Science, 10*(4), e1492.

5. Segundo pilar: conexión con el cuerpo

Barrett, L. F. (2017). *How emotions are made: The secret life of the brain.* Pan Macmillan.

Briggs, J. (1970). *Never in Anger: Portrait of an Eskimo Family*. Harvard University Press.

Castellanos, N. (2022). *Neurociencia del cuerpo: Cómo el organismo esculpe el cerebro*. Editorial Kairós.

Craig, A. D. (2002). «How do you feel? Interoception: the sense of the physiological condition of the body». *Nature reviews neuroscience, 3*(8), 655-666.

Damasio, A. R. (2022). *El error de Descartes: La emoción, la razón y el cerebro humano*. Booket.

Ekman, P. (2017). *El rostro de las emociones*. RBA libros.

Ekman, P., & Friesen, W. V. (1971). Constants across cultures in the face and emotion. *Journal of personality and social psychology, 17*(2), 124.

Ekman, P., & Oster, H. (1979). Facial expressions of emotion. *Annual review of psychology*.

Garfinkel, S. N., & Critchley, H. D. (2013). «Interoception, emotion and brain: new insights link internal physiology to social behaviour». Commentary on: «Anterior insular cortex mediates bodily sensibility and social anxiety» by Terasawa et al. (2012). *Social cognitive and affective neuroscience, 8*(3), 231-234.

Henrich, J. (2020). *The WEIRDest People in the World: How the West Became Psychologically Peculiar and Particularly Prosperous.* Farrar, Straus and Giroux.

López-Otín, C. (2024). *La levedad de las libélulas.* Editorial Paidós.

Markus, H. R., & Kitayama, S. (1991). *Culture and the self: Implications for cognition, emotion, and motivation.* Psychological Review, *98*(2), 224-253.

Matsumoto, D. (1990). *Cultural similarities and differences in display rules.* Motivation and Emotion, *14*(3), 195-214.

Mauss, I. (2006). *Control de las emociones.* Mente y Cerebro, n.º 19.

Nummenmaa, L., Glerean, E., Hari, R., & Hietanen, J. K. (2014). *Bodily maps of emotions. Proceedings of the National Academy of Sciences, 111*(2), 646-651. https://doi.org/10.1073/pnas.1321664111

Pessoa, L. (2008). «On the relationship between emotion and cognition». *Nature reviews neuroscience, 9*(2), 148-158.

Seth, A. K. (2013). «Interoceptive inference, emotion, and the embodied self». *Trends in cognitive sciences, 17*(11), 565-573.

Teller, S. (2023). *Neurocuídate: Conoce los secretos de tu cerebro para mejorar tu vida.* Aguilar.

6. Tercer pilar: coherencia contigo

Balestri, M., Calati, R., Serretti, A., & De Ronchi, D. (2014). «Genetic modulation of personality traits: A systematic review of the literature». *International Clinical Psychopharmacology, 29*(1), 1-15. https://doi.org/10.1097/YIC.0b013e328364590b

Casas, A. (2023). *Todas las personas que fui.* Random Cómics.

Castellanos, N. (2025). *El puente donde habitan las mariposas.* Ediciones Siruela.

Cintado, E., Tezanos, P., De las Casas, M., Muela, P., McGreevy, K. R., Fontán-Lozano, Á., ... & Trejo, J. L. (2024). «Grandfathers-to-grandsons transgenerational transmission of exercise positive effects on cognitive performance». *Journal of Neuroscience, 44*(23).

Cloninger, C. R., Svrakic, D. M., & Przybeck, T. R. (1993). «A psychobiological model of temperament and character». *Archives of General Psychiatry, 50*(12), 975–990. https://doi.org/10.1001/archpsyc.1993.01820240059008

Cloninger, S. C. (2011). *Teorías de la personalidad* (3.ª ed.). Pearson Educación.

Garvey, M. J., Noyes Jr, R., Cook, B., & Blum, N. (1996). «Preliminary confirmation of the proposed link between reward-dependence traits and norepinephrine». *Psychiatry research, 65*(1), 61-64.

Hansenne, M., & Ansseau, M. (1999). «Harm avoidance and serotonin». *Biological psychology, 51*(1), 77-81.

Hansenne, M., Pinto, E., Pitchot, W., Reggers, J., Scantamburlo, G., Moor, M., & Ansseau, M. (2002). «Further evidence on the relationship between dopamine and novelty seeking: a neuroendocrine study». *Personality and individual differences, 33*(6), 967-977.

Hayes, S. C., Strosahl, K. D., & Wilson, K. G. (2011). *Acceptance and commitment therapy: The process and practice of mindful change.* Guilford Press.

Horsthemke, B. A critical view on transgenerational epigenetic inheritance in humans. *Nat Commun* 9, 2973 (2018). https://doi.org/10.1038/s41467-018-05445-5

McGowan, P. O., Sasaki, A., D'alessio, A. C., Dymov, S., Labonté, B., Szyf, M., ... & Meaney, M. J. (2009). «Epigenetic regulation of the glucocorticoid receptor in human brain associates with childhood abuse». *Nature neuroscience*, *12*(3), 342-348.

Nagy, Z., Karsai, I., Nagy, T., Kátai, E., Miseta, A., Fazekas, G., … & Kállai, J. (2022). «Reward dependence-moderated noradrenergic and hormonal responses during noncompetitive and competitive physical activities». *Frontiers in behavioral neuroscience*, *16*, 763220.

Weaver, I. C., Cervoni, N., Champagne, F. A., D'Alessio, A. C., Sharma, S., Seckl, J. R., … & Meaney, M. J. (2004). «Epigenetic programming by maternal behavior». *Nature neuroscience*, 7(8), 847-854.

7. Cuarto pilar: habitar el placer

Heath, R. G. (1972). «Pleasure and brain activity in man: Deep and surface electroencephalograms during orgasm». *The journal of nervous and mental disease*, *154*(1), 3-18.

Kelley, A. E., & Berridge, K. C. (2002). «The neuroscience of natural rewards: relevance to addictive drugs». *Journal of neuroscience*, *22*(9), 3306-3311.

Kringelbach, M. L., & Berridge, K. C. (2009). «*Towards a functional neuroanatomy of pleasure and happiness*». *Trends in Cognitive Sciences*, 13(11), 479-487. https://doi.org/10.1016/j.tics.2009.08.006

Linden, D. J. (2011). *The Compass of Pleasure: How Our Brains Make Fatty Foods, Orgasm, Exercise, Marijuana, Generosity, Vodka, Learning, and Gambling Feel So Good*. Viking.

Mogenson, G. J., Jones, D. L., & Yim, C. Y. (1980). «From motivation to action: functional interface between the limbic system and the motor system». *Progress in neurobiology*, *14*(2-3), 69-97.

Olds, J., & Milner, P. (1954). «Positive reinforcement produced by electrical stimulation of septal area and other regions of rat brain». *Journal of comparative and physiological psychology*, *47*(6), 419.

Oya, H., Kawasaki, H., Howard, M. A., & Adolphs, R. (2002). «Electrophysiological responses in the human amygdala discriminate emotion categories of complex visual stimuli». *Journal of Neuroscience*, *22*(21), 9502-9512.

Parsons, L. H., & Hurd, Y. L. (2015). *Endocannabinoid signalling in reward and addiction*. Nature Reviews Neuroscience.

Portenoy, R. K., Jarden, J. O., Sidtis, J. J., Lipton, R. B., Foley, K. M., & Rottenberg, D. A. (1986). «Compulsive thalamic self-stimulation: A case with metabolic, electrophysiologic and behavioral correlates». *Pain*, *27*(3), 277-290. https://doi.org/10.1016/0304-3959(86)90155-7

Solinas, M., Goldberg, S. R., & Piomelli, D. (2008). *«The endocannabinoid system in brain reward processes». British Journal of Pharmacology.*

Strömquist, L. (2025). *La voz del oráculo* (B. Pagán & A. Nerea, Trads.). Reservoir Books.

Teller, S. (2023). *Neurocuídate: Conoce los secretos de tu cerebro para mejorar tu vida*. Aguilar.

Wittgenstein, L. (1922). *Tractatus logico-philosophicus* (trad. J. Muñoz). Madrid: Alianza Editorial. (Trabajo original publicado en 1921).

8. El silencio

Bar, M. (2022). *Divagando: Virtudes de la deriva mental*. Barcelona: Kairós.

Beaty, R. E., Benedek, M., Barry Kaufman, S., & Silvia, P. J. (2015). «Default and executive network coupling supports creative idea production». *Scientific reports*, *5*(1), 10964.

Beaty, R. E., Benedek, M., Barry Kaufman, S., & Silvia, P. J. (2015). «Default and executive network coupling supports creative idea production». *Scientific reports*, *5*(1), 10964.

Brandmeyer, T., Delorme, A., & Wahbeh, H. (2019). «The neuroscience of meditation: classification, phenomenology, correlates, and mechanisms». *Progress in brain research*, *244*, 1-29.

Castellanos, N. (2022). *El espejo del cerebro: Cómo nos vemos en lo que pensamos*. La Huerta Grande.

Desbordes, G., Negi, L. T., Pace, T. W., Wallace, B. A., Raison, C. L., & Schwartz, E. L. (2012). «Effects of mindful-attention and compassion meditation training on amygdala response to emotional stimuli in an ordinary, non-meditative state». *Frontiers in human neuroscience*, *6*, 23050.

Fox, K. C., Dixon, M. L., Nijeboer, S., Girn, M., Floman, J. L., Lifshitz, M., ... & Christoff, K. (2016). «Functional neuroanatomy of meditation: A review and meta-analysis of 78 functional neuroimaging investigations». *Neuroscience & Biobehavioral Reviews*, *65*, 208-228.

Fundación ONCE & Fundación AXA (2024). *Barómetro de la soledad no deseada en España 2024*. Observatorio Estatal de la Soledad No Deseada (SoledadES). Recuperado de https://www.soledades.es/estudios/barometro-soledad-no-deseada-espana-2024 soledades.es+5fundaciononce.es+5biblioteca.fundaciononce.es+5lamoncloa.gob.es+15soledades.es+15soledades.es+15

Goldin, P. R., & Gross, J. J. (2010). «Effects of mindfulness-based stress reduction (MBSR) on emotion regulation in social anxiety disorder». *Emotion*, *10*(1), 83.

Hanley, A. W., Warner, A. R., Dehili, V. M., Canto, A. I., & Garland, E. L. (2015). «Washing dishes to wash the dishes: brief instruction in an informal mindfulness practice». *Mindfulness*, *6*(5), 1095-1103.

Hölzel, B. K., Hoge, E. A., Greve, D. N., Gard, T., Creswell, J. D., Brown, K. W., … & Lazar, S. W. (2013). «Neural mechanisms of symptom improvements in generalized anxiety disorder following mindfulness training». *NeuroImage: Clinical, 2*, 448-458.

Jensen, O., & Mazaheri, A. (2010). «Shaping functional architecture by oscillatory alpha activity: gating by inhibition». *Frontiers in human neuroscience, 4*, 186.

Kakuan Shien. (2023). *La doma del buey: Las diez etapas del despertar* (trad. Dokushô Villalba). Madrid: Miraguano Ediciones.

Kaliman, P. (2019). «Epigenetics and meditation». *Current Opinion in Psychology, 28*, 76-80.

Kasamatsu, A., & Hirai, T. (1966). «An electroencephalographic study on the Zen meditation (Zazen)». *Psychiatry and Clinical Neurosciences, 20*(4), 315-336.

Killingsworth, M. A., & Gilbert, D. T. (2010). «A wandering mind is an unhappy mind». *Science, 330*(6006), 932-932.

Pazos, T. (2023). *Este libro te hará vivir más (o por lo menos mejor): Elige buenos hábitos, adapta tus rutinas y mejora tu bienestar.* Paidós.

Raichle, M. E. (2015). «The brain's default mode network». *Annual review of neuroscience, 38*(1), 433-447.

Raichle, M. E., MacLeod, A. M., Snyder, A. Z., Powers, W. J., Gusnard, D. A., & Shulman, G. L. (2001). «A default mode of brain function». *Proceedings of the national academy of sciences, 98*(2), 676-682.

Roura, N. (@neuronacho) (12 de febrero de 2025). *Pues cuidao* (publicación de Instagram). Instagram, https://www.instagram.com/p/DF-mCj9sbws/?hl=es

Tang, Y. Y., Hölzel, B. K., & Posner, M. I. (2015). «The neuroscience of mindfulness meditation». *Nature reviews neuroscience, 16*(4), 213-225.

Tang, Y. Y., Tang, R., & Posner, M. I. (2016). «Mindfulness meditation improves emotion regulation and reduces drug abuse». *Drug and alcohol dependence, 163*, S13-S18.

Tang, Y. Y., Tang, R., Rothbart, M. K., & Posner, M. I. (2019). «Frontal theta activity and white matter plasticity following mindfulness meditation». *Current opinion in psychology, 28*, 294-297.

Teller, S. (2023). *Neurocuídate: Conoce los secretos de tu cerebro para mejorar tu vida*. Aguilar.

Tononi, G. (2004). «An information integration theory of consciousness». *BMC neuroscience, 5*, 1-22.

Wilson, T. D., Reinhard, D. A., Westgate, E. C., Gilbert, D. T., Ellerbeck, N., Hahn, C., ... & Shaked, A. (2014). «Just think: The challenges of the disengaged mind». *Science, 345*(6192), 75-77.

9. Del cuerpo al vínculo: tres caminos para sostenernos

Allen, M., Varga, S., & Heck, D. H. (2023). «Respiratory rhythms of the predictive mind». *Psychological review, 130*(4), 1066.

Ashhad, S., Kam, K., Del Negro, C. A., & Feldman, J. L. (2022). «Breathing rhythm and pattern and their influence on emotion». *Annual review of neuroscience, 45*(1), 223-247.

Blakemore, S. J., & Choudhury, S. (2006). «Development of the adolescent brain: implications for executive function and social cognition». *Journal of child psychology and psychiatry, 47*(3-4), 296-312.

Blakeslee, S., & Blakeslee, M. (2008). *The body has a mind of its own: How body maps in your brain help you do (almost) everything better*. Random House.

Busch, V., Magerl, W., Kern, U., Haas, J., Hajak, G., & Eichhammer, P. (2012). «The effect of deep and slow breathing on pain perception, autonomic activity, and mood processing—an experimental study». *Pain Medicine, 13*(2), 215-228.

Cacioppo, J. T., & Cacioppo, S. (2014). «Social relationships and health: The toxic effects of perceived social isolation». *Social and personality psychology compass, 8*(2), 58-72.

Carr, L., Iacoboni, M., Dubeau, M. C., Mazziotta, J. C., & Lenzi, G. L. (2003). «Neural mechanisms of empathy in humans: a relay from neural systems for imitation to limbic areas». *Proceedings of the national Academy of Sciences, 100*(9), 5497-5502.

Castellanos, N. (2022). *Neurociencia del cuerpo: Un viaje por la interacción entre cuerpo y mente*. Madrid: La Huerta Grande.

Castellanos, N. (2025). *El puente donde habitan las mariposas*. Ediciones Siruela.

Craig, A. D. (2009). «How do you feel—now? The anterior insula and human awareness». *Nature reviews neuroscience, 10*(1), 59-70.

Damasio, A. R. (1999). *The feeling of what happens: Body and emotion in the making of consciousness*. Houghton Mifflin Harcourt.

Eccles, R. (1996). «A role for the nasal cycle in respiratory defence». *European Respiratory Journal, 9*(2), 371-376.

Eisenberger, N. I. (2012). «The pain of social disconnection: examining the shared neural underpinnings of physical and social pain». *Nature reviews neuroscience, 13*(6), 421-434.

Fincham, G. W., Strauss, C., Montero-Marin, J., & Cavanagh, K. (2023, January). *Effect of breathwork on stress and mental health: A meta-analysis of randomised-controlled trials. Sci Rep 13*, 432 (2023).

Gordon, E. M., et al. (2023). «A somatomotor homunculus in the association cortex». *Nature, 616*(7955), 436-442. https://doi.org/10.1038/s41586-023-05964-2

Gortner, E. M., Rude, S. S., & Pennebaker, J. W. (2006). «Benefits of expressive writing in lowering rumination and depressive symptoms». *Behavior therapy*, *37*(3), 292-303.

Gross, J. J., & Levenson, R. W. (1995). «Emotion elicitation using films». *Cognition & emotion*, *9*(1), 87-108.

Hanich, J., Wagner, V., Shah, M., Jacobsen, T., & Menninghaus, W. (2014). «Why we like to watch sad films. The pleasure of being moved in aesthetic experiences». *Psychology of Aesthetics, Creativity, and the Arts*, *8*(2), 130.

Heck, D. H., Kozma, R., & Kay, L. M. (2019). «The rhythm of memory: how breathing shapes memory function». *Journal of neurophysiology*, *122*(2), 563-571.

Holt-Lunstad, J., Smith, T. B., Baker, M., Harris, T., & Stephenson, D. (2015). «Loneliness and social isolation as risk factors for mortality: a meta-analytic review». *Perspectives on psychological science*, *10*(2), 227-237.

Jamieson, J. P., Nock, M. K., & Mendes, W. B. (2012). «Mind over matter: reappraising arousal improves cardiovascular and cognitive responses to stress». *Journal of experimental psychology: General*, *141*(3), 417.

Kinreich, S., Djalovski, A., Kraus, L., Louzoun, Y., & Feldman, R. (2017). «Brain-to-brain synchrony during naturalistic social interactions». *Scientific reports*, 7(1), 17060.

Kolk, S. M., & Rakic, P. (2022). Development of prefrontal cortex. *Neuropsychopharmacology*, *47*(1), 41-57.

Lamm, C., Decety, J., & Singer, T. (2011). «Meta-analytic evidence for common and distinct neural networks associated with directly experienced pain and empathy for pain». *Neuroimage*, *54*(3), 2492-2502.

Lane, R. D., Ryan, L., Nadel, L., & Greenberg, L. (2015). «Memory reconsolidation, emotional arousal, and the process of change in psychotherapy: New insights from brain science». *Behavioral and brain sciences*, *38*, e1.

Lee, J. L., Nader, K., & Schiller, D. (2017). «An update on memory reconsolidation updating». *Trends in cognitive sciences*, *21*(7), 531-545.

Ma, X., Yue, Z. Q., Gong, Z. Q., Zhang, H., Duan, N. Y., Shi, Y. T., ... & Li, Y. F. (2017). «The effect of diaphragmatic breathing on attention, negative affect and stress in healthy adults». *Frontiers in psychology*, *8*, 234806.

Masaoka, Y., & Homma, I. (2004). «Amygdala and emotional breathing in humans». *Post-genomic perspectives in modeling and control of breathing* (pp. 9-14). Boston, MA: Springer US.

Misaki, M., Kerr, K. L., Ratliff, E. L., Cosgrove, K. T., Simmons, W. K., Morris, A. S., & Bodurka, J. (2021). «Beyond synchrony: the capacity of fMRI hyperscanning for the study of human social interaction». *Social Cognitive and Affective Neuroscience*, *16*(1-2), 84-92.

Muñoz-Ortiz, J., Muñoz-Ortiz, E., López-Meraz, L., Beltran-Parrazal, L., & Morgado-Valle, C. (2019). «The pre-Bötzinger complex: Generation and modulation of respiratory rhythm». *Neurología (English Edition)*, *34*(7), 461-468.

Murre, J. M., & Dros, J. (2015). «Replication and analysis of Ebbinghaus' forgetting curve». *PloS one*, *10*(7), e0120644.

Naito, R., McKee, M., Leong, D., Bangdiwala, S., Rangarajan, S., Islam, S., & Yusuf, S. (2023). «Social isolation as a risk factor for all-cause mortality: Systematic review and meta-analysis of cohort studies». *PloS one*, *18*(1), e0280308.

Niedenthal, P. M. (2007). «Embodying emotion». *Science*, *316*(5827), 1002-1005.

Penfield, W., & Boldrey, E. (1937). «Somatic motor and sensory representation in the cerebral cortex of man as studied by electrical stimulation». *Brain*, *60*(4), 389-443.

Perl, O., Ravia, A., Rubinson, M., Eisen, A., Soroka, T., Mor, N., ... & Sobel, N. (2019). «Human non-olfactory cognition phase-locked with inhalation». *Nature human behaviour*, *3*(5), 501-512.

Phelps, E. A. (2004). «Human emotion and memory: interactions of the amygdala and hippocampal complex». *Current opinion in neurobiology*, *14*(2), 198-202.

Raghuraj, P., & Telles, S. (2008). «Immediate effect of specific nostril manipulating yoga breathing practices on autonomic and respiratory variables». *Applied psychophysiology and biofeedback*, *33*, 65-75.

Ramirez, J. M. (2011). «The human pre-Bötzinger complex identified». *Brain*, *134*(1), 8-10.

Redcay, E., & Schilbach, L. (2019). «Using second-person neuroscience to elucidate the mechanisms of social interaction». *Nature Reviews Neuroscience*, *20*(8), 495-505.

Roy, M., Shohamy, D., & Wager, T. D. (2012). «Ventromedial prefrontal-subcortical systems and the generation of affective meaning». *Trends in cognitive sciences*, *16*(3), 147-156.

Sandstrom, G. M., & Dunn, E. W. (2014). «Is efficiency overrated? Minimal social interactions lead to belonging and positive affect». *Social Psychological and Personality Science*, *5*(4), 437-442.

Schore, A. N. (2001). «The effects of early relational trauma on right brain development, affect regulation, and infant mental health». *Infant Mental Health Journal: Official Publication of The World Association for Infant Mental Health*, *22*(1-2), 201-269.

Shirai, M., & Kato, J. (2025). «Emotions and mood changes associated with emotional crying». *Bulletin of Hokuriku Psychological Society of Japan.*

Siegel, D. J. (2020). *«The developing mind: How relationships and the brain interact to shape who we are»*. Guilford Publications.

Squire, L. R., & Dede, A. J. (2015). «Conscious and unconscious memory systems». *Cold Spring Harbor perspectives in biology*, 7(3), a021667.

Stevens, F. L. (2022). Emotion-based interventions for clinicians. *Journal of Contemporary Psychotherapy*, *52*(4), 329-336.

Strack, F., Martin, L. L., & Stepper, S. (1988). «Inhibiting and facilitating conditions of the human smile: a nonobtrusive test of the facial feedback hypothesis». *Journal of personality and social psychology*, *54*(5), 768.

Tsakiris, M. (2010). «My body in the brain: a neurocognitive model of body-ownership». *Neuropsychologia*, *48*(3), 703-712.

Vanutelli, M. E., Grigis, C., & Lucchiari, C. (2024). «Breathing Right… or Left! The Effects of Unilateral Nostril Breathing on Psychological and Cognitive Wellbeing: A Pilot Study». *Brain Sciences*, *14*(4), 302.

Vingerhoets, A. (2013). *Why only humans weep: Unravelling the mysteries of tears.* Oxford University Press.

10. Los templos de la homeostasis

Abdulan, I. M., Popescu, G., Maştaleru, A., Oancea, A., Costache, A. D., Cojocaru, D. C., … & Leon, M. M. (2023). «Winter holidays and their impact on eating behavior—a systematic review». *Nutrients*, *15*(19), 4201.

Beidler, L. M., & White, R. (1975). *Sweeteners: Issues and uncertainties.* Washington DC: Academy Forum, National Academy of Sciences.

Bhattacharya, P., Chatterjee, S., & Roy, D. (2023). «Impact of exercise on brain neurochemicals: a comprehensive review». *Sport Sciences for Health, 19*(2), 405-452.

Blundell, J., De Graaf, C., Hulshof, T., Jebb, S., Livingstone, B., Lluch, A., … & Westerterp, M. (2010). «Appetite control: methodological aspects of the evaluation of foods». *Obesity reviews, 11*(3), 251-270.

Borrega-Mouquinho, Y., Sánchez-Gómez, J., Fuentes-García, J. P., Collado-Mateo, D., & Villafaina, S. (2021). «Effects of high-intensity interval training and moderate-intensity training on stress, depression, anxiety, and resilience in healthy adults during coronavirus disease 2019 confinement: a randomized controlled trial». *Frontiers in Psychology, 12*, 643069.

Bruce, L. J., & Ricciardelli, L. A. (2016). «A systematic review of the psychosocial correlates of intuitive eating among adult women». *Appetite, 96*, 454-472.

Carskadon, M. A., & Dement, W. C. (2005). «Normal human sleep: an overview». *Principles and practice of sleep medicine*, 4(1), 13-23.

Ceylan, H. İ., Öztürk, M. E., Öztürk, D., Silva, A. F., Albayrak, M., Saygın, Ö., … & Nobari, H. (2023). «Acute effect of moderate and high-intensity interval exercises on asprosin and BDNF levels in inactive normal weight and obese individuals». *Scientific Reports, 13*(1), 7040.

Correia, É. M., Monteiro, D., Bento, T., Rodrigues, F., Cid, L., Vitorino, A., … & Couto, N. (2024). «Analysis of the effect of different physical exercise protocols on depression in adults: systematic review and meta-analysis of randomized controlled trials». *Sports health, 16*(2), 285-294.

Crisinel, A. S., & Spence, C. (2010). «As bitter as a trombone: Synesthetic correspondences in nonsynesthetes between tastes/flavors and musical notes». *Attention, Perception, & Psychophysics*, *72*(7), 1994-2002.

Czeisler, C. A., & Gooley, J. J. (2007, January). «Sleep and circadian rhythms in humans. In Cold Spring Harbor symposia on quantitative biology» (Vol. 72, pp. 579-597). *Cold Spring Harbor Laboratory Press.*

de Ridder, D., & Gillebaart, M. (2022). «How food overconsumption has hijacked our notions about eating as a pleasurable activity». *Current Opinion in Psychology*, *46*, 101324.

Diaz, E. O., Prentice, A. M., Goldberg, G. R., Murgatroyd, P. R., & Coward, W. A. (1992). «Metabolic response to experimental overfeeding in lean and overweight healthy volunteers». *The American journal of clinical nutrition*, *56*(4), 641-655.

Diaz, K. M., Howard, V. J., Hutto, B., Colabianchi, N., Vena, J. E., Safford, M. M., ... & Hooker, S. P. (2017). «Patterns of sedentary behavior and mortality in US middle-aged and older adults: a national cohort study». *Annals of internal medicine*, *167*(7), 465-475.

Diekelmann, S., & Born, J. (2010). «The memory function of sleep». *Nature reviews neuroscience*, *11*(2), 114-126.

Dinoff, A., Herrmann, N., Swardfager, W., & Lanctôt, K. L. (2017). «The effect of acute exercise on blood concentrations of brain-derived neurotrophic factor in healthy adults: a meta-analysis». *European Journal of Neuroscience*, *46*(1), 1635-1646.

Dunbar, R. I. (2017). «Breaking bread: the functions of social eating». *Adaptive Human Behavior and Physiology*, *3*(3), 198-211.

Ekelund, U., Steene-Johannessen, J., Brown, W. J., Fagerland, M. W., Owen, N., Powell, K. E., ... & Lee, I. M. (2016). «Does physical activity attenuate, or even eliminate, the detrimental association of sitting time with mortality? A harmonised meta-analysis of data from more than 1 million men and women». *The lancet*, *388*(10051), 1302-1310.

Erickson, K. I., Voss, M. W., Prakash, R. S., Basak, C., Szabo, A., Chaddock, L., ... & Kramer, A. F. (2011). «Exercise training increases size of hippocampus and improves memory». *Proceedings of the national academy of sciences*, *108*(7), 3017-3022.

Etnier, J. L., Wideman, L., Labban, J. D., Piepmeier, A. T., Pendleton, D. M., Dvorak, K. K., & Becofsky, K. (2016). «The effects of acute exercise on memory and brain-derived neurotrophic factor (BDNF)». *Journal of Sport and Exercise Psychology*, *38*(4), 331-340.

Fan, Y., Wang, Y., Gu, P., Han, J., & Tian, Y. (2022). «How temperature influences sleep». *International journal of molecular sciences*, 23(20), 12191.

Fazzino, T. L., Rohde, K., & Sullivan, D. K. (2019). «Hyper-palatable foods: development of a quantitative definition and application to the US food system database». *Obesity*, *27*(11), 1761-1768.

Fischler, C. (2010). «Gastro-nomía y gastro-anomía. Sabiduría del cuerpo y crisis biocultural de la alimentación moderna». *Gazeta de antropología.*

Flórez, S. Q., & Tabares, G. G. (2021). «Ritmos circadianos». *Revista Colombiana*, 7(2), 7-19.

Gearhardt, A. N., Yokum, S., Orr, P. T., Stice, E., Corbin, W. R., & Brownell, K. D. (2011). «Neural correlates of food addiction». *Archives of general psychiatry*, *68*(8), 808-816.

Goode, C. K., & Fenton, A. (2025). «Intuitive Eating Group Interventions: Review and Guide for Best Practices». *The Journal for Nurse Practitioners*, *21*(1), 105248.

Hall, K. D., & Kahan, S. (2018). «Maintenance of lost weight and long-term management of obesity». *Medical Clinics*, *102*(1), 183-197.

Hall, K. D., Ayuketah, A., Brychta, R., Cai, H., Cassimatis, T., Chen, K. Y., ... & Zhou, M. (2019). «Ultra-processed diets cause excess calorie intake and weight gain: an inpatient randomized controlled trial of ad libitum food intake». *Cell metabolism*, *30*(1), 67-77.

Halliday, T. M., Rynders, C. A., Thomas, E., Bergouignan, A., Pan, Z., Kealey, E. H., ... & Bessesen, D. H. (2020). «Appetite-related responses to overfeeding and longitudinal weight change in obesity-prone and obesity-resistant adults». *Obesity*, *28*(2), 259-267.

Hazzard VM, Telke SE, Simone M, Anderson LM, Larson NI, Neumark-Sztainer D. «Intuitive eating longitudinally predicts better psychological health and lower use of disordered eating behaviors: findings from EAT 2010-2018». *Eat Weight Disord.* 2021 Feb;26(1):287-294. doi: 10.1007/s40519-020-00852-4. Epub 2020 Jan 31. PMID: 32006391; PMCID: PMC7392799.

Hötting, K., Schickert, N., Kaiser, J., Röder, B., & Schmidt-Kassow, M. (2016). «The effects of acute physical exercise on memory, peripheral BDNF, and cortisol in young adults». *Neural plasticity*, *2016*(1), 6860573.

Huang, X., Zhao, X., Li, B., Cai, Y., Zhang, S., Wan, Q., & Yu, F. (2022). «Comparative efficacy of various exercise interventions on cognitive function in patients with mild cognitive impairment or dementia: a systematic review and network meta-analysis». *Journal of sport and health science*, *11*(2), 212-223.

Johannsen, D. L., Marlatt, K. L., Conley, K. E., Smith, S. R., & Ravussin, E. (2019). «Metabolic adaptation is not observed after 8 weeks of overfeeding but energy expenditure variability is associated with weight recovery». *The American journal of clinical nutrition, 110*(4), 805-813.

Kiuchi, Y., Tsutsumimoto, K., Nishimoto, K., Misu, Y., Ohata, T., Makizako, H., & Shimada, H. (2025). «Effect of eating alone and depression symptoms on incident disability among community-dwelling older adults». *Nutrition, 129*, 112599.

Ludwig, D. S., & Ebbeling, C. B. (2018). «The carbohydrate-insulin model of obesity: beyond "calories in, calories out"». *JAMA internal medicine, 178*(8), 1098-1103.

Messer, M., McClure, Z., Norton, B., Smart, M., & Linardon, J. (2021). «Using an app to count calories: Motives, perceptions, and connections to thinness-and muscularity-oriented disordered eating». *Eating behaviors, 43*, 101568.

Minich, D. M., Henning, M., Darley, C., Fahoum, M., Schuler, C. B., & Frame, J. (2022). «Is melatonin the "next vitamin D"?: a review of emerging science, clinical uses, safety, and dietary supplements». *Nutrients, 14*(19), 3934.

Mota-Pereira, J., Silverio, J., Carvalho, S., Ribeiro, J. C., Fonte, D., & Ramos, J. (2011). «Moderate exercise improves depression parameters in treatment-resistant patients with major depressive disorder». *Journal of psychiatric research, 45*(8), 1005-1011.

Müller, M. J., Enderle, J., Pourhassan, M., Braun, W., Eggeling, B., Lagerpusch, M., … & Bosy-Westphal, A. (2015). «Metabolic adaptation to caloric restriction and subsequent refeeding: the Minnesota Starvation Experiment revisited». *The American journal of clinical nutrition, 102*(4), 807-819.

Okechukwu, C. E. (2022). «The neurophysiologic basis of the human sleep–wake cycle and the physiopathology of the circadian clock: a narrative review». *The Egyptian Journal of Neurology, Psychiatry and Neurosurgery*, *58*(1), 34.

Palmer, B. F., & Clegg, D. J. (2022, Abril). «Metabolic flexibility and its impact on health outcomes». In *Mayo Clinic Proceedings* (Vol. 97, n.º 4, pp. 761-776). Elsevier.

Palmieri, J., Elce, V., & Schoenauer, M. (2025). «Nightly dynamics of emotional content in dreams». *bioRxiv*, 2025-06.

Payne, J. D., & Kensinger, E. A. (2010). «Sleep's role in the consolidation of emotional episodic memories». *Current Directions in Psychological Science*, *19*(5), 290-295.

Pazos, T. (2023). *Este libro te hará vivir más (o por lo menos mejor): Elige buenos hábitos, adapta tus rutinas y mejora tu bienestar*. Ediciones Paidós.

Prichard, I., & Tiggemann, M. (2008). «Relations among exercise type, self-objectification, and body image in the fitness centre environment: The role of reasons for exercise». *Psychology of sport and exercise*, *9*(6), 855-866.

Redolar Ripoll, D. (2024). *La mujer ciega que podía ver con su lengua*. Grijalbo.

Schnohr, P., O'Keefe, J. H., Lavie, C. J., Holtermann, A., Lange, P., Jensen, G. B., & Marott, J. L. (2021, December). «U-shaped association between duration of sports activities and mortality: Copenhagen City Heart Study». En *Mayo Clinic Proceedings* (Vol. 96, n.º 12, pp. 3012-3020). Elsevier.

Simon, N. M., Hofmann, S. G., Rosenfield, D., Hoeppner, S. S., Hoge, E. A., Bui, E., & Khalsa, S. B. S. (2021). «Efficacy of yoga vs cognitive behavioral therapy vs stress education for the treatment of generalized anxiety disorder: a randomized clinical trial». *JAMA psychiatry*, *78*(1), 13-20.

Simpson, C. C., & Mazzeo, S. E. (2017). «Calorie counting and fitness tracking technology: Associations with eating disorder symptomatology». *Eating behaviors, 26*, 89-92.

Spence, C., & Shankar, M. U. (2010). «The influence of auditory cues on the perception of, and responses to, food and drink». *Journal of Sensory Studies, 25*(3), 406-430.

Stillman, C. M., Cohen, J., Lehman, M. E., & Erickson, K. I. (2016). «Mediators of physical activity on neurocognitive function: a review at multiple levels of analysis». *Frontiers in human neuroscience, 10*, 626.

Szuhany, K. L., Bugatti, M., & Otto, M. W. (2015). «A meta-analytic review of the effects of exercise on brain-derived neurotrophic factor». *Journal of psychiatric research, 60*, 56-64.

Teller, S. (2023). *Neurocuídate: Conoce los secretos de tu cerebro para mejorar tu vida*. Aguilar.

Torres, J. S. S., Cerón, L. F. Z., Amézquita, C. A. N., & López, J. A. V. (2013). «Ritmo circadiano: el reloj maestro. Alteraciones que comprometen el estado de sueño y vigilia en el área de la salud». *Morfolia*, 5(3).

Trejo, J. L., & Sanfeliu, C. (2024). *El cerebro en movimiento*. Libros de la Catarata.

Vitale M, Costabile G, Testa R, D'Abbronzo G, Nettore IC, Macchia PE, Giacco R. «Ultra-Processed Foods and Human Health: A Systematic Review and Meta-Analysis of Prospective Cohort Studies». Adv Nutr. 2024 Jan;*15*(1):100121. doi: 10.1016/j.advnut.2023.09.009. Epub 2023 Dec 18. PMID: 38245358; PMCID: PMC10831891.

Walker, M. (2017). Why we sleep: Unlocking the power of sleep and dreams. Simon and Schuster.

11. Escucha la música de fondo

Bar, M. (2022). *Divagando: Cómo funciona la mente cuando deambula.* (A. F. Rodríguez, trad.). Editorial Kairós. (Trabajo original publicado en 2021).

Benedetti, F. (2021). *Placebo effects: understanding the mechanisms in health and disease.* Oxford University Press.

de Brito Sena, M. A., Damiano, R. F., Lucchetti, G., & Peres, M. F. P. (2021). «Defining spirituality in healthcare: A systematic review and conceptual framework». *Frontiers in psychology, 12,* 756080.

Dhillon, H. S., Sasidharan, S., Dhillon, G. K., & Manalikuzhiyil, B. (2022). «*Dolce far niente* and mindfulness». *MRIMS Journal of Health Sciences, 10*(1), 1-5.

Diniz, G., Korkes, L., Tristão, L. S., Pelegrini, R., Bellodi, P. L., & Bernardo, W. M. (2023). «The effects of gratitude interventions: a systematic review and meta-analysis». *Einstein (São Paulo), 21,* eRW0371.

Festiger, L. (1957). *A theory of cognitive dissonance. University of Illinois Press.*

Fox, G. R., Kaplan, J., Damasio, H., & Damasio, A. (2015). «Neural correlates of gratitude». *Frontiers in psychology, 6,* 151058.

Guadagno, R. E., & Cialdini, R. B. (2010). «Preference for consistency and social influence: A review of current research findings». *Social influence, 5*(3), 152-163.

Han, B.-C. (2012). *La sociedad del cansancio* (A. S. Arregi, trad.). Herder.

Hayes, S. C., Luoma, J. B., Bond, F. W., Masuda, A., & Lillis, J. (2006). «Acceptance and commitment therapy: Model, processes and outcomes». *Behaviour research and therapy, 44*(1), 1-25.

Kaptchuk, T. J. (2011). «Placebo studies and ritual theory: a comparative analysis of Navajo, acupuncture and biomedical healing». *Philosophical Transactions of the Royal Society B: Biological Sciences, 366*(1572), 1849-1858.

Koenig, H. G. (2012). «Religion, spirituality, and health: The research and clinical implications». *International Scholarly Research Notices, 2012*(1), 278730.

Miller, L. (2022). *El cerebro despierto* (E. Gómez Belastegui, trad.). Editorial Sirio. (Obra original publicada en inglés como *The Awakened Brain*).

Miller, L., Balodis, I. M., McClintock, C. H., Xu, J., Lacadie, C. M., Sinha, R., & Potenza, M. N. (2019). «Neural correlates of personalized spiritual experiences». *Cerebral Cortex, 29*(6), 2331-2338

Miller, L., Bansal, R., Wickramaratne, P., Hao, X., Tenke, C. E., Weissman, M. M., & Peterson, B. S. (2014). «Neuroanatomical correlates of religiosity and spirituality: a study in adults at high and low familial risk for depression». *JAMA psychiatry, 71*(2), 128-135.

Miller, L., Wickramaratne, P., Gameroff, M. J., Sage, M., Tenke, C. E., & Weissman, M. M. (2012). «Religiosity and major depression in adults at high risk: a ten-year prospective study». *American Journal of Psychiatry, 169*(1), 89-94.

Nietzsche, F. (2016). *El nacimiento de la tragedia desde el espíritu de la música* (J. B. Llinares Chover, trad.). Tecnos. (Obra original publicada en 1872).

Poerio, G. L., Sormaz, M., Wang, H. T., Margulies, D., Jefferies, E., & Smallwood, J. (2017). «The role of the default mode network in component processes underlying the wandering mind». *Social cognitive and affective neuroscience, 12*(7), 1047-1062.

Ross, M. (1989). «Relation of implicit theories to the construction of personal histories». *Psychological review*, *96*(2), 341.

Strömquist, L. (2025). *La voz del oráculo*. Reservoir Books.

EPÍLOGO. Hemos venido a vivir humanamente

Thoreau, H. D. (2013). *Walden* (M. Nava García, trad.). Madrid: Errata Naturae Editores.

Universidade de Santiago de Compostela. (2025, 13 de mayo). *Presentación do libro «La levedad de las libélulas», de Carlos López Otín*. Facultad de Bioloxía, Departamento de Bioquímica, CIMUS e Facultade de Bioloxía. https://www.usc.gal/es/node/52176

AGRADECIMIENTOS

A Lou, mi compañero de vida. Gracias por estar en cada tormenta, por saber cuándo abrir el paraguas y cuándo, simplemente, bailar conmigo bajo la lluvia. Contigo siento el «siempre», incluso si llegan huracanes.

A mi familia, mamá, papá y Uxía. Por ser los primeros en creer en mí, por hacerme sentir vuestro orgullo en cada paso, por enseñarme a soñar y por ser «hogar» incluso cuando alrededor todo cambia.

A mis abuelos. Gracias por ser referentes y por hacer posible que creciera entre árboles, con los pies descalzos, la sonrisa en los labios y la mente despierta. Sin saberlo, me regalasteis las semillas de los valores que hoy me sostienen.

A mis amigas, especialmente a Andrea, Lidia, María, Marcos y Samantha.

Por la suerte de teneros, por querernos de esa manera tan bonita que los logros y los baches de cada una nos acompañan como propios. Por los oasis compartidos, entre desayunos, paseos y llamadas en estos meses de escritura. Por esas conversaciones que son abrazo y por ser, en definitiva, la familia escogida a la que volvería en cada una de mis cien vidas posibles.

A Yoru y a Monet. Por acompañarme en silencio en la escritura desde la primera palabra. Con vosotras entendí que «ser» es suficiente.

A las personas a las que acompaño. Por regalarme la posibilidad de ser testigo de vuestro camino y por enseñarme más de lo que sois conscientes.

A todas las personas que me prestaron su lupa para entender el mundo.

Hay un pedacito de cada una de vosotras en este libro.

A Cristina y Majo, mis editoras. Por hacerme confiar, por sostenerme cuando lo necesité y por afinar conmigo cada página. Ha sido un verdadero placer trabajar juntas.

Y, por último, a ti. Por permitirte parar, por caminar conmigo a lo largo de este libro y por atreverte a recordar que *Has venido a vivir.*